老年社會學
概念、議題與趨勢

Sociology of Aging :
Concepts, Issues and Trends

朱芬郁◎著

國家圖書館出版品預行編目資料

老年社會學：概念、議題與趨勢 / 朱芬郁著.
-- 初版. -- 新北市：揚智文化, 2017.10
面；　公分. -- (社會叢書)

ISBN　978-986-298-275-4（平裝）

1.老人學

544.8　　　　　　　　　　　　　106017323

社會叢書

老年社會學──概念、議題與趨勢

作　　者／朱芬郁
出 版 者／揚智文化事業股份有限公司
發 行 人／葉忠賢
總 編 輯／閻富萍
特約執編／鄭美珠
地　　址／新北市深坑區北深路三段 260 號 8 樓
電　　話／(02)8662-6826
傳　　真／(02)2664-7633
網　　址／http://www.ycrc.com.tw
E-mail ／ service@ycrc.com.tw
I S B N ／ 978-986-298-275-4
初版一刷／2017 年 10 月
定　　價／新台幣 420 元

序

　　當世界是平的已眞的成爲事實；當高喊友善老年，卻處處充斥著年齡歧視；當各國力主老年經濟安全，卻大幅降低年金給付；當全球老年人口即將超越幼年人口；眞的，有無法盡數的「當」……。

　　更重要的是，當「下流老人」即將可能被「過勞老人」取代的關鍵時刻，認知「老年—社會」關係的變化，進而抓緊「賦權」之劍，已成爲普羅大眾重要的自我救贖之道。老年社會學（Sociology of Aging）即是關注「老年—社會」關係之學，是一門嶄新的學科，根源於醫學、老年學、社會老年學之後崛起，迭經二次轉折，邁入二千年以來，已啓動第三次轉折；目前焦點在於：關注在全球化背景下，老年人口與多元的老化經驗，如何與社會結構的交互影響，以及對老年的生命歷程進行研究，分析生命歷程的各個階段，對老年與社會的影響及其互動關係等，新興主題仍在發展中。

　　是的，在全球老化浪潮中，老年社會學的興起，對老年與社會關係的良性發展，將帶來更多的期待；當然，本書即是依此思維理路與堅持而撰寫，整體架構包括三大部分：

　　「概念篇」——旨在廓清老年社會學的立論基礎。首先，嘗試勾繪老年生活與社會關係的現場，企圖揭露老年處境的事實；其次，介紹老年社會學淵源、發展脈絡及理論流派，從而明瞭學科整體意象；最後，則深入探討老化相關研究和老年「社會—心理」模態，藉以擴大概念內涵，作爲後續學理分析的依據。

　　「議題篇」——主要在揭露老年社會學的最新主題。擇選主題包括：老年家庭支持與社會參與、老年休閒遊憩與學習、老年婚姻關係與經營、老年居住安排與長期照顧、生命休止與老年終活等；再者，

i

在每一主題項下，皆進行特殊議題探討，共計有十項。

「趨勢篇」——側重未來「老年—社會」辯證關係的診斷與發想。嘗試透過「退休、老年經濟與人力資源運用」、「銀髮產業」、「健康暨高齡友善城市」三大構面，迎接未來創造性的友善老年社會；在每一診斷趨勢項下，亦皆進行特殊議題探討，共計有六項，企圖經由反思，尋找出一些具有創意的思考。

我喜歡宋代詞人蔣捷《虞美人‧聽雨》：「少年聽雨歌樓上，紅燭昏羅帳。壯年聽雨客舟中，江闊雲低，斷雁叫西風。而今聽雨僧廬下，鬢已星星也。悲歡離合總無情，一任階前點滴到天明。」對人生三部曲描寫得到位，尤其是晚年的處遇，對老年生活與社會關係的再現，深具啓發意義。

本書從構思到完成歷經五載，度過近二千個徹夜長考、等待黎明的日子，全憑藉一股憨直傻勁，奮力往前。在此書付梓之際，承蒙敬愛的父母、師長、家人、好友們的支持鼓勵；揚智文化公司，慨允出版，以及閻富萍小姐、編校同仁的鼎力協助，謹致謝忱。本書疏漏之處，懇請郢正指教。

朱芬郁 謹識

丁酉年初秋

目　錄

老年社會學

老年社會學

Part 1

概念篇

◎概念──

　　是對事物的普遍而抽象的認識。本篇是開啓擁抱老年社會學的序幕曲，旨在廓清老年社會學的立論基礎，藉以擴大概念內涵，作為後續學理分析的依據。具體內容包括：

◆老年人處境事實的脈絡分析
◆老年社會學淵源與理論發展
◆老化理論與研究
◆老年心理與社會

Chapter 1

緒　論

- 全球迅速的人口老齡化
- 老年歧視問題亟待正視
- 導入老年賦權增能觀念
- 全球化背景下老年圖像
- 本書學習地圖與架構
- 延伸閱讀

老年社會學

「年齡是一種精神高於物質的問題。如果你不介意，沒關係。」

——*Mark Twain*

　　從年老到老年，老年，也許現在不是你的議題，但是未來終將是你的議題；我們從未離開過社會，社會，它承載我們無以計數的青春歲月與夢想，更是我們老年淡定終活的港灣。

　　「人是一種社會動物。」亞里斯多德（Aristotle, 384-322 B. C.）如是說。關注老年人非生理層面在社會脈絡的影響下，所受不合理宰制的事實，嘗試為長者尋找出「老年—社會」關係的合理性因素，這正是老年社會學的核心理念。20世紀80年代，趨向老化與老年主題的社會學研究，老年社會學逐漸從老年學、社會老年學中分離，成為一門新興的學科，並快速發展。「老年人」是老年社會學的主體，我們透過人口老化、老年歧視、賦權增能，以及老年圖像四個分析脈絡，勾勒老年人在全球化背景下的現場，企圖喚醒長者批判意識的覺醒，群起而解構並建構一個友善的全齡社會。是的，除了對老化、老年社會學淵源、心理社會理論的闡述之外，老年生活攸關的家庭支持、社會參與、老年婚姻、居住、長照、老後終活，以及最具未來趨勢的老年經濟安全、銀髮產業、健康暨高齡友善城市，都將在全篇推衍中，一一呈現。

　　謹此，誠摯的邀請您進入主廚特調的「老年—社會」饗宴，翻轉晚年淒苦難熬的刻板偏見，品嚐優雅恬然的金色歲月。咱們，啟航啦！

第一節　全球迅速的人口老齡化

　　全球性的人口老化問題，是史無前例的、普遍性的、永久性的現象，而且此一現象對人類生活的各個面向，都產生重大且深遠的影響。的確，老齡人口增加的事實，正彰顯老年社會學的趨勢性與迫切性。

　　衛生條件改善與人口政策的研訂落實，導致死亡率和出生率下降，是激化人口老齡化現象的主因；老年人在整個人口中的比例不斷增加，這是20世紀後期以來，最為突出的人口變化之一

　　人口老齡化（population aging）是指老年人口比例占較多部分的總人口分配，各年齡人口平均分配會轉變成老年比例（65歲以上者）為多的情形（Paul Demeny and Goffrey Mcnicoll, 2003）；國際上通常把60歲以上的人口占總人口比例達到10％，或65歲以上人口占總人口的比重達到7％，作為國家或地區進入老齡化社會的標準。

　　人口學所謂「低的老年致死率」與「出生率」是導致此現象的主要因素；當這兩個因素在年齡結構上快速增強時，便促成人口老齡化（United Nations, 2013）。老齡化有兩個涵義：一是指老年人口相對增多，在總人口中所占比例不斷上升的過程；二是指社會人口結構呈現老年狀態，進入老齡化社會。通常以三個指標評估是否該國已經開始人口老齡化：(1)退休人口不斷在成長；(2)中年人口比例與青少年人口比例各占一半；(3)人類的存活率。

　　人口老齡化現象在人類歷史上，從未發生過類似的情況；今後五十年仍將以倍速持續增加，值得各國誠實面對

　　在1800年時，低於25％的人可以活超過60歲，現今90％以上的人皆可活超過該年齡（Sergei Scherbov, 2011）。邁入21世紀老齡化的程

度正以更快的速度發展。老年人的比例在1950年是8%，在2000年是10%，預測在2050年將達到21%，全球老年人口數將出現相對比例的歷史性扭轉，首次超過年輕人的數目。亞太地區在五十年之間，年齡60歲以上人數增加兩倍多，從1950年9,600萬人增加到2000年3.26億人，達到人口的10%。今後五十年還將以倍速增加，使這個年齡組的人在2050年達到12億，接近總人口的四分之一。

人口革命又稱無聲的革命，影響所及幾乎是每個個人、家庭、社區和國家，都能感受到它的存在；當老年人口比持續增加，意味著關注在全球化背景下，老年人與社會關係的老年社會學，正進入主流

人口快速老化與人口年齡結構組成的劇烈變動，對人類生活幾乎是普遍性的影響，這是一種全球現象：在經濟面向，對經濟增長、儲蓄、投資與消費、勞動力市場、養老撫卹金、稅收及世代間轉接發生衝擊；在社會面向，影響保健和醫療照顧、家庭組成，以及生活安排、住房與遷徙；在政治面向，影響投票模式與代表性。

老年社會學（Sociology of Aging）的崛起與發展是在社會變遷之中，特別重視老年的心理與行為，在社會脈絡下所受的影響。是的，當老年人口的占比逐漸增多，老年社會學所產出的批判力、分析力，承載著對老年與社會關係解構與重構的喚醒，值得給予更高的期待。

第二節　老年歧視問題亟待正視

老年歧視的產生，有其歷史與結構性的因素，多由偏見的認識和態度引起的；年齡歧視造成老年人為社會負擔的刻板印象，總是與衰弱、退化、孤單、卑微、貧病聯想在一起，影響長者身心健康至鉅

美國大文豪馬克‧吐溫（Mark Twain, 1835-1910）名言：「年齡是一種精神高於物質的問題。如果你不介意，沒關係」（Age is an issue of mind over matter. If you don't mind, it doesn't matter.）。當舉世聞名的麥帥（Douglas MacArthur, 1880-1964）解除韓戰職務歸國後，應邀在國會發表演說，結尾以沉重的語調說出：「老兵不死，只是凋零」（Old soldiers never die; They just fade away.）。原來，年齡／老年，背後隱喻年齡歧視（ageism）的聲稱，早已滲透在日常文化與實際之中，只是，我們認為這是理所當然而已。

　　老年歧視泛指對老年人的刻板印象。通常是認為老年人不具生產力、依賴、沒有價值者；或認為老年人有記憶與生理上的缺損；或認為老年人就是貧病、無能、無權的綜合體。年齡歧視涉及認知、情感、行為等面向。刻板印象（stereotype）則是人們在日常生活中，長時間對特定的人、事、物所產生概括的看法。年齡歧視是基於年齡而歧視老年人，造成和鼓勵對老年有關經驗的偏見。

　　研究顯示，對老化和老年人的負面態度，會對長者身心健康造成顯著的影響。老年人如果覺得自己是個負擔，便可能認為自己的生命不再有價值，由此可能面臨憂鬱症和產生社會孤立感的危險。同時，與對自己的衰老持積極態度的老年人相比，持消極態度老年人的殘疾恢復情況欠佳，並且平均壽命會減少7.5歲。

　　生活隨處可見有形無形的老年歧視符號和言行，透過各種機制不斷將老人排除在社會參與活動之外，例如老年脫離理論主張老年人應退出勞動市場，將權力與角色讓與年輕世代，被批評隱藏了「老年無用論」的假設，抹殺老年人存在的價值（邱天助，2011）。甚至「知」的權力，被動的接受家屬代理人所安排的照顧服務，也讓老年人在其角色轉化的適應，產生極大的困難與挑戰，衍生更多老年適應問題。

**　　更多的研究顯示，有關老年歧視的現象，仍普遍存在於世界各個角落；臺灣老年歧視情況，評估多呈現「普通傾向差」的程度**

　　據2016年世界衛生組織發布《世界價值觀調查》分析顯示，來自

57個國家的83,000多人參與了調查，以評估各年齡組人群對老年人的態度，其中60%的人認為老年人不受尊重，而且高收入國家的尊重水準最低；這項分析證實年齡歧視極為普遍，而且多數人完全沒有意識到自己對老年人有潛意識的成見。

同時，2016年「國際老年人日」（10月1日）聯合國人口基金執行官指出，消除年齡歧視和確保老年人人權，從道義和實際角度來說，都是必行之舉；譴責一切形式的年齡歧視，並呼籲採取措施，努力為所有年齡的人，建設更好社會的過程中，解決這一侵犯人權的問題。給予老年人更大的法律平等保障，以防止年齡歧視，造成歧視性的政策、法律和待遇。

更令人關注的狀況是，因老年歧視而引發的老年人虐待問題。依據聯合國虐待老年人問題的研究中，有四種不同類型的虐待：(1)身體虐待；(2)精神虐待；(3)經濟剝削；(4)疏於照料。另外，例如性虐待、配偶虐待、藥物虐待等，老年人從不尊敬、令其感到恥辱或侮辱性的行為中，感到自己不再受到尊重，受到歧視進而遭受虐待的處遇。

就臺灣而言，社團法人中華人權協會《2015臺灣老人人權指標調查報告》指出（劉素芬，2015），老人對於「尊嚴權」平均數只有2.93；其中，「老年人能有免於被剝削、財產被侵占及虐待的程度」平均數為2.75，學者專家的評估為「普通傾向差」的程度；而「老年人能被公平對待，不因其年齡、性別、身心障礙及社會經濟條件而受歧視的程度」平均數為2.75，評估也是呈「普通傾向差」的程度。

問題是，老年歧視透顯出的這些刻板印象，是真的如此嗎？更多的反思是：

當人們認為絕大多數老人有輕微失智；多數老人覺得自己很可悲；年長者是不健康並且需要協助；多數老人離群索居且覺得孤單。溫碧謙（引自王竹語，2017）指出，只有少於兩成的老人有記憶減損；多數年長者認為自己和年輕時一樣快樂；少於兩成的老人不能做

日常活動。美國研究顯示，66%的75歲以上長者身體依舊康健，絕非全是體弱多病，造成負擔；三分之一老人嚴重覺得孤單，但大多數還是有親密的社群互動環境。顯見，老年人認知與一般看法，有極大差異。

其次，忽略高齡者心理感受方面。被嚴重低度評估的是，相較於人口老化對於經濟發展負面影響的論述，老年人口對於公共社會安全體系的貢獻、透過家戶內所得移轉，以及無償服務提供，造就的社會團結的事實。另外，是將65歲以上的老人歸類為「依賴人口」、「被扶養人口」，其實，中老年婦女、祖父母投入顧孫的行列，擔負照顧孫子女的責任與工作，早已不是新鮮事。

世界衛生組織於2002年強調：「最終，社會對老化與老年人所採取的集體作為，將決定我們與子孫未來如何度過晚年生活。」沒錯，老年歧視是一種消極負面的態度或方法對待老齡化和老年人，認為是沒有吸引力、愚蠢的、無性的、無業的，以及精神上無能的。是以，揭露老年被歧視的事實，正是老年社會學透過社會認知、社會需求等內容，深入分析的基本主題。

第三節　導入老年賦權增能觀念

早期賦權增能概念，常和激進的社會運動聯想在一起；20世紀70年代前後，廣泛地被運用於心理學、社區心理、社會工作、教育等不同的領域，其目的在探討如何增進人類對於問題的控制及行為能力

賦權增能（empowerment）概念，1970年代由巴西教育家Paul Freire（1921-1997），在開發中國家所提出的教育理念。該理念源自巴西社會統治階層壓制佃農的事實，最主要的特色是採社會批判的觀點，揭露社會文化的弊端；強調「賦權增能」的目的，是喚醒群眾

「批判意識覺醒」，同時，透過批判意識的覺醒，去激發結合「反思」與「行動」的實踐過程，是一個除去壓迫與被壓迫關係的社會變革。

Freire主張透過對話式的教育（dialogue pedagogy）與提問（problem-posing）的方式，使物化的社會結構及歷史文化現狀，轉為社會成員相互尊重的人性化社會；強調價值不是主觀的判斷，而是一種基於對話、對話者互為主體性（intersubjectivity）不斷開展人性的行動過程（楊國德，2000）。另外，藉由參與團體，努力確認他們的問題，以批判性的方式，評估問題中社會與歷史的根據，去重新修正更健康的社會，發展克服障礙的策略，以達其目標。

嗣後，這樣的教育方式與理念，被借引用在少數族群或是社會階層中，屬於受壓迫族群的社會運動，例如黑人、婦女、低中社經地位及次文化的種族。賦權增能概念現在廣泛運用在人文社會科學各領域；20世紀末，教育學者將賦權增能的概念分成外部的權力（extrinsic power）與內部的權力（intrinsic power）兩部分（王麗雲、潘慧玲，2000），認為後者所強調自我賦權增能（self-empowerment）的概念，有助於人們在授權的條件下，從事權力與能力方面的增長與發揮。

賦權增能定義繁多（Rogers & Singhal, 2003）。Cox和Parsons（1994）認為賦權增能乃是一個動態的過程，使個人有能力參與、掌控和影響自己的生活。宋麗玉（2006）在回顧相關文獻後，綜合東西方兩者觀點定義為，個人對自己的能力抱持肯定的態度，自覺得以控制自己的生活，並在需要時影響周遭的環境；每個人都有學習、成長和改變的潛能，即使在最卑微和受虐的人們身上，仍可見其內在的力量（宋麗玉、施教裕，2009）。

總之，賦權增能概念是指涉一種過程，可使人們變得夠堅強、夠有能力去參與、分享及影響他們自身的生活；或更能夠挑戰或改變個人、人際，或政治面生活的行動參與（薛曼娜、葉明理，2006）；賦

權增能須經反思，即意識化（consciousness）才能形成。在後現代主義（post-modernism）重視「他者」、「眾聲喧嘩」、「主體性」的思潮激盪下，賦權增能概念對被「老年歧視」群體而言，有其更深層的意義。

是的，當人口結構持續老化，老年人口逐漸成為龐大族群，卻仍然被貼上刻板與偏見的標籤，要喚醒的是：

- 賦權增能的深層意義是：不僅是「給你權力」的概念，而是「我相信你有能力，藉由更多機制的協助，引發更多的能力」
- 批判意識覺醒的現代意義是，無論是老年人或是年輕人，未來都會變老；爭取全齡社會的公民權，是全民運動，並非由現今老年長者獨自承擔；相信自己是有權利，有能力作出改變的
- 對話者互為主體性的本質揭露是：法律是不保障睡眠者權利的，老年人權是普世價值；互為主體的尊重是爭取來的，爭取老年主體性有其正當性、需要性與迫切性
- 「反思」與「行動」的實踐過程是：可以透過參與，團結同路人，凝聚力量，為自己發聲，爭取應有權利

基於老年社會學重視長者心理與行動，在社會脈絡下的影響。據此，高舉老年批判意識覺醒的旗幟，緊抓長者家庭、婚姻、居住、長照、社會參與、退休、休憩等主題，正是本書承載賦權增能概念，除去壓迫與被壓迫關係「反思」與「行動」的社會變革。

👀 第四節　全球化背景下老年圖像

全球化正在推倒各國疆界，是20世紀80年代以來，在世界範圍日益凸顯的新現象；泛指資訊科技和交通運輸的發達，促使人類活動不再受地域限制的現象

　　全球化（globalization）是經由不斷增加的國際貿易、跨國投資等經濟活動，使全球經濟逐漸融合為一體的過程。無論是發生在全球任何角落的事件，都可能對在另一個區域的個人，或者社群造成影響。幾乎所有人類的社會活動，都受到全球化過程的影響。

　　Held等人（1999）將全球化定義為，當代社會生活的所有層面（文化、犯罪、金融、宗教精神等），在整個世界的相互聯繫上，已經日益擴張、深入和加速；包括各種社會關係與處置措施等，空間性組織的轉變（以及擴展範圍、強度、速度與衝擊影響等），而產生跨洲際或橫跨區域的行為、互動，與權力運作等交流的一種（或一系列）過程。

　　Friedman（楊振富、潘勛譯，2005）指出全球化的發展可分為三個階段，2000年以來，進入第三階段，發動的力量是個人與軟體（資訊革命）；個人的全球化，成為新焦點。國際基金組織（IMF）定義全球化的四個基本方面：貿易和國際往來、資本與投資的流動、人口流動、知識的傳播。

　　總之，源於網路發達、科技發展的日新月異，運輸交通工具、通訊傳播的使用，有效促進個人與社群內的互動，使得貨品、資本、資訊、人員，以及文化與思想觀念，在世界體系中逐漸擴散與強化。值得關注的是，全球化進程不僅影響著人類交往、經濟和社會以及自然環境，同時這些因素也反過來作用於全球化，新問題不斷湧現，影響的層面與力道，既深且鉅。

全球化現象穿透在政治、軍事、貿易、金融、跨國生產、移民、文化與環境等，不同層次的面向；老年長者在全球化社會脈絡下，呈現新銀髮族圖像，整體的變化，值得進一步觀察

全球老化是人類最大的成就，壽命增加的事實，投射在新高齡者（new aged）的身上。嬰兒潮世代族群既長壽、較富裕，又是身體健康、富冒險精神與抉擇性的消費者。在戶外旅遊活動、理財、志工服務及學習新事物上，明顯表現出濃厚興趣，故又被稱之為「新銀髮族」（new-age elderly）。

依據朱芬郁（2012）指出，21世紀新銀髮族，在全球化社會脈絡下，展現極具特色的五種風貌，據以勾勒出新銀髮族圖像。

(一)擁有自由時間，講究休閒

對於新銀髮族高齡者而言，退休是生命中最長的自由時光，對飲食、衣服、娛樂和假期的安排，更富彈性、更開放，也能自我選擇。攜著一只皮箱出國參展走透透等生命經歷，「嬰兒潮熟年」呈現更具自信與活躍度，熱愛感受生命向外探索的渴望與活動。

(二)有錢、會花錢、捨得花錢

不論在食衣住行、休閒娛樂等各方面，熟年世代都是「最有消費能力」的一群人。他們在退休後，積極地經營自己的生活，並且為自己而活，善待自己，願意消費以回饋自己；同時，更願意將大把金錢花在自我生活體驗，儼然是新高齡者圖像鮮明線條。

(三)凍齡、抗衰不老，追求年輕化

「企圖抓住青春的尾巴，將自己健康外貌，樣樣顧好」在新銀髮族圖像上，占有重要地位。抗衰不老風潮最令人動容，消費群體包括中老年客群。新銀髮族自我認知年齡也較年輕，希望展現獨特性，

願意購買改善外貌的商品。有越來越多的銀髮族,開始重視自己的外貌,不向歲月妥協。

(四)勇於築夢、圓夢,是活力充沛、老當益壯的族群

夢想不再是年輕人的專利。許多銀髮族活躍於終身學習活動、國際志工服務、參與社區、蒐集文物以及旅遊活動迎向大自然等舞臺,為人類社會灌注更多的滋養。活力充沛,勇於追夢、圓夢,不服老,新銀髮族為生命畫像,增添精彩的亮點。

(五)退而不休,積極汲取知識,興趣廣泛

退而不休或延退已成為重要選項。廣泛的興趣展現在從移居鄉間,甚至國外養老的不動產、旅遊、最高檔的豪華客輪、昂貴的旅行拖車、一流的藝術文化表演、頂級飯店、美容醫療防止老化、健康商品、戒護用具、改裝無障礙空間的建築業、專為退休人士設計的休閒中心,以及從事終身學習活動等。新銀髮族的圖像充滿動態性,創新和創意元素貫穿其間,令人目不暇給,驚嘆不已。

當然,新銀髮族的五大圖像特徵之外,值得思考的是,隨著社會的變遷,老年人的社會地位正快速下降。他們逐漸退出職場舞臺,由於角色的淡出,不可避免的,帶來許多負面影響:老年的安養、心理適應、老年的價值和作用被輕忽、合法權益被剝奪、長期照顧等問題。這些問題,將是本書深入探討的重點。

🦉 第五節　本書學習地圖與架構

本書《老年社會學:概念、議題與趨勢》,整體架構包括:「概念篇」、「議題篇」、「趨勢篇」三大部分十二章,透過:四大分析

脈絡、老化／老年社會學淵源／心理／社會理論探討、主題／特殊議題分析，以及三大趨勢診斷等邏輯順序，藉以勾勒老年社會學嶄新面貌，繪如圖1-1，謹說明如下。

　　「概念篇」——旨在廓清老年社會學的立論基礎。首先，嘗試勾繪老年生活與社會關係的現場，透過四大分析脈絡，企圖揭露老年處境的事實；其次，介紹老年社會學淵源、發展脈絡及理論流派，從而明瞭學科整體意象；最後，則深入探討老化相關研究和老年「社會—心理」模態，藉以擴大概念內涵，作為後續學理分析的依據。

　　「議題篇」——主要在揭露老年社會學的最新主題與特殊議題。擇選五大主題，包括：老年家庭支持與社會參與、老年休閒遊憩與學習、老年婚姻關係與經營、老年居住安排與長期照顧、生命休止與老年終活等；再者，在每一主題項下，皆進行特殊議題探討，共計有十項。

　　「趨勢篇」——側重未來「老年—社會」辯證關係的診斷與發想。嘗試透過「退休、老年經濟與人力資源運用」、「銀髮產業」、「健康暨高齡友善城市」三大構面，迎接未來創造性的友善老年社會；在每一診斷趨勢項下，亦皆進行特殊議題探討，共計有六項，企圖經由反思，尋找出一些具有創意的思考。

📖 延伸閱讀

朱芬郁（2012）。**退休生涯經營：概念、規劃與養生**。新北市：揚智文化。
朱芬郁（2011）。**高齡教育：概念、方案與趨勢**。臺北：五南。
邱天助（2017）。**老，自在：50後人生的八堂必修課**。臺北：大喜文化。

老年社會學

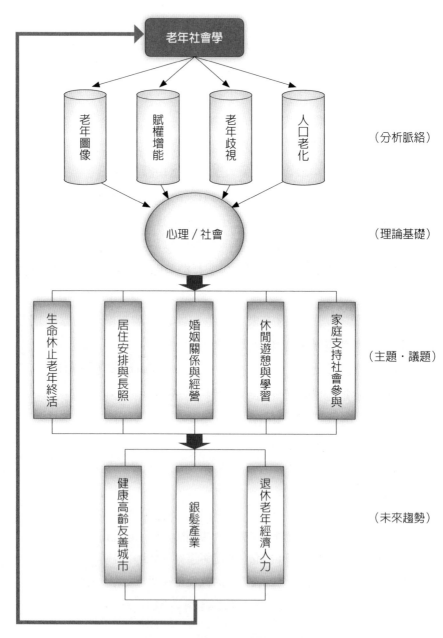

老年社會學

| 老年圖像 | 賦權增能 | 老年歧視 | 人口老化 | （分析脈絡） |

心理／社會　（理論基礎）

| 生命休止老年終活 | 居住安排與長照 | 婚姻關係與經營 | 休閒遊憩與學習 | 家庭支持社會參與 | （主題‧議題） |

| 健康高齡友善城市 | 銀髮產業 | 退休老年經濟人力 | （未來趨勢） |

圖1-1　本書整體架構概念示意

資料來源：作者繪製。

16

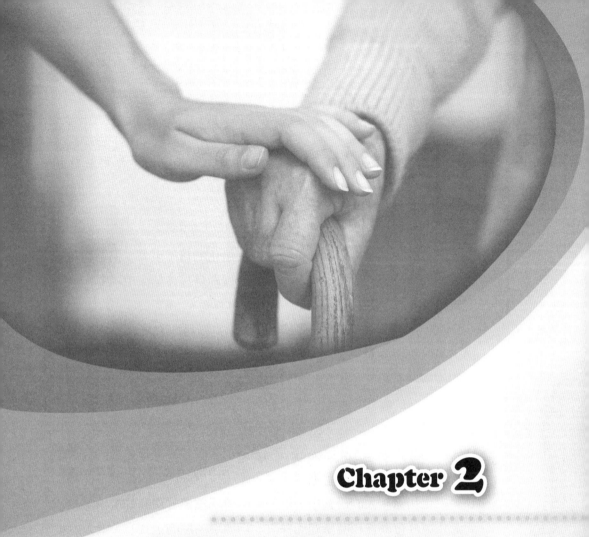

Chapter 2

老年社會學淵源與理論發展

- 老年社會學的概念分析
- 老年社會學的發展脈絡
- 老年社會學的理論流派
- 延伸閱讀

「在全球老化浪潮中，老年社會學的興起，對老年與社會關係，有更多期待。」

　　社會學者咸認老化確係一種生理上退化的自然現象，但不容忽視社會結構對老化的影響；社會老化的過程即是指涉個人由中年人進入老年角色，並設法適應老年人應有的社會規範。

　　老年社會學（Sociology of Aging）主要是研究老化的非生理層面；其萌生與發展是在社會變遷之中，對既存理論不斷進行反思與批判的產物。回顧其源起脈絡，首先是醫學有關「老年病學」概念誘發「老年學」的崛起，進而吸引社會學者對老化研究的投入，形成「社會老年學」的學科分支；20世紀80年代，導源於美國社會學家Harris著作《老年社會學》（Sociology of Aging），老化與老年主題的社會學研究逐漸從老年學、社會老年學中分離，成為一門新的學問。此後，在對老化和老年人的研究中，無論是社會學重要方法論的借用，以及對老化與社會關係相關議題的探討，均展現高度的企圖心。進入21世紀，老年社會學正推進第三個轉折：生命歷程理論框架下跨學科、跨領域、跨文化研究的廣泛認可與應用；然而，可理解的是，老年社會學不斷進行反思與批判的本質，將持續堅定向前。

　　本章首先針對老年社會學的源起、意涵、研究對象以及範疇，進行概念分析，試圖勾繪學科整體意象；其次，梳理老年社會學學科建立過程，藉以瞭解學派相互之間的辯證關係，以便掌握基本論述立場；最後，則介紹老年社會學重要理論：脫離理論、活動理論、交換理論、持續理論、年齡階層理論、生命歷程理論以及最新研究議題。

第一節 老年社會學的概念分析

一、老年社會學淵源

20世紀初葉，老年學首發其端，針對老年人及其老化進程進行研究；從醫學、生理學領域入手，再由心理學領域逐漸滲入社會科學領域

醫學有關「老年病學」（Geriatrics）概念，1909年由I. Nascher提出，引起廣泛的討論；嗣後，Z. Breen首創「老年學」（Gerontology）一詞（Nascher, 1909），此兩者皆立基於生理學和醫學。老年學側重研究老化（aging）和老年人議題，20世紀40年代以降，逐漸成為一門科際整合的學科，範圍包括生物學、醫學、護理、牙醫學、復康治療、心理學、精神病學、社會學、經濟學、政治學和社會工作等。此期，社會學領域的老化研究，在社會學內部還占很小比例。

1950年代，由於二戰結束後社會變遷，經濟復甦，伴隨醫療衛生條件改善，推升老年人口持續增加，少子高齡化社會漸趨形成。人口結構逐漸向老化傾斜，由於傳統家庭組織轉向核心家庭（unclear family）或竹竿家庭（pole family）的型態等因素，對整體社會產生極大的影響。

其中，老年人的價值、地位與社會關係，以及照顧安養、安全等問題，浮上檯面。此種有關解釋老年人為適應社會變遷，進行的社會適應（social adjustment）及其相關問題，似乎已到達需要進一步思考的時刻，尤其是在社會科學研究的面向上。

1960年代，社會老年學自老人學領域獨立出來，成為一個次領域並陸續有相關組織和著作發表；主要是側重研究老化的非生理層面

　　美國社會學界首次有組織地嘗試對老化問題進行社會學描述，是1943年以社會學家為主體的老年社會適應委員會（Committee on Social Adjustment in Old Age）成立。1948年美國學者Otto Pollack（1908-1998）出版《老年的社會適應》（*Social Adjustment in Old Age*）（Pollack, 1948），被認為是較早的關於社會老年學（Social Gerontology）的一本基礎專著。

　　由於老年學關注老年人口在總人口中，比例日益增多的影響、老化的個人經驗，以及老年人在社會中的地位等問題，漸趨嚴峻，1954年C. Tibbits（1960）在其著作*Handbook of Social Gerontology*中，首次將老年學中涉及社會因素和社會力量的部分，命名為《社會老年學》，主張建立一門關於老年社會問題的社會科學新學科，用於描述與衰老有關的社會心理和文化方面的老年學研究。當然，本書也標誌著老年研究的社會科學，從跨學科性質的老年學中，逐漸獨立出來的趨勢。

　　1980年老年社會學崛起，成為應用社會學的一個分支學科；其發展軌跡及主要研究議題，緊盯著社會經濟環境的變遷而變化，特別是對社會年齡結構變化的關注

　　先是1972年，社會老年學家W. Riley及其同事提出，包括老年期在內的年齡階層理論（Age Stratification Theory）；社會學界也開始關注生命歷程中（包括老年階段）的年齡分層，這與社會老年學專注於老年階段的研究興趣交疊。1975年，美國社會學學會（American Sociological Association）建立老年分部（Section of Aging），顯示老年社會學從老年學及社會老年學中分離出來的可能性升高；也促進關於老年人及老化的社會方面理論和經驗研究，並逐漸催生了更具社會學學科意識的老年社會學的誕生。

　　1980年，美國社會學家Harris著作《老年社會學》，標誌著老年社會學作為一門新的學問，從老年學、社會老年學、普通社會學中脫離出來（熊春文、張彩華，2016）。此後在對老化和老年人的研究中，

社會學的重要理論如角色理論、脫離理論、活動理論、交換理論、持續理論、生命歷程理論等方法論借用，都產生重要的影響，並奠定老年社會學的理論基礎。

1982年，聯合國於維也納召開「第一屆老化問題世界大會」（The First World Assembly on Ageing），並通過「國際老化行動計畫」（International Plan of Action on Ageing），針對健康與營養、老年消費者保護、住宅與環境、家庭、社會福利、收入安全與就業、教育等領域，提出多項行動建議，作為國際社會相關的標準與策略，自此老化問題引起全球的關注。此會議的重要進展是，導入老年學向社會科學方向的邁進。

1991年底聯合國大會通過「聯合國關懷老人原則」（The United Nations Principles for Older Persons）18條，將相關老人議題劃分為獨立、參與、照顧、自我實現與尊嚴等五個領域，由此可見老化與老人問題，普受重視一斑。依據上述線索，可以看出，老年社會學淵源自老年學、社會老年學以及一般社會學的發展脈絡；老年社會學作為一門獨立學科，逐漸得到世界各國學界的認可，成為應用社會學的一個分支學科。

二、意涵與研究對象

老年社會學是應用社會學的一個分支學科，1980年從老年學、社會老年學、普通社會學中脫離出來；值得注意的是，老年社會學仍是一門尚處於組成之中的新興學科，其意涵可從多角度瞭解

首先，從社會學角度觀察。社會學（Sociology），旨在探討人類生活如何被集體性地組織與建構起來的科學；基本概念包括社會結構、社會行動、文化、權力、社會體系等，是一門研究社會關係的科學。社會學對老化的研究主要在於，探討個人老化的社會現象、

社會對個人老化的影響，以及個人的老化對社會的影響（黃富順，2000a）。就社會學領域而言，老年社會學的發展要比其他應用社會學較晚，它的許多理論基礎也大多採借或援引自社會學概念與理論（葉肅科、胡愈寧，2011）。

其次，就老年學角度而言，著重對老化現象與過程的科學研究，包括各種學術領域對老化研究的結果和專業實務的層面兩部分，集合醫師、社會學家、心理學家、社會工作人員、生理學家、經濟學家等多方面的學者，研究各種層面的老化現象及其調適之道；不同研究部門的總合就是老年學，亦即他們所研究的都是老年學的一個分支；社會學家則研究老化對社會角色的影響（黃富順，2000a）。

蔡文輝、徐麗君（1991）認為，社會老年學是老年學的主幹，是一門應用的知識，不僅是要瞭解老年社會到底是怎麼一回事，而且應該提供解決問題的策略或建議；Atchley和Amanda則認為是老年學的一個次領域，主要研究老化的非生理層面；生理層面的老化觀點，唯有在影響個體與社會彼此適應的狀況下，才會引起社會老年學家們的興趣，但是由於生理層面的老化觀點是所有老化的觀點，社會老年學家們還是必須盡全力來瞭解它（曾煥裕編譯，2012）。

葉至誠（2016）指出，老年社會學是運用社會學的理論和方法，對人的高齡化和老年社會群體進行研究的一門學科。是以老化過程——不論是個體的老化或是社會的老化——以老年為考察對象，思索它們對人類社會所代表的意涵，以及如何因應它們所帶來的挑戰。它既是老年學的組成部分，又是社會學的一個分支學科。

總之，透過對社會學、老年學、老年社會學之間關聯性的理解，以及相關學者的看法，歸結社會老年學的共同研究對象是所有人類老化問題；老年社會學則是運用社會學的理論和方法，對人的老化之非生理層面進行研究

由於老人面對許多需要立即解決的問題，伴隨老年社會環境的變

遷，老年社會學的研究旨趣也經常是應用的，而非純粹的理論取向；
其概念意涵與研究重心，亦不斷地豐富與調整，展現活潑且符應老年
社會生活的特質。

據此，所謂老年社會學泛指：

對人的老化之非生理層面進行研究，透過運用社會學的理論和方
法，以論述社會及社會文化狀況對老化過程的衝擊，以及在此過程中
對社會的後續影響；老年社會學家最新關注的焦點是，在全球化背景
下，老年人口與多元的老化經驗，如何與社會結構的交互影響，以及
對老年人的生命歷程進行研究，分析生命歷程的各個階段，對老年人
與社會的影響及其互動關係。

三、研究內容與範疇

回顧老年社會學發展脈絡，從醫學、生理學領域崛起，又由心理
學領域擴展到社會科學領域，再擴散至專門的社會學領域，從研究到
實務層面，跨越自然科學與社會科學。

就老年社會學的立場而言，老人問題不是一個社會問題。老年之
所以成為社會問題，主要原因是社會結構不利於老年社會（徐麗君、
蔡文輝，1998）。基於老年社會學的發展歷程及各階段對老化研究的
不同需求，其研究內容和範圍，大體約可歸納下列數端。

(一)有關人口老化過程的研究

人口老化是人類社會整體優化進步的體現。老年社會學重視老年
人口在總人口所占的比重及相關指標，並據以研究人口老化的程度，
以及其發展的規律與特徵，企圖瞭解未來老年人與社會互動的關係，
從而提供解決問題的策略或建議。

(二)對人口老化與社會發展關係的探索

當人口持續老化,是否會顯著地改變社會和經濟結構?老年社會學家就此問題進一步探索,檢視相關訊息,包括:老年就業、勞動生產率和勞動人口的關係,對消費市場有哪些影響,以及人口撫養比的變動關係和建設規劃的影響等,希望深入發掘人口老化與經濟發展,兩者變動情形及解決之道。

(三)探討老化與家庭關係的衝擊

主幹家庭或竹竿家庭型態的顯著發展,意味著老年人與家庭關係的重大變遷。具體呈現在老年人與兒孫的代間關係調適、鰥寡老人人數的增加、扶養照顧支持的資源,以及老年生活規劃等問題,這些都是老年社會學家研究的重點。

(四)重視老人社會保障和社會保險研究

老年勞動者的生活保障與依靠,繫於社會保障制度和社會保險的確立。由於老年社會學家關注老年生活的實際面向與社會關係,因而深入探索老年社會保障及保險制度的建立、相關基金徵集的情形、老年可享受的範圍及條件,以及基金的管理等問題。

(五)關注老人的再就業與人力發展

教育佳並具有技能專長是新銀髮族的特徵。少子高齡化趨勢,表明工作人力的減少,亟需填補;老年人力發展成為主要選項。老年社會學家探討年齡歧視、職場環境條件的友善情形、老年延退或在職訓練、老年彈性工時或調整工作內容,以及回聘老年工作者等問題。

(六)落實老人教育學習權的問題

教育學習權的保障是老年人權的實質內涵，此項認知早已獲得國際組織及許多國家的普遍認同。老年社會學家關心的是，老年參與教育學習活動與社會關係、哪些學習活動有助老人生活適應、教育學習與老人自我成長、社會環境對老人參與學習活動的障礙等問題。

(七)對老人的扶養照顧與服務機構管理問題

面對人口結構老化，老年人口持續增加，撫養比的惡化，老後生活扶養與照顧服務問題，日趨嚴峻，勢將更多地由社會承擔。老年社會學家亟思因應，包括：老年與在地老化、老年與居住、老年贍養問題、老年照顧機構建立與管理等問題。

(八)研究老人休憩娛樂與養生保健問題

由於社會保障制度的普遍實施，許多研究顯示，新銀髮族重視旅遊休閒與養生保健項目。老年社會學家重視：老年休憩活動與社會互動關係、老年休憩活動的偏好與影響因素、老年休憩娛樂活動與生活適應、老年參與養生保健活動的動機與影響，以及老年參與休憩娛樂活動與經濟發展關係等問題。

(九)有關老年生命歷程取向的探討

近年來，老年社會學家的研究興趣，置於對老年人的生命歷程研究，探究取向把個人當作社會個人，並追溯年齡分化的路徑，明顯標誌轉變的社會影響；亦即分析生命歷程的各個階段，對老年人與社會的影響及其互動關係。例如：用生命歷程觀點去解釋老人的生活需求差異、全球化背景下的老化與生命歷程、社會網絡與社會關係、生命歷程觀點下的壓力與老化、健康與老化等問題。

🦉第二節　老年社會學的發展脈絡

依據Lynott（1996）觀察老年社會學理論發展脈絡，截至20世紀90年代後期，約可歸納出兩個重大轉折階段；進入21世紀以來，可視為邁進第三個轉折期

第一個轉折，1961年首次由社會學家Cumming和Henry提出的老化理論——「脫離理論」（Disengagement Theory），奠定老年社會學理論基礎，此後對老化研究開始豐富。第二個轉折，1980年代前後，從社會現象學角度對既存老化理論的批判與反思，引發批判理論和女權主義的老化研究。此外，進入21世紀以來，老年社會學的發展日臻成熟，研究議題更加多樣化，全球化背景下的新議題，成為理論增長點之一，可說是進入第三個轉折。

一、第一個轉折：1960年代

先是老年社會學理念在歐洲萌芽：1940年代逐漸影響北美，但在社會學領域中從事老化研究，還是極少的部分

老年社會學的發展歷程，19世紀晚期到20世紀初，基於社會問題導向而從社會政策層面對老年人口統計的研究，例如1871年德國立法將病弱的老年人納入國家責任，藉以改善其狀態和地位，即是基於「社會責任」（social duty）信條，顯示老年社會學在歐洲的初期萌芽。早期對老年期的社會學領域的研究，多數是對人口資料的量化研究，服務於政策的資料收集整理，並非學科意義上的老年社會學研究。

美國老年學家Havighurst等人（1968）將19世紀末到20世紀40年代

初期，整理有關老年問題在社會方面的主要研究議題，發現：19世紀末至20世紀20年代，以「社會保障政策與老年人」爲主要議題；30年代是「老年人的住房及居住安排」，關注老年人的生活環境；40年代初期，則是「老年人的社會適應」，看重在實踐中以專案形式幫助老年人，企圖經由自我支持（ego-support），實現社會變遷所需的社會適應。

1940～1970年代，是老年社會學研究的奠基時期，相關研究陸續在美國出現；發展路徑從改良「社會老年學」轉向，呈現「老年社會學」與「社會老年學」逐漸分離態勢，進入第一個轉折期

美國社會科學研究委員會（USNRC）於1943年組織成立老年社會適應委員會（Committee on Social Adjustment in Old Age），是以社會學家爲主體的老年研究專門組織，開始有計畫的對老化問題的社會學方面進行描述，其成果《老年的社會適應》（*Social Adjustment in Old Age*）（Pollak, 1948）被稱爲老化問題上，第一部具有社會學意義的著作。1945年人類學家Leo W. Simmons出版《原始社會中老年人的角色》（*The Role of The Aged in Primitive Society*），則是顯示對老年社會學進行理論探索的萌芽。

50年代到70年代間，老年社會學研究在美國、西歐等地次第發展。1950年，老年社會學相關論文，首次發表在比利時召開的第一屆國際老年學大會（Cox & Newtson, 2014）；更多期刊及專欄的開設與國際性會議的召開，顯示學界對老年社會學領域的研究興趣激增，以及研究議題的方向。60、70年代，老年社會學領域的標誌性著作相繼出版，例如：首次由社會學家Cumming和Henry在1961年提出的老化理論——「脫離理論」，奠定老年社會學理論基礎；嗣後，借用社會學理論於老化與老年人研究，相繼出現。

Marilyn與Foner主編的《老化與社會》（*Aging and Society*）共三卷，其中第二卷《老化與職業》（*Aging and the Professions*）、第三

卷《年齡分層社會學》（*A Sociology of Age Stratification*）最受歡迎，
啓發後來社會學領域的老化理論研究（Crandall, 1980）。之後，老年
社會學領域中，關於後工業化社會的「老化與社會」、「現代化與老
化」、「現代科技與老化」爲議題的著作，開始增多（熊春文、張彩
華，2016）。這一時期的研究被學界稱爲「對社會老年學的改良」
（Amelioration of Social Gerontology），也是面向老年社會學的第一次
轉折。

二、第二個轉折：1980年代

**第一本以「老年社會學」命名的專著出版；老年社會學研究漸漸
從「對社會老年學的改良」，走向以理論導向之老年社會學**

1980年，D. Harris著《老年社會學》（*Sociology of Aging*）是第一
本以「老年社會學」命名的專著，開啓眞正意義上的老年社會學研究
時代；該著作表述簡單易懂，適合當作大學預修課或社區大學課程的
入門教材，有助老年社會學的普及（熊春文、張彩華，2016）。在美
國許多高等校院，陸續開設老年社會學相關課程，或將該科列爲必修
課。Riley（1988）指出，該書在爲學者們提供理解人類與變遷的社會
結構之間互動關係的分析框架上，意義重大。

**隨著相關著述和研究的增多，老年社會學正式從社會老年學中分
離；老年社會學實現由問題導向逐漸轉型爲理論導向，進入第二個轉
折期**

爲了更好地進行老年社會學教學以實現其初衷，聚焦老年社會學
教學的專著相繼問世，例如：1996年本斯頓（Vern L. Bengtson）《老
年社會學的概念與理論教程》（*Teaching Concepts and Theories in The
Sociology of Aging*）、2000年美國社會學學會發行的D. Harris《老年
社會學與生命歷程教程》（*Teaching Sociology of Aging and the Life*

Course）等（Krull, 2005）；同時，重視社會學教學的美國《社會學教學》（*Teaching of Sociology*）雜誌開設書評欄目，促進教師們認真遴選老年社會學教材，可謂是老年社會學逐漸臻至成熟期。

20世紀末21世紀初，隨著研究議題的多元化，老年社會學研究獲得長足發展。1998年Harry R. Moody著《老化：概念與爭議》（*Aging: Concepts & Controversies*）、Morgan和Kunkel著《老化、社會和生命歷程》（*Aging, Society, and the Life Course*）、1999年Jill S. Quadagno著《老化與生命歷程：社會老年學概論》（*Aging and The Life Course: An Introduction to Social Gerontology*）等（Wellin, 2010），頗受重視；老年社會學領域不僅著作日益豐富，「老化與生命歷程」正式成為新的議題與研究焦點，當然，老年社會學的第二次轉折，已然來臨。

三、第三個轉折：2000年以來

進入21世紀以降，老年社會學的發展成熟且細膩，出現宏觀與微觀研究的劃分；面對全球化背景趨力之下，新研究議題更加多樣化，「全球化與老化」、「生命歷程與老化」等，成為理論新增點；老年社會學關注：生命歷程理論框架下，跨學科、跨領域、跨文化研究的廣泛認可與應用，可視為邁進第三個轉折期

「全球化」（globalization）與「在地化」（localization）的衝撞，帶來的流動性、多樣性及不確定性。無疑地，對龐大的老年群體產生前所未有的改變，從而激發老年社會學產生許多回應式的新議題。包含：生命歷程與老化、工作與退休、健康與老化、老年人的家庭與社會支持（包含老年人照護等）、老年期的貧困與不平等（性別與種族的影響）、家庭代際關係、臨終關懷（熊春文、張彩華，2016）；以及全球化背景下，移民的老年生活、國際競爭與老年群體就業等（Willson, 2007）。

更值得關注的是，老年人在個人生活經歷與全球化環境變遷的互動過程；他們在形式、秩序、結構、身分認同上的喪失。這個過程呈現在：老年人從被僱傭到退休、從獨立生活到輔助生活、從健康到慢性疾病、從積極參與社會到逐漸被迫脫離社會。老年社會學家關心老年人這種去疆域化（deterritorialization）和被邊緣化（marginalization）的過程（Letiche, 2008），以及老年人如何去維護自身與社會的融合性、結構性與有組織性的抵制情形。

基此，透過探討個人生活經歷，開始進行老年人與社會關係的質化研究，學界對老年社會學領域宏觀與微觀研究的劃分於焉出現，兩者的主要議題及其研究焦點互異（熊春文、張彩華，2016）：前者，關注個體、老化和失能怎樣被社會所構建，或怎樣被經濟和文化所決定；後者，則關注老年人個體的敘事及其生活情境的描述與分析，著重在深度訪談基礎上，開展微觀領域的質化研究。這些議題在研究類型和方法上，以個體生命歷程爲議題的縱向研究增多，美國在此方面的研究以定量爲主，而歐洲國家則多是個人傳記和深度訪談等定性研究。

至此，承繼上階段的「現代化與老化」之後，導入「全球化與老化」研究議題與方法，顯示問題導向的老年社會學研究，正逐漸面向理論導向的過渡，可謂是老年社會學啓動的第三次轉折。

 第三節 老年社會學的理論流派

一、脫離理論、活動理論

20世紀中葉，源於老年社會學理論關注「老化與社會」議題，因之而發展出的「脫離理論」與「活動理論」，學界有關這兩種理論的爭點，至今仍持續著。

(一)脫離理論（Disengagement Theory）

「脫離理論」主張老人應平靜地接受脫離的事實；老人社會角色的喪失，乃是人類個體生命週期的必然循環過程，並認為適量的減少社會互動，是達成心理與社會調適的重要途徑

E. Cumming和W. Henry兩人受功能主義（functionalism）與發展主義（developmentalism）影響，在1961年提出脫離理論。本理論假設老年人口與社會之間不斷減少的互動是普遍化的過程；認為隨著老人健康與體力的衰退，變得愈來愈少參與組織化的社會結構，逐漸退出社交生活（王麗容，1995）。為期達到成功老化，老年人的定量和定性的相關世界應該縮小（Nussbaum et al., 2000）。脫離之形成並不是老年人單方面的活動，而是老年人本身和社會大眾雙方面的撤退（a mutual withdrawal）。

就社會宏觀的角度觀之，認為老人已無力對社會有所貢獻，便須退出社會，讓年輕人取而代之，以維持社會體系之延續；就微觀層面而言，由於老人本身無法適應現存社會中的角色、人際關係、價值體系等，唯有採脫離策略來保護自己，才符合老化過程中的內在成長，

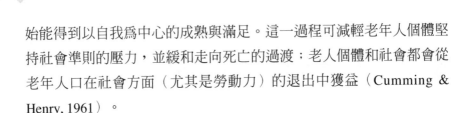

 老年社會學

始能得到以自我為中心的成熟與滿足。這一過程可減輕老年人個體堅持社會準則的壓力，並緩和走向死亡的過渡；老人個體和社會都會從老年人口在社會方面（尤其是勞動力）的退出中獲益（Cumming & Henry, 1961）。

(二)活動理論（Activity Theory）

「活動理論」支持自然老化，反對以「退休」為形式的強制脫離；主張老年期的心理及社會需求與中年階段並無差異，應積極地參與社會活動並維持社會關係，並延續中年期的種種活動和交際，以增進生活的適應，獲致晚年的幸福感

1968年由R. J. Havighurst、Bernice L. Neugarten、Sheldon S. Tobin提出與「脫離理論」相對立的「活動理論」。活動理論指出：老年人的活動參與率與老年人的幸福感、自我概念及生活的適應有密切的關聯。其主要論點認為，老人雖然面臨生理、健康狀況的改變，然老年人和中年時代一樣，有活動的心理性和社會性需求，並主張老人高度的活動可帶來生活滿意；反之，社會角色的喪失及其附帶活動的減少，會降低生活滿意度。

活動理論主張老年人可從活動的生命中，去接受其脫離的角色（Havighurst et al., 1968）。這是由於活動可提供個人的角色支持，因而重新確認自我概念，而正向的自我概念可提升晚年士氣，帶來高度的生活滿意（呂寶靜，1996）。是以，老年人應該保持活動並儘量維持中年階段的活動，必要時用新活動進行替代，藉以實現自然老化。

二、社會交換理論、持續理論

針對脫離理論的主張，「交換理論」旨在揭露為何多數老年人從社會中退出？對於活動理論所強調老年人可從活動的生命中，去接受

其撤退的角色。「持續理論」則提出每個人的個性，在決定個人是否會順利老化扮演重要角色。

(一)社會交換理論（Social Exchange Theory）

社會交換理論主張行動者是理性的利潤追求者，強調人類的理性，在互動過程中，彼此衡量不同目的和行動間相對的利益；試圖採取行為主義的原則，並與其他觀念結合，應用到社會學家所關注的題材

社會交換理論是社會學四大流派之一，興起於20世紀60年代，是綜合了經濟學、行為心理學、人類學，而將人與人間的互動，視為一種計算得失的理性行為（葉正，2009）；由於它對人類行為中之心理因素的強調，也被稱為一種行為主義社會心理學理論。其理論創始者是Harvard University的George C. Homans，主要代表人物有Peter M. Blau、Richard M. Emerson等（湯梅英，2000）。

本理論假設個人或群體間的互動，是嘗試以最少代價獲得最大回報，亦即如果兩人（或群體）在彼此之間的互動中，看到可從中得到利益，則互動將持續進行，且有正面評價。提供回報的能力稱之為權力；權力是社會交換理論的中心概念（Homans, 1958）。Blau（1964）將社會交換理論由個體擴展至整體社會層次；對社會交換的定義、條件、特徵、原則、過程、社會交換與權力、社會交換與巨觀結構，以及社會交換中出現的不平等與異質性，進行系統的分析，形成社會交換理論從微觀轉向宏觀的過渡。

Emerson（1972）致力將交換理論系統地應用在實際研究上。針對脫離理論，1975年James J. Dowd基於探索「為何多數老年人從社會中退出」，提出「交換理論」（Exchange Theory），透過對「老年與社會融合」進行社會參與的成本收益模型分析，認為老人的退出或社會孤立，並非社會系統的需要，或遵從雙方互利的準則需要，而是老年人與其他社會成員之間，不平等的交換過程（熊春文、張彩華，2016）。

(二)持續理論（Continuity Theory）

持續理論強調老年人在適應內部和外部變化時，要嘗試維持其原有的生活方式、活動和社會關係，以實現自然老化

針對活動理論，1989年Robert C. Atchley提出「持續理論」。本理論認為人類生命週期的每一個階段，都代表高度的連續性且為漸次發展的，老年人有其穩定堅實的價值觀、態度、規範與習慣，對於先前階段的整合，都有助於個人因應下一個階段問題的調適策略（呂朝賢、鄭清霞，2005）。個人人格、行為的基本型態，不會因為年紀增長而改變，任何影響年輕時人格、行為的因素，還是持續會對老年期產生影響；主張每個人的個性，在決定個人是否會順利老化扮演重要角色；一個人能成功適應老化，是依賴個體在其個性中，能保持一致性。

整體而言，老人還是有與其先前中年時期，相似的社會心理需求。他們先前的生活方式、習慣及活動模式，將一直持續到他們退休後。人們被視為順利老化，是當他們經歷老化過程中，能保持成熟且統合的人格特質（Nussbaum et al., 2000）；Fry（1992）指出，積極的士氣、生活滿意、活動、投入是持續理論之根本。

三、年齡階層理論、生命歷程理論

20世紀70年代，年齡階層理論對活動理論、脫離理論所專注的個體調整提出質疑，引發社會建構主義的研究熱潮，試圖在「被建構」的外衣下，探索老年人及老化的本源；80年代以來，生命歷程理論則是從老年人的「世代研究」切入，發展為跨學科的研究，並逐漸成為當今老年研究理論的主流。

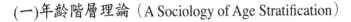

(一)年齡階層理論（A Sociology of Age Stratification）

年齡階層理論是用以解釋老年人的行為與年齡之間關係的一種理論；認為個體在既定年齡同期群中的地位，決定其社會角色，並塑造其信念或行動

本理論首先由M. W. Riley（1971）將此理論概念化。該理論是以社會學的角色、地位、規範和社會化等概念為基礎，分析年齡群體的地位，以及年齡在一個特定社會背景下的涵義；試圖建構一個理解老年人社會地位的架構與擴及全人生的老化概念。

所謂年齡階層是以不同年齡的群體概念而界定，是指涉隨著老化的因素，個體會經歷不同的角色階層，也就是會隨著年齡階層而改變其所扮演的角色（莊書涵、林美伶譯，2012）；年齡不是一種純粹的個體性特徵，而是現代社會中的一個動態構成，每個人都從屬於一個特定的年齡群體，隨著年齡的增長，個人會不斷地進入另一個不同的年齡群體。

在這種變化過程中，個人經歷了身體變化，也經歷了社會所賦予角色、地位與期望的變化。年齡之所以成為一種決定角色類型的因素，是由於生理的、心理的、法律的或者社會等相關因素的制約，因而影響並限制角色的選擇及扮演。職是，一個人的行為變化，必然會隨著所屬的年齡群體的改變，而發生相應的改變；在年齡階層的制度中，結構改變會影響個體的經歷，以及如何對其人生階層發生影響作用（Lynott & Lynott, 1996）。

一般而言，年齡階層理論具有以下四項要素（程越等譯，1992）：

1.同期群：有一個由不同人所組織成的群體，這個群體可以按照年齡或其他發展標準，化分為若干各年齡層（子群體），年齡層又可分成為「同期群」。

2.各個年齡層對社會的貢獻或反應能力：不同的年齡層具有不同
　的能力，社會也賦予他們不同的責任。老化的過程，實際上就
　是從一個年齡層向另一個年齡層的運動過程，同時也是能力與
　貢獻變化的過程。

3.年齡層的社會形式：年齡層的社會形式是透過社會運動作用表
　現出來的，其中，年齡可以有直接與間接作用。年齡層與其應
　承擔的社會作用之間的關係是靈活的，且具有一定的社會發展
　意義，同時也表現出社會發展對年齡層的需求。

4.與年齡有關的期望：這個因素包含在人們對所扮演角色的反應
　之中，如年輕人活潑浪漫、老年人沉穩持重等，就是社會賦予
　相關年齡的一種角色期望，這種期望是一種公共共同認可的意
　識。

　　綜言之，年齡階層理論透過界定「作爲個體特徵的年齡」和「作
爲社會系統的年齡」，不再將年齡看作「引起社會功能失調」的社會
問題，而是基於不同年齡同期群進行年齡階層，並將老化進程置於社
會年齡結構中去理解（熊春文、張彩華，2016）。本理論以年齡作爲
社會階層的依據，可能忽略影響社會階層的其他因素，如權力、衝突
以及社會運動在社會變遷中的作用等；再者，將「年齡」作爲區分，
亦可能在無形中強化社會中的「年齡歧視」（ageism），這些都是受
到批判的問題。

(二)生命歷程理論（Life Course Theory）

　　**生命歷程理論旨在以宏觀（群體）以及微觀（個體）的分析層
次，在社會學及心理學概念之間搭起橋樑，是一種揭露許多尚待解釋
議題的框架；其特色呈現在：關注人生經驗、時間選擇，以及構成個
人發展路徑的階段或事件的先後順序**

　　生命歷程理論興起於20世紀初，70年代後逐漸受到老年社會學者們的重視而迅速發展。多數學者們視「生命歷程」爲一種理論架構或觀點（life course theory framework/perspective），而與其他社會理論相結合，進行老化研究；21世紀以來，在生命歷程框架下研究個體生活路徑，成爲跨學科、多研究領域、跨文化的研究，並被社會和行爲科學廣泛應用（熊春文、張彩華，2016）。代表人物有早期芝加哥學派的William I. Thomas Florian Znaniecki，以及Norman Ryder、Matilda W. Riley、Linton、John Stone、Ronald P. Abeles、Glen H. Elder Jr.等。

　　本理論認爲，老化及其意涵是由族群、歷史、文化以及地點等結構影響，加上個體發展因素，例如人生事件與他人的互動模式及道德行爲塑造而成；雖然是一種正在形成中的理論，但是極其鮮明地反映劇烈的社會變遷，對個人社會生活的顯著影響。所謂生命歷程是指：在人的一生中，隨著時間變化，所出現受文化和社會變遷影響的年齡、角色及生命時間序列。

　　生命歷程的觀點強調，人類發展無法單獨和穩定成長劃上等號，藉此充分描述艾瑞克森（Eric H. Erickson）基於八大階段的心理社會發展論（Psychosocial Developmental Theory）；人所參與的社會角色，能夠創造並表達社會背景。Abeles與Riley（1977）提出，生命歷程理論架構三個原則：(1)發展變遷與老化都是持續的過程；(2)這一過程發生在社會學、心理學、生物學等相互關聯的領域；(3)生命歷程的發展由多種因素決定。

　　Elder Jr.（1995; 1998）在此基礎上做了補充，強調重視歷史時間和地點，以及關聯的生活如何影響人類行爲；並提出生命歷程理論的四個原則：(1)歷史時刻及地點（如社會背景及族群效應）；(2)人生中的時間安排；(3)人生連結（代間傳承）；(4)人類道德行爲的抉擇。越來越多針對健康差異性研究，開始考量由性別、種族及種族地位，以及社會階級分層的社會系統，是如何建構生命歷程，並且在老年階層

中產生不平等的特性。

　　綜括而言，本理論是將個體的生命歷程，視為更大的社會力量和社會結構的產物；所創造一系列概念工具和分析方法，使得理念較能有效地落實，並且將生命歷程理論與其他微觀社會學觀點加以區分

　　本理論目前關注的議題，包括：生命歷程觀點下的壓力與老化、健康與老化、老年人與風險社會、生命歷程中的社會結構與個人施為、家庭與生命歷程、偶然事件與生命歷程、全球化背景下的老化與生命歷程、社會網絡與社會關係、工作與退休、老年期「累積的不平等」等（熊春文、張彩華，2016），且是多跨學科的研究，賦予未來對老化與社會關係的瞭解，有更高的期待。

📖延伸閱讀

黃久秦、白惠文、陳毓璟、李昆樺、周鉦翔、黃玟娟、劉立凡、梁翠梅、張江清、劉慧俐（譯）（2012）。Nancy R. Hooyman與H. Asuman Kiyak（著）。社會老人學（Ⅱ）：社會取向。臺北：華騰文化。
邱天助（2007）。社會老年學。高雄：麗文文化。

Chapter 3

老化理論與研究

- 老化的概念分析
- 成功的老化及其相關研究
- 生產老化、健康老化、活躍老化
- 延伸閱讀

「老化，即使現在尚未成為你的議題，不久的將來，也會是你的議題。」

　　的確，亙古自今，老化是必然要面對且無法迴避的事實，因之而帶來的生命衰退與死亡，成為揮之不去的夢魘；當然，正因為如此，對老化抱持負面的印象，或謬誤評價的普遍存在，也就不足為奇了。

　　從十九世紀開啓老化研究，對老化的定義、過程，容或有了初步的瞭解，但是，老化受到多重因素影響，至今人類的一切努力還談不上控制或影響老化的過程。「老化」是什麼？它與疾病有關係嗎？是否有抗老防衰，抑或凍齡而青春永駐的解方？更重要的是，我們能做些什麼來回應呢？是的，從千百年來帝王巨賈遍尋不老仙丹妙藥，以至晚近國際組織、專業學者的長期努力，已積累一些成果。那就是：在老化的負向之外，更積極的擁護其正面的價值。在對老化持正面的觀點之下，「成功老化」、「健康老化」、「生產老化」、「活躍老化」，追求長壽且「健康」餘命的延長，於焉開展。「長壽又健康」，它為我們提供了一個重新思考的機會，不僅是思考老年生活，還有機會重新考慮如何展開整個人生。

　　本章將邀請您進入認識老化的殿堂，首先，從揭開老化神秘的面紗出發，瞭解什麼是老化、有哪些種類開始，我們究竟應該用什麼態度面對；其次，將針對「成功老化」及其相關研究，做深入探討，並嘗試勾繪成功老化的整體圖像；最後，著力於釐清「生產老化」、「健康老化」、「活躍老化」等概念內涵與發展情形，藉以呈現有關正向老化觀點的整體意象。

第一節　老化的概念分析

　　老化（aging）此一名詞並不陌生，一般人亦耳熟能詳，生命的無時無刻亦在進行著老化的協奏曲，然何謂老化？老化有哪些種類？人類對老化要抱持哪些看法？這些問題有必要釐清其要義並說明之。

一、老化的意義

　　有關「老化」一詞意涵，爰於對老化研究切入角度的不同，致使相關闡述觀點有別；一般大抵接受老化的過程是正常的、漸進的、生理不可逆的原則，個人基因、環境因子、外在因素、生活飲食習慣等，皆可能有某種程度的影響

　　「老」不是一種病！要區別老化或疾病，有賴健康檢查及專業醫師的臨床經驗，例如器官功能惡化是疾病造成並非老化。老化是一種自然發展的結果，一般指涉每個人都會經歷且不可逆轉的自然現象；老化過程是一種時間性的變遷，每個人從出生到死亡，都要歷經一連串的生長、發育、成熟，最後免不了走向老化之途。

　　Lamdin和Fugate（1997）提出老化的概念應包含年齡的、醫學上的、生理的、社會的、文化的老化五個層面。McConatha等（2004）則關注老化和心理衰退有關，認為個體若知覺到老化，則會感到害怕及憂慮。

　　李世代（1995）指出，老化現象是一種普遍性（universal）、進行性（progressive）、累積性（cumulative）及傷害性（deleterious）之內外因素所引發之生理衰退。由於生物個體間、不同細胞器官系統間、不同人生階段時期之老化步伐及表現不一，所以無法以單一或簡

單的模式來加以描述。教育部重編國語辭典修訂本（2015）則認為老化是人的年齡變老。

是以，老化可謂泛指人體結構及功能隨著時間演進而累積的變化，它是一種自然、正常且不可逆轉的持續性過程，影響個人心理、生理和社會層面的改變；它兼具普遍性、內部性、持續性、漸進性、衰退性的自然發展過程，此過程會發生在每個人身上。

老年社會學側重對社會老化面向的探討，通常包括老化對社會角色的影響、各種生命階段的教育、工作、家庭的改變，以及老化與社會情境的改變和生活型態的改變等

蔡文輝、徐麗君（1991）指出，社會老化的過程實際上是指個人由中年角色而進入老年角色，並設法適應老年人應有之社會規範。黃富順（2000a）則認為社會方面的老化，係指個人對別人、或別人對自己的社會行為或角色改變的期望；通常由各種不同年齡的人，對其行為所作的期望或感覺適當與否的程度來做推斷，而非依據實際上他能做什麼予以評斷。社會年齡加入了社會變項的指標，便增加此一現象的複雜性。因而社會學家相信要瞭解老化現象就必須瞭解社會結構。

近年來，老年社會學重視社會經濟環境的變遷下，老化與社會關係，特別是對社會年齡結構變化的關注，以及全球化背景下的老化與生命歷程、社會網絡與社會關係、生命歷程觀點下的壓力與老化、健康與老化等議題。

二、老化的種類

老年學家將老化從年代老化（chronological aging）、生理老化（physiological aging）、心理老化（psychological aging）以及社會老化（social aging）等四個層面來探討（黃久秦，2015；蔡文輝、徐麗君，1991）

(一)年代老化及時序年齡

　　這是對老化與年齡最傳統的看法，是指一個人從出生以後所累積的歲數，年歲愈大，年代老化就愈深；時序年齡是最常用來評斷一個人的老化狀況。年齡作為人是否可稱為「老」的客觀審視標準，但生理與心理年齡，甚至是社會年齡不見得與時序年齡一致。在老人學家的看法中，時序老化是因年歲增長而產生，無法周全地評量個人的生理、心智與社會功能，瞭解其生活表現狀況。

(二)生理老化

　　生理老化指人體生理組織、細胞與器官，隨著時間而產生改變，使原有組織與器官的功能或活動效率降低。然而正常老化並非疾病，只是身體的組織、器官或功能隨著時間發生變化，使罹患疾病的風險會隨之提升。生理老化與時序老化狀況呈正相關性，卻非年齡所造成，因此，生理老化的速度不見得與時序老化成正比。愈來愈多的研究證據顯示，生理老化程度在個體間存有極大的差異，此亦可說明我們通常無法從外表上確切的臆測出他人實際的時序年齡。

(三)心理老化

　　心理老化指個人行為上的老化現象，它反映個人的成熟度以及各人對緊張壓力的適應和對付之程度。老人學家研究心理老化時，特別重視：老化的認知功能研究，試圖瞭解並解釋人類老化在記憶、智力、學習、問題解決以及其他心智活動功能的改變；探討老人如何看待自己以及生命週期的人格正常發展與改變過程；研究在生理與社會環境的動態關係所產生的心理變化，這些改變如何影響人類心理老化過程，以及老人如何調適與應對；研究應用心理學方面的心理衛生與老化問題。

(四)社會老化

社會老化是指個人因年齡老化而導致在社會角色方面的改變。社會老化主要探討老化之社會意義，老化對個人角色與他人關係之轉變，包含與家人、朋友、社會群體，以及社區內所扮演的角色及其興趣和活動。進一步來說，個人對老化的定義及經驗為正面或負面，會隨著社會環境不同而有所差異；社會老化乃是處於動態的系統中，觸及的層面極廣，隨著個人年齡逐漸增長，所經歷到的變化之意涵與重要性，常會受到社會現實（social reality）的影響。

三、老化的正向觀點

伴隨全球老化趨勢明顯，「老化」問題受到更多的重視；國際組織、社會不同專業領域啟動相關理論、議題的研究，企圖協助老年生活「質」的提升，使其生活更正向、更有意義，因而產生諸多概念相近的名詞

20世紀60年代以降，有關成年晚期的研究，多著力於如何協助年長者能達成其理想的老年生活；80年代開始，老人學的理論觀點開始陸續出現探討成功老化、活躍老化、健康老化等概念。

就老化理論主張而言，生物科學理論強調老化的衰退論，社會科學理論認為在老化的過程中，同時具有增進與減少之變遷概念，老人學則側重在正常老化過程所面臨到的問題、現象及感受（李宗派，2007）；至於在國際組織方面，2002年聯合國世界衛生組織（WHO）提出「活躍老化」（active aging）、2009年經濟合作暨發展組織（OECD）推動「健康老化」（healthy aging）等理念與政策框架，產生許多概念相近的名詞。

例如：「成功老化」（successful aging）一詞，被學術界廣泛用來

表示老年期時，所呈現的正向適應狀況與經驗；「健康老化」則是在生理、心理及社會面向的「最適化」，老人得以在無歧視的環境中積極參與社會，獨立自主且有良好的生活品質；「活躍老化」側重活躍老年生活的參與和獨立，除涵蓋身體、心理、社會三個面向外，亦應強調生活的自主和積極的生活投入。雖然這些理論幫助我們對老化有某種程度的瞭解，可是卻沒有任何一種能夠充分且適當地解釋，為何會造成老化？

在認知到「老化」是必經歷程的同時，我們要用何種態度來面對老化？有關老化態度的研究，受到愈多學者的重視；事實上，已有不少研究提出從正面觀點探討老年健康的相關問題

首先，就老化態度（attitude toward aging）的探究而言，約肇始於20世紀60年代，隨著全球老齡化進程的加速，約在80、90年代，受到愈多學者的重視，相關研究也逐漸增加；21世紀以降，研究則多聚焦於老年人對自身的老化態度和知覺進行探討。

長者的老化態度是對變老過程及年老的體驗和評價，是一個較為複雜的心理結構；其內涵則可概分為：老化認知、老化感受、特定的老年觀、老年適應等四個向度（朱芬郁，2016）。對老化態度的理解，有助老化正向觀點的深入探討，兩者關係至為密切。

其次，在正面觀點探討老年健康方面，美國的麥克阿瑟基金會（John D. and Catherine T. MacArthur Foundation），自1984年即進行一系列有關老化的正向觀點研究，企圖超越生物年紀，並從基因、生物醫學、行為、社會因素等方面探究，希冀藉以促進人們在老年生活的能力與功能（Rowe & Kahn, 1997; 1998），「成功老化」受到重視，即為其例。

再者，1998年，Seligman提出正向心理學（Positive Psychology）的新觀點，希望個體從正面的角度留心覺察日常生活、重塑自己的過去、展望未來；此觀點，應用在老化議題上，則需要更多協助高齡者

成功老化、活躍老化或健康老化等邁向正向老化（positive aging）的研究（高旭繁，2014）。正向心理學的基本理念，影響正向老化、活躍老化、生產老化等的發展情形，值得進一步觀察。

老化是一個具有價值的過程，今日正向老化觀點的研究，已從醫學的角度進入社會學與心理學的多元主客觀領域，揭示了一個正向健康高齡社會時代的到來；如何透過有效的方式，藉以降低社會環境對長者在老化過程的影響，進而增加其自信心，規劃老化，掌握主導權，一直以來都是老年社會學關注的核心

晚近以來有關老化各種理念的發展，其主要基調大體緊扣正向的老化觀點，側重於年長者在老化過程中，因擁有適足的個人和社會資源，才可能以健康的身體、心理及認知功能，藉以因應老化的歷程。例如，避免失能的健康老化、有成就感的成功老化、有生產力的老化活動，探討這三者之間的相關性與交互影響；以及從此三者據以發展出之重視獨立自主及積極參與的活躍老化等，已成為未來重要的研究命題（Menec, 2003），皆為其例。

陸洛、陳楓媚（2015）即指出，「正向老化」是個人對自身老化經驗的全面、正向的評價，奠基於認知、情感及自身概念這些心理歷程的運作，是一種生理、心理、社會及靈性的心理狀態，包含對自身經驗的正向主張；是高齡者對其生活自我認定具有「主觀幸福感」、「安適幸福感」、「生命意義」以及「老化自我知覺」的正向程度。

據此，在此一正向觀點下，老年人的健康焦點不再侷限於慢性病或長期失能的功能障礙者，而是希望在延長壽命與減少死亡風險之下，如何促進老年人的健康，而且此一健康不僅是減少疾病與失能，更希望維持好的身體與心智功能，更進一步促進社會心理層面的健康，使老年人能積極地享受其老年生活（徐慧娟，2003）。

2016年第69屆WHO世界衛生大會，提出「老化與健康之全球策略及行動計畫」（Global Strategy and Plan of Action on Ageing and

Health）（WHO, 2016），對老化的正向觀點做出進一步闡釋，指出：老化是一個具有價值的過程，但同時也必須承認在此過程中也會出現一些重要的損失，這些損失有些是可以避免的，有些則是必然的；健康的老化不是要全力抗拒這些挑戰，而是尋求從這些挑戰或損失之中，恢復、適應，並維持尊嚴的方法。

第二節　成功的老化及其相關研究

一、成功老化的意義

1960年代以來，從正向觀點探討老年健康，最被廣泛且進行深入討論研究的，當屬「成功老化」的概念；由於各領域詮釋角度不同，但並無礙此概念已是老年社會學探討之重要主題的事實

20世紀40年代，美國老年學者的一項針對生活滿意度的研究，首先將成功老化的觀念引入社會科學領域，開啟此主題的一系列探索；1960年成為學術名詞（Baltes & Baltes, 1990; Phelan & Larson, 2002）；其後，在Rowe和Kahn的持續努力，使得「成功老化」之理念策略，逐漸發展成型。1980年代開始，老人學的理論觀點已出現成功老化、生產老化等論述（Moody, 2001）；2000年以來，逐漸滲入老人社會學研究領域，關注在全球化架構下，社會環境對老人的角色和與他人的關係的轉變，以及老人自身對老化的定義、老化經驗是正面或負面的影響。

大體而言，有關成功老化意義的詮釋內容，包括：擁有生活滿意度（life satisfaction）；長壽（longevity）；免於失能（freedom from disability）與維持認知和身體功能；掌握擅長與成長（mastery/

growth）；對生命的積極承諾與委身（active engagement with life）；維持高及獨立自主的功能（high/independent functioning）；正向適應（positive adaptation）及持續社會參與，特別是能有「快樂的活動」，在成功老化的過程中是不可或缺的（徐慧娟，2003；Clulow & Bartlett, 2009; Phelan & Larson, 2002; Rowe & Kahn, 1998）。

另外，則是對積極參與的生活方式進一步闡述，認為維持與他人的親近關係，以及持續投入有意義的活動，是積極參與的兩個重要面向（Brown, McGuire & Voelkl, 2008）。此成功老化三因素皆達成時，即為最成功的老化狀態。

成功老化的概念隨著更多的研究發現，從以往指涉只是單純老化，沒有環境、疾病、生活型態的不良影響，轉而揚棄將老化與疾病之間劃上等號，並被賦予更積極的內涵，呈現寬廣而多元之正向健康的老化觀點

正常老化（normal aging）是指疾病、不良環境和生活型態影響加上單純老化之效果；成功老化與正常老化之間的界限在於，特定疾病的危險因子是否在老化過程中得以控制與預防。2015年世界衛生組織（WHO, 2016）公布《關於老齡化與健康的全球報告》（*World Report on Ageing and Health*）指出，年老並不一定意味著健康狀況不良，健康的老齡化並不僅僅是指沒有疾病，對大多數老年人來說，維持功能發揮是最重要的；也就是說健康老化不只要免於病痛，還要維持身體功能，不失能、失智，就連心靈層面也要健康，擁有活躍社交生活，對社會有所貢獻。

目前仍沒有一個單一的定義足以解釋何謂成功老化。各家論述成功老化代表不同的觀點，適用情形端視使用目的而定。從較廣泛的角度而言，成功老化自應觸及健康面、生活面、功能面、活動參與面以及靈性面，營造支持性周邊因子，藉以達成正向老化的過程與結果。

據此，成功老化乃是促進正向健康的老化觀點，通常指涉：個人

隨著年齡增長，能接受身體逐漸衰老等事實；大抵可歸納出四項重要
關鍵內涵，包括：(1)生理——降低疾病與失能風險；(2)心理——維持
心智與身體高功能；(3)社會——積極參與社會活動；(4)正向的靈性。
能對老化適應良好，持續追求生命的意義，度過愉快的中、老年人生
涯。

二、成功老化的內涵

　　梳理成功老化研究的四大發展脈絡：**Baltes**和**Baltes**的「**選擇、
最適化與補償**」模式、**Rowe**和**Kahn**「**成功老化三因素**」模型、
Crowther等加入第四要素——**正向的靈性、重視文化環境的Torres
「文化相關之成功老化架構」**等主要觀點，有助成功老化內涵的釐清

(一)Baltes和Baltes的「選擇、最適化與補償」（SOC）模式

　　P. B. Baltes和M. M. Baltes夫婦於1990年從心理觀點探討系統化
之成功老化。運用變異與彈性之概念，界定成功老化為一種心理適
應良好的過程（Baltes & Baltes, 1990）。其中包含三個元素：(1)選擇
（selection）：適度的選擇符合本身能力的活動，可以保持老年人自我
控制的能力；(2)最適化（optimization）：利用過去的經驗，實現所選
擇之活動的程度；(3)補償（compensation）：當老年人執行特殊活動
的能力下降時，可以運用不同的技巧讓老年人心理上覺得自身能力沒
有降低。簡稱SOC模式，如**圖3-1**。

　　本模式適用於不同年齡為達成某個目標的思考方式；其中，透
過快樂學習的正向觀點，鼓勵人們從年輕時，增加社會活動和社會網
絡，藉以建立社會促進的論述，特別值得重視。

前置條件　　　　　　　　　過程　　　　　　　結果

圖3-1　「選擇、最適化與補償」模型

資料來源：Baltes & Baltes (1990: 22).

(二)Rowe和Kahn「成功老化三因素」模型

J. W. Rowe和R. L. Kahn兩位醫師背景的學者接續於1987年提出人類平常老化與成功老化（human aging: usual and successful）的模型之後，復於1997年、1998年提出成功老化的發生必須三個主要因素同時存在：避免疾病（avoiding disease）、維持高認知與身體功能（maintaining high cognitive and physical function）、生活積極承諾（engagement with life），屬於一種模範、目標式的「成功老化三因素」模型，如**圖3-2**所示。

企圖指出成功老化的高齡者，擁有較低得病的風險和失能的機率，且能主動的解決問題、對事物有概念，持續保有與社會接觸的語言技巧和參與生產性的活動（朱芬郁，2012）。Rowe和Kahn為成功老化指涉出具體範疇，從正向的觀點探討老年相關問題，開啟探研正向的老年健康促進及預防老化的論述。

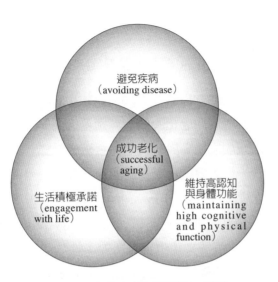

圖3-2 「成功老化三因素」模型

資料來源：Rowe & Kahn (1998: 39).

(三)Crowther等修正「成功老化三因素」，加入第四要素──正向的靈性

Crowther、Parker、Achenbaum、Larimore和Koenig（2002）修正Rowe和Kahn成功老化三要素模型，提出正向的靈性（positive spirituality）概念，認為靈性指個人對生命的意義或神的探求，正向的靈性是宗教（religion）與靈性之特性所導致的正向結果，包括宗教上的寄託、自我人生意義，靈性是人們在各種關係中達到和諧狀態（自我、自然、天神、他人、環境）。

靈性一般可分為內在與外在，當老人內在信仰定位勝於外在信仰定位，通常可以保持較高層次的自覺安適。Crowther將「使正向靈性最大化」（maximize positive spirituality）加入Rowe和Kahn的成功老化三要素模型，完整呈現身體、心理、社會、靈性的層面，發展為成功

老化四要素模式。

(四)重視文化環境的Torres「文化相關之成功老化架構」

Torres（1999; 2003）以5VO（Values Oriented）概念，檢視根本文化的特點，如何影響成功老化的概念；側重人們居住的環境中之價值態度，因之而形成的文化，對成功老化意涵的看法，亦即文化背景與價值傾向會影響一個人對成功老化的態度。更進一步言，成功老化的感知毋寧是社會建構的產物（Torres, 2001; 2002; 2003; 2006）。

文化相關之成功老化理論架構（culturally-relevant theoretical framework）指出，每個文化中皆包括對人性、人與自然的關係、人與人的關係、時間、活動等（human natures, man-nature, relations, time, activity）五個價值傾向，這些受到環境因素凝結的社會文化偏好，將和所持的成功老化態度，產生連結。

許多老年學的文獻，較少觸及文化相關的概念與對文化適當的關照，本理論將成功老化置於社會文化環境框架，去解釋後現代主義與全球化。這種賦有社會文化觀點的成功老化概念，深入文化的脈絡，瞭解老化在不同文化觀點之下的內涵，呈現影響老化的社會脈絡，對老年社會學領域的研究，特別具有意義，值得進一步探討。

歸結上揭成功老化研究的四大發展脈絡，發現成功老化內涵十分廣泛，涉及避免失能、維持獨立功能、生活滿意度、長壽、成長、正向適應、靈性健康、生產力等多重面向；成功老化大抵可歸納出四項重要關鍵內涵，包括：(1)生理——降低疾病與失能風險；(2)心理——維持心智與身體高功能；(3)社會——積極參與社會活動；(4)正向的靈性。

更重要的是，老年人的健康焦點不再侷限於慢性病或長期失能的功能障礙者，而是希望在延長壽命和減少死亡風險之目標下，如何促進老年人的健康；而且，健康不僅是減少疾病與失能，更希望能夠維

持良好身體與心智功能，進一步促進「生理─心理─社會─靈性」層面的安適，使老年人能更積極地享受豐富且有意義的晚年生活。

三、成功老化的相關研究

國外幾項大型有關成功老化的縱貫性研究，值得重視

縱貫性研究（longitudinal research）常用於心理學、社會學及其他領域，係對一群研究對象進行長時間觀察或蒐集資料的研究方式，主要為探討研究對象在不同時期的演變，目前已越來越普遍用於測量變化及解釋因果等研究，特別有助於掌握社會變化。

(一)MacArthur成功老化的縱貫性研究

本研究觀察一群在美國三處東海岸社區年齡70～79歲的男女性（選取該年齡群認知和生理功能的前三分之一），受測者分別於1988年和1991年接受追蹤某認知與身體功能、生理參數的測驗。研究結果發現，表現評分高的受試者，在追蹤三年後，呈現較少有慢性疾病（尤其是心臟血管疾病）、較好的健康自我評量、較高的教育及收入。

同時，顯示55%持續維持基本表現程度，23%表現退化，22%則有實質的改善（Unger et al., 1999）。值得注意的是，其中退步或死亡的受試者，在身體表現、血壓、平衡和步態等方面有較大的變異，並且出現較多的慢性疾病（Nesselroade et al., 1996）。再者，本研究揭露成功老化也暗示認知功能的維持，尤其是教育程度的持續，是高程度認知能力的最佳預測因子（Albert et al., 1995），其成功老化的秘訣，可能是因長時間沉浸在智能性的研究，如閱讀、解答謎字遊戲等活動，這些皆和教育在發展大腦複雜的連結有關。

MacArthur研究的樣本被評估他們的身體功能超過七年。擁有更多

社會連結和強有力的社會系統者，他們的功能性健康，比未有穩固連結的人，退化較少（Unger et al., 1999）；也從而顯示，社會支持對身體健康較差者是特別有益的。

(二)Oregon腦部功能老化研究的縱貫性研究

Oregon腦部功能老化研究（Oregon Brain Aging）主要評估少數經選擇，年齡65～74歲及84～100歲的最健康人群，測量身體、認知、神經和感覺功能，作為健康老化的指標（Howieson et al., 1993）。研究發現：老老和初老的不同，只有在於視覺感受及建構技巧，而非記憶和推理方面。

本項研究提醒，從事高齡者成功老化方案設計時，針對65～74歲和84歲以上高齡者，應特別注重這兩組群，在視覺感受和建構技巧方面的差異，應給予不同課程與環境條件學習方式，才能去除學習上的障礙。當然，由於在記憶和推理方面，初老和老老兩組群並無明顯差別，也從而增強經由有效的方案規劃，極有可能促進高齡者成功老化的到來。

(三)Menec每日活動與成功老化的縱貫性研究

Menec（2003）一項執行為期六年的縱貫研究，主要是探討受試者每天的活動和成功老化之間的關係。該研究將成功老化的內涵分為：生活滿意度、快樂程度、功能、死亡率四部分，探討高齡者每天的活動與這四個層面的關係。結果發現，高齡者參與越多的活動，可以得到越大的快樂、擁有更好的身體功能，並降低死亡率；另一份研究則發現，高齡者如果能繼續擁有積極承諾與激勵的機會、有安全感、安定感與積極的態度和適應力，將能彌補在身體健康方面的不足（Reichstadt, Depp, Palinkas, Folsom & Jeste, 2007）。可見，長者若能每天持續活動，對成功老化是有意義的。

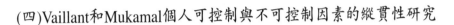

(四)Vaillant和Mukamal個人可控制與不可控制因素的縱貫性研究

　　Vaillant和Mukamal（2001）提出，高教育程度和擁有寬廣的家庭網絡，是成功老化的重要心理預測因子。Vaillant發現幾個成功老化有關的重要變項（引自周鉦翔等譯，2011）：

1.尋找和維持關係，並且能夠瞭解關係，可以幫助我們療癒和獲得更多感謝、諒解和親密感。
2.對他人感到興趣和給予關心，並能夠付出自己。
3.保持幽默感，有歡笑和遊玩的能力。
4.能夠結交和自己一樣歲數的朋友，這種互動對老化的影響力會勝過領取多少的退休金。
5.渴望開放地學習新事物和觀念。
6.瞭解和接受自己的極限，並接受他人的幫忙。
7.瞭解過去的經驗和它對生活的影響，時時活在當下。
8.將焦點放在對我們生活有正向影響和對我們好的人，而不是注意那些讓我們不愉快的人事物上。

四、國內成功老化的實證研究

　　國內有關成功老化的實證研究，可供參考：

(一)徐慧娟、張明正（2004）——臺灣老人成功老化與活躍老化現況：多層次分析

　　針對臺灣70歲以上的人口進行分析，發現成功老化與活躍老化比率高的族群是年齡較輕、男性、教育程度較高、個人與配偶年收入較高者；「成功老化」是老人同時符合日常生活功能正常、認知功能正

常、無憂鬱症狀與良好社會支持等四項指標者。

(二)林麗惠（2006）——臺灣高齡學習者成功老化之研究

將成功老化分為六個層面，包括：健康自主、經濟保障、家庭層面、社會及親友層面、學習層面、生活適應層面等。針對臺灣55歲以上的人口進行分析，瞭解其對於成功老化各層面重要程度的看法。發現：年齡、教育程度、自覺健康、主要經濟來源、居住狀況是主要影響因素；成功老化應具備的條件以健康自主、經濟保障為最重要。

(三)王永慈（2008）——「成功老化」的實證分析

針對臺灣45歲以上人口進行「成功老化」的實證分析，研究發現：維持健康的生活型態是可以做到的；自65歲憂鬱程度開始明顯上升；無論年齡，志工參與程度都偏低；休閒多樣性的數量隨著年齡有遞減的趨勢；70歲以上的人口無宗教信仰的較多。去社會階層化、全人化的服務是推動成功老化不可或缺的努力方向。

五、成功老化的整體圖像

由上述對成功老化以及其相關研究的梳理，發現達到成功老化要從各個不同層面加以促進。揚棄以往將老化與疾病之間劃上等號，藉由許多成功老化觀點的實證研究，呈現出其多元樣貌。具體而言，可從相關促進正向老化的研究結果，粹取出以下七大支持性周邊因子，勾勒出成功老化整體圖像，如圖3-3。但是這些支持性的因子，僅能顯示較易達到成功老化，而非任何單一因素可達成。茲說明如下：

(一)健康的生活型態和良好的衛生習慣有助成功老化的達成

許多研究指出老年人健康狀態的衰退，大部分起因於不健康的生

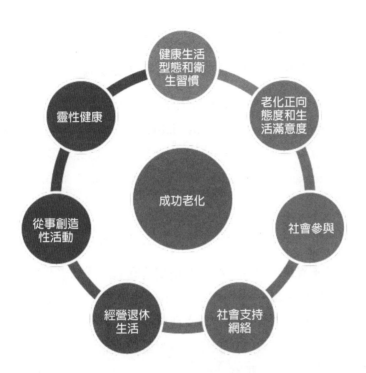

圖3-3　成功老化整體圖像示意

資料來源：作者繪製。

活型態和不良的衛生習慣，少數是老化引起的（Kozier, Erb & Blais, 1992）；持續的運動、適當的營養及壓力的抒解則是公認最重要的（葉清華、薛淑琳，1998）；運動能顯著延緩老化過程十年左右（Thomas & Rutledge, 1986）。

(二)對老化的正向態度和生活滿意度是成功老化的重要指標

成功老化的研究中，極具有意義的指標在於：所謂老化情形決定因素，不再是「遺傳」，而是個體對於良好老年生活的堅持與渴求。一個人對於健康的感受，通常與其安適狀態（well-being）和生活滿意度有關；認為自己健康較差的老人，在往後的三年內，會比自認功能

性能力良好的人容易死亡（Bernard et al., 1997）。

(三)社會參與是促進高齡者成功老化的重要途徑

非正式的互惠關係，是維持老年人身心健康、個人自控力與自主性的重要因素（Krause & Borawski-Clark, 1995）。老人參與社區可獲得與人互動、應用社會資源、完成生活目標等經驗；「有目標的感覺」（sense of purposes）或「對社會有貢獻」（contribution to society）是成功老化的必要因素。

(四)社會支持網絡是高齡成功老化的主要構面

一項研究證實，堅固的社會網絡促成圓滿的成功老化；相對地，社會孤立易造成較高的死亡率（LaVeist et al., 1997）；並且發現成功的老化者在晚年時期，無論是其生理與心理都有持續的活動，透過豐富的社會網絡保持社會互動關係，並對自我效能維持堅定信念，或是堅信他們能夠達成自我設定目標的感覺（Rowe & Kahn, 1998）。

(五)經營退休生活是達致成功老化的重要手段

從成功老化的內容而言，事前的財務規劃及適宜的社會生活準備，將對退休高齡者成功老化提供較佳的支持。Sheldon、McEwan和Ryser（1975）指出，造成老年適應不良的主要原因是缺乏事前準備；並建議這種準備，應包括財務上及社會生活上另謀發展，一顆預備改變的心，以及因應改變的計畫。

(六)從事創造性活動的高齡者較易達到成功老化

創造力是對新情境運用獨特及可行的解決方式，老年期一向被視為進入衰退的階段。對某些人而言，創造力會在老年達到第二高峰；而創造力的發揮能夠提高生活滿意度，以及促進自我實現，進而成功老化。

老年人能夠享受更好生活的方法是學習（Hickson & Housley, 1997）。

(七)正向的靈性健康是促進成功老化的重要元素

Pielstick（2005）指出，靈性是一種超越的世界觀、生活相連感、自我超越、意義與完整。靈性健康（spiritual well-being）與自我、人際關係、生命滿意度、情緒、希望感、萬物環境與宗教信仰等有高度相關。靈性健康與成功老化有密切的關聯，也是促進成功老化的元素之一。

👀 第三節　生產老化、健康老化、活躍老化

一、生產老化及其相關研究

(一)生產老化概念的源起與發展

「生產老化」（productive aging）的概念約萌生於20世紀80年代，一直在演進與擴充之中；主要關注長者在退休後，仍然保有貢獻或服務社會的熱忱與動能，並繼續不斷地以實際行動參與社會，發揮影響力

生產老化在西方的研究已逾三十年發展歷程。早先是面對人口老化的發展趨勢，Helen Kerschner在1980年對老年人口提出嶄新的描述（Kerschner & Pegues, 1998）：機會大於危機、問題的解決大於問題的製造、資產大於負擔、資源的累積大於資源的消耗、對社會、經濟和文化上的貢獻多於消費。此說可謂揭露老年群體具有正向價值的先聲。

其次，Butler和Gleason（1982）在薩爾斯堡（Salzburg）的研討會中，提出生產老化概念，指出：當人們逐漸年老時，依然能夠、且必須能夠促進其個人及社會的生產力。直接呼應Kerschner的見解，強調老年人的主動積極持續貢獻社會的責任與可能。

1986年，Morgan（1986）定義「生產老化」為：舉凡老化過程中可產生出任何產品或服務，並減低對他人依賴之過程及活動，皆可稱之為生產老化。Herzog、Kahn、Morgan、Jackson和Antoucci（1989）則擴張James Morgan所提生產老化的範圍，認為任何可產生產品或服務的活動，無論是否有給職，包含家事、照顧孩童、志願服務、幫助朋友及家人等，都可屬於老化生產力的活動範疇。

繼而，Caro、Bass和Chen（1993）再將生產產品或服務的「能力」作為生產老化的內涵之一。Butler和Schechter（1995）在《老化百科全書》（*The Encyclopedia of Aging*）中提出，「生產老化」是指：個人或群體有能力擔任職場中有給職的工作、從事志工活動、協助家人以及盡可能地維持個人獨立的能力。Moody（2001）主張，我們應該將「生產老化」的活動擴大至更廣泛的範疇，舉凡能讓我們的生活充滿意義的活動，而非僅僅是外在報酬的獲得。

Hoglund、Sadovsky和Classie（2009）等學者認為從事有償工作、無償志願性工作、家庭照顧、持續學習等活動只是狹義的生產性活動；生產老化應將廣義生產性活動，如工藝品創作、興趣、藝術、音樂表演等創造性工作包含在內。澳洲國立生產老化研究中心（National Seniors Productive Ageing Centre, NSPAC）指出，組織應提倡並確保老年人積極參與經濟與社會的生活方式，使其成為貢獻者，同時促進個人健康及幸福感，而非社會的依賴者（Christina, Lyn & David, 2005）。

楊培珊（2012）認為，除了保持健康與活躍外，老人亦需維持社會上的生產性，持續對社會進行貢獻。胡夢鯨、王怡分（2016）認

爲，生產老化是指中高齡者在退休後，仍然保有貢獻或服務社會的熱忱與動能，並繼續不斷地以實際行動參與社會，發揮實際的影響力。吳玉媚（2014）則採廣義角度，認爲是參與有償工作、無償之志願性服務工作、提供照顧及終身學習四類型生產活動。

據此，從生產老化概念的發展脈絡觀察，高齡者的角色與自我意識，以及對社會期待的回應，已產生劇烈的翻轉，在自願和量力前提下，積極發展一些具有個人和社會價值的活動，這也是生產老化核心概念之所在，那就是：

老年對社會是貢獻而不是負擔，老人宜適度社會參與，促使個人爲自己的晚年做好準備；鼓勵老人從事生產性活動，甚而可能對社會、經濟和文化上的貢獻多於消費，翻轉老人被視爲依賴人口的刻板印象。

(二)生產老化基本構面

釐清哪些是生產老化涵蓋的層面，將有助呈現生產老化的整體意象；一般而言，涉及個人、社會、家庭、經濟、靈性等層面，學者有不同的分類，大體可從微觀與宏觀兩層面加以觀察

Sherraden、Morrow-Howell、Hinterlong和Rozario（2001）等學者強調，生產性老化是一個開放的概念，並將生產性老化分成六大類活動：(1)以市場爲基礎的經濟活動；(2)非市場性但有經濟價值的活動；(3)正式的社會與公民的貢獻；(4)非正式的社會支持與協助；(5)社會關係和社會活動；(6)自我提升。同時，生產性老化不只是度量經濟價值，還包括社會、家庭、個人層面。

楊培珊、梅陳玉嬋（2011）則認爲，生產老化包括生理、心理、社會、靈性等四個層面；生理層面是指體力能完成生活上的任務；心理層面是指人格與情緒穩定、能愛與被愛、認知功能正常、能展現生命智慧；社會層面是指能參與社會活動、維持良好的家庭與人際關

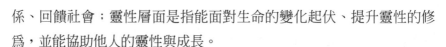

係、回饋社會；靈性層面是指能面對生命的變化起伏、提升靈性的修為，並能協助他人的靈性與成長。

周玟琪（2011）提出「創造性勞動」的概念，認為是能滿足個人生活目標與意義的活動。在外在實相層次創造了物品、服務或影響；在內在意識價值層次則滿足個人希望對人群產生貢獻的正面目標；而在呈現形式則可能非常簡單、彈性、多元，基本上是呼應個人的長處與人生使命。胡夢鯨、王怡分（2016）則指出工作或就業對於長者個人將可獲得有形與無形報酬，包括個人的薪資與心理的滿足和生活品質；退休後繼續貢獻可產生個人、家庭及社區三方面的效益。

據此，生產性老化基本構面，就微觀角度而言，包括：中高齡者在退休後，參與再就業、家務勞動、家庭照顧、親人照顧、終身學習，以及自我價值等個體與社會互動，發揮實際的影響力的層面；就宏觀層面而言，則觸及中高齡者從事社會參與、社會貢獻等活動的範疇。

(三)生產老化相關研究

幾項對生產老化不同面向的研究，有助對相關概念內涵進一步的瞭解

◆影響中高齡者生產性老化的因素

Shen（2010）認為，影響中高齡者生產性老化的因素，有經濟因素、健康狀況、家庭需求、社會網絡等。一項成功老化的研究結果顯示（Motta, Bennati, Ferlito, Malaguarnera & Motta, 2005），百歲人瑞若要稱為「成功老化」，不僅要維持身體和認知功能良好，尚須維持任何社會或生產性活動。Burr、Caro和Moorhead（2002）研究發現，若以公民參與來測量老人對於生產老化的指標，則老人從事最頻繁的為政治上的投票活動，最少的為參與政治性。

　　胡夢鯨、王怡分（2016）指出，一項從生產老化觀點分析退休者的貢獻經驗及障礙研究結果顯示，退休者願意繼續貢獻的原因主要來自外在因素驅使；退休者通常有一種以上的貢獻經驗，又以社會參與最爲普遍；在貢獻障礙部分，以專業障礙最爲普遍，顯示專業經驗與素養之缺乏；環境障礙涵蓋許多層面，以機構與人際問題爲共同的困境。

◆中高齡者從事哪些生產老化活動

　　Boudiny和Mortelmans（2011）指出，不宜狹隘地定義爲經濟的概念，僅是參與生產性活動，必須以更寬廣來理解。其實，中高齡退休者生產性活動涵蓋有酬勞的勞動，以及非報酬性的志願服務。例如能夠自我照顧、持續看顧家人、巡田種菜、縫補衣物、致力於社區文史保存、代間交流等（Yang, 2010）；以及社團的志願服務工作，不同形式的貢獻。

　　呂朝賢、鄭清霞（2005）的研究發現，老人志願服務的參與，深受個人的意願、所擁有的能力，以及可接觸志願服務機會的多寡所影響。根據研究發現，從事志願服務者較少焦慮不安的情緒反應；老人從事專職且低度參與志願服務者，其身心健康狀況比只有參與志願服務，或是只有專職勞動者爲佳（Hao, 2008）。

二、健康老化及其相關研究

(一)健康老化概念的源起與發展

　　追求「健康老化」（**healthy aging**）是世界趨勢，其概念源起可溯自20世紀80年代；以「健康壽命」逐漸取代「平均餘命」的重要性，國際組織是健康老化運動的主要推動者

WHO於1948年定義「健康」：不只是疾病或羸弱之消除，而是生理、心理與社會之完全健康安適的狀態。有關健康老化的重視，可從第一屆健康促進國際會議1986年11月21日在加拿大渥太華召開，並發表「渥太華憲章」（Ottawa Charter），明確指出「健康促進是促使人們能增進對自身健康的控制和改善的過程」；2005年8月11日於泰國曼谷舉行的第六屆全球健康促進會議，提出「全球化世界下的健康促進曼谷憲章」，再度闡述享有健康是每個人最基本的權利且不該受到歧視。

2002年WHO對高齡社會來臨提出「活躍老化」政策框架，強調「社會參與」管道的建立；「身心健康」環境的形成；「社會、經濟及生命安全的確保」。宣示「身心健康」環境的形成是活躍老化政策框架的重要支柱。2009年2月OECD發表「健康老化政策」為主題的研究報告，定義「健康老化」是生理、心理及社會面向的「最適化」，老人得以在無歧視的環境中積極參與社會，獨立自主且有良好的生活品質。

健康老化的重要政策內涵，包括：(1)老人是社會重要資產而非社會負擔，個人獨立自主是維持其尊嚴和社會整合的重要基礎；(2)應關注健康不均等（health inequalities）問題，並將社經因素及老人需求之異質性納入考量；(3)以「預防」為健康促進工作的重點。其所關注的焦點是，如何減緩老人生理功能退化，維持個人自主以降低其對醫療照護及福利資源的依賴，達到個人福祉與整體社會福祉提升的雙贏結果。

可見，此期健康老化旨在重視個體採取有益健康的行為，以維持及強化身體及心理功能（Walker, 2002; WHO, 2002）；或長者在老化的過程中，能具備生理、心理與社會的健康，維持活躍的社會參與，避免受到年齡的歧視，並且可享受獨立與良好的生活品質。

世界衛生組織對健康的定義，不再侷限於不受疾病的威脅，而是

以健康促進的觀念，追求全人身心靈的康泰和諧；健康老化並不僅僅
是指沒有疾病，對大多數老年人而言，維持功能發揮是重要的

2015年世界衛生組織公布《關於老齡化與健康的全球報告》
（*World Report on Ageing and Health*），進一步更新「健康老化」定義：
「是發展和維護老年健康生活所需的功能發揮的過程」；並嚴格定義與
區分「內在能力」和「功能發揮」兩個重要概念，且此二者都不是恆定
不變的。前者，是指個體在任何時候都能動用的全部體力和腦力的組
合，只是決定老人能做什麼的因素之一；後者，是指個體與環境的結合
及其相互關係，若能有可負擔的醫療衛生服務改善他們的能力，或能從
周圍環境獲得支援，其健康老化軌跡就能得到相應的改善。

歐盟老年醫學會前理事長、世界衛生組織《關於老齡化與健康的
全球報告》作者之一，Jean-Pierre Michel在2016《康健》高齡國際趨勢
論壇中指出，目前全球最新的老化觀念已從單純的疾病預防，演進到
內在的心靈健康與身體外在功能的良好發揮；主導自己的老化過程，
才是真健康，更長的壽命是「難以置信的寶貴資源」，長壽讓不同年
齡層的人重新思考老後生活，以及好好揣摩人生想要怎麼過。

綜括而言，WTO對健康老化最新定義，提出「內在能力」和「功
能發揮」兩個概念，凸顯重視「健康壽命」的意圖。是以，健康老化
並非由機能或健康的某一水準或價值，去界定對於能力處於任一水準
的老年人；能否完成自己認為重要的事情，最終要取決於其生活環境
中，存在的各種資源和障礙，亦即是使個體能夠按照自身觀念和偏
好，去生活和行動的健康相關因素。

(二)健康老化與健康促進

「健康促進」（**health promotion**）概念源起於20世紀70年代，其
後，伴隨健康老化、活躍老化崛起，相互鎔鑄，快速發展；旨在導入
大眾過更健康的生活而從事有益健康的行為

健康促進的發展源於1974年加拿大衛生部部長Marc Lalonde的衛生政策施政報告；具體的健康促進觀念可追溯至1986年「渥太華憲章」，此憲章開啓後續健康促進的發展。

「渥太華憲章」將健康促進定義爲：「健康促進是促使人們能增進對自身健康的控制和改善的過程」（Health promotion is the process of enabling people to increase control over and improve their health）；促使人們擁有「正向積極的健康」（positive health），而不再只是預防死亡或疾病的發生而已。

同時，提出五項基本的行動綱領，作爲推展健康促進計畫的主要方針：

1.建立健康的公共政策（build healthy public policy）。
2.創造支持性環境（create supportive environment）。
3.強化社區行動（strengthen community action）。
4.發展個人技巧（develop personal skills）。
5.重整健康服務方向（reorient health services）。

嗣後，鑒於健康促進在全球化的脈絡下產生顯著的變化，2005年的「全球化世界下的健康促進曼谷憲章」中，再度闡述健康的意涵：(1)享有健康是每個人最基本的權利且不該受到歧視；(2)健康促進係立基於人權，將健康視爲生活品質的決定要素，且包括心理和靈性上的安好；(3)健康促進是促使人們有能力去控制自身的健康和影響其健康的決定因素，進而改善他們的健康（呂寶靜，2012）。

可見，健康促進旨在強調增強人們的組織措施及自身能力，去改善影響健康的多重因素，從而提高健康水平及生活素質；其目標是透過積極預防作爲，讓個體過更健康的生活而從事有益健康的行爲，而非等到有疾病發生後再來治療。其範圍包括衛生教育、政策、環境與媒體。

職是，相較於健康老化側重發展和維護老年健康生活所需的功能發揮過程，強調「內在能力」和「功能發揮」因素結合，而健康促進目的是爲了提升生活品質，透過人們的組織措施及自身能力，去改善影響健康的多重因素；在活躍老化概念2002年快速崛起之後，乘載健康老化、健康促進觀念，快速發展。

(三)歐盟的健康老化政策

全球人口老化最嚴重的三個國家中有兩個在歐洲，老年人口急劇增加，造成健康醫療的巨額支出，最明顯的是對於國家財政與經濟負擔；歐盟健康老化政策著重從年輕時期，即開始做好預防健康的問題與疾病

日本、義大利、德國是全球人口老化最嚴重的三個國家。依據歐盟統計局（Eurostat）數據顯示（2017），歐盟總人口數目，2016年5.103億人，2017年初達到5.118億人，主因是移民潮持續湧入；2016年歐盟整體65歲及以上人口占比達19%，預估2060年將上升到29.5%，80歲及以上人口將從現在占總人口的4.6%上升到12%，接近三分之一的歐盟人口超過65歲（歐盟平均退休年齡）及以上。這意味著未來三十至四十年，歐洲的老齡人口規模將極爲龐大。

依據WHO（2015）報告顯示，歐盟97%的醫療預算都用在急性和慢性疾病患者的救治，而疾病預防方面的支出只占到醫療預算的3%；另外，歐盟委員會的調查顯示，歐盟每年用於治療慢性病的支出約爲7,000億歐元，占到歐盟醫療支出的70～80%；1970年花費在健康照顧的費用占GDP的5%，至1998年，上升至8%（European Commission, 2001）。歐盟委員會指出，希望維持健康的個體，降低社會經濟的負擔，同時增加個人與國家社會的生產力，未來五年將致力於改革現有醫保制度，加大預防性醫療支出是歐盟重要的政策選項。

基於此種認識，歐盟根據世界衛生組織所提出的活躍老化的政

策架構為基礎，推展歐洲健康老化的政策（Gibertson, Green & Pugh, 2008）並且提出《健康老化：歐洲的挑戰》報告書（*Healthy Ageing: A Challenge for Europe*），希冀透過健康系統與健康促進的策略，避免未來花費在預防疾病的經費支出，並且能讓長者維持長期與活躍的社會參與。

歐盟執行委員會（European Commission）以健康老化的概念，掌握相關政策的核心原則，發展出十項的政策指導方針，指引歐盟各會員國能夠因應人口老化的衝擊

首先，在推動健康老化的工作重點方面，進行歐盟老年人健康相關資料的回顧與分析，在考量文化差異的原則下，提出適合會員國老年健康促進的相關建議與推廣健康老化的綜合型策略。

其次，歐盟健康老化政策的核心原則是以高齡者為主體，重視他們的晚年生活之價值性、健康促進的及早性、策略規劃的公平性、個體自我發展的重要性，以及高齡者的異質性等五項原則，作為擬定健康老化的策略與實務推展工作的指引。健康老化政策的實施層面，依據健康老化政策的五項核心原則，提出十項指導方針（葉俊廷，2012）：

1. 退休與退休準備（retirement and pre-retirement）：企業雇主與員工同樣具有維護健康的責任，對於高齡員工須以新的管理方式，確保其工作生活之品質，並可在職場上持續工作。
2. 社會資本（social capital）：主要是維持高齡者的社會參與，提供志願服務的機會，透過社會資本的累積與發展，可以賦予人們親密、安全與幸福的意識。
3. 心理健康（mental health）：重點在提升長者心理健康之意識與行為，鼓勵參與有意義的活動，強化個人的人際關係，促進與維持良好的生理健康。

4.環境（environment）：環境的規劃須降低各種危害健康的因素，透過科技的介入，去推廣可親近高齡者的環境與設備，以提升室內與戶外環境的安全性與舒適度。

5.營養（nutrition）：推廣適合老年人的健康食物與正確的飲食習慣，尤其是強調低鹽飲食，多攝取高纖維的食物、綠色蔬果。

6.身體活動（physical activity）：建議增加長者身體的活動量，達到國際建議的活動標準，最好能夠每週每天，都可以進行中等程度的身體活動。

7.傷害預防（injury prevention）：透過建立安全促進與傷害預防的方案，對抗暴力、自殺、家庭受虐、居家、跌倒與交通事故的發生。

8.預防菸與酒精的濫用（substance use/misuse: tobacco and alcohol）：透過戒菸與減少有害的酒精飲料，是維護高齡者健康的主要方式。

9.藥物之使用與問題（use of medication and associated problems）：希望透過各種高齡者醫療診治的調查報告與臨床治療的情況，瞭解各種藥物的使用不足、過度使用，或是使用不適當的問題，並且擬定適合的因應策略。

10.預防保健服務（preventive health services）：著重在健康服務的可親近性，針對身體虛弱之高齡者，提供專門的服務與家庭訪視；也提供高齡者的識字教育，以增加他們對於健康與醫療方面的知識。

三、活躍老化及其相關研究

(一)活躍老化概念的源起與發展

　　「活躍老化」（active aging）概念約萌發自20世紀60年代，是正向老化概念思維演進下的產物；先是聯合國提出「活躍老化」的口號，進入21世紀在世界衛生組織的大力提倡之下，已在世界各地受到廣泛的重視

　　活躍老化概念是融合相關研究與政治議程的產物（Hutchison et al., 2006）。追溯此概念的源起，大約在20世紀60年代，正值「成功老化」概念的發展時期，被部分社會學家採用；80年代，心理學者及行為學派則更確立「成功老化」的定位（蔡詠琪，2006）；追至90年代，終於形塑為特定或專屬專用之學術領域辭彙；邁入21世紀，則進入如宣導、推動、倡議及落實之層次與境地（李世代，2010a）。

　　依據世界衛生組織（WHO, 2002）出版《活躍老化：政策架構》（*Active Aging: A Policy Framework*）報告書內容，主張從健康、參與以及安全三大面向上，提升高齡者之生活品質，希冀建構一個符合高齡社會具有積極意義的老化概念；並指出活躍老化概念係由成功老化、生產老化、健康老化逐漸發展而來（陳畊麗，2005；WHO, 2002）。

　　國際組織在推動活躍老化概念的脈絡方面，源自於1999國際老人年（Year of Older People in 1999）（Davey, 2002）。聯合國於1991年提出「老化綱領」（Proclamation on Aging），揭示老人應該擁有「獨立、參與、照顧、自我實現、尊嚴」五大原則項目；1992年10月召開的第47屆聯合國大會，通過從1992年到2001年為關懷老人的十年行動策略，並將1999年訂為「國際老人年」，希望透過各界的合作，世界

將來能走向「接納所有年齡層的社會」。

　　1997年八大工業國在美國丹佛市（Denver City）舉辦高峰會議，活躍老化為重要議題之一。OECD於1998年開始提倡類似的主張，指出：「活躍老化指的是個人及家庭在工作、學習、休閒與擔當照顧的一生中，所能享有之高度選擇彈性，公共政策透過消除既存限制以促成活躍老化，並提供終身學習或醫療處遇之支持以增加個人的選擇，進而維持人們邁入老年期的自主性」（OECD, 1998）。

　　2002年世界衛生組織（WHO）延續聯合國提出「活躍老化」的口號，作為世界各國老人健康政策擬定的主要架構，表示活躍老化係一種以最適宜之健康、社會參與及安全的過程，提升人民老年期之生活品質，並藉著活躍老化的過程，延長高齡者獨立自主的生活時間與避免失能的時間（WHO, 2002）。活躍老化與成功老化最大差異處，除了對生理、心理、社會有多方面的追求外，主要強調高齡者獨立自主及積極參與的部分。

　　據此，活躍老化的三個支柱是：參與、健康與安全，其所依賴的決定因素是：健康與社會照顧、行為、個人、物理環境、社會因素、經濟因素，以及影響這些決定因素的文化與性別環境（Kalache, Barreto & Keller, 2005）；歐盟（EU）於2012年訂定活躍老化指數（Active Aging Index, AAI），該指數從「就業」、「社會參與」、「獨立、健康及安全生活」及「活躍老化能力及有利的環境」四面向，提出二十二項可以量化的指標（European Centre Vienna, 2013）。

　　要之，世界衛生組織將活躍老化涵蓋的層面，由高齡者個人的身心健康和獨立自主層面，擴展到社會參與和社會安全的層面，此一創新概念跨越舊思維，將有助長者在高齡社會面對老化過程，能積極建立健康的正向老化觀念。

(二)活躍老化政策架構的三大支柱

世界衛生組織在《活躍老化：政策架構》報告書，提出高齡社會的活躍老化總體策略，特別強調營造老年人參與社會活動的優質生活環境——包括社會參與、個人健康和社會安全三大支柱；政策目標則側重開發老年人力資源，增強老人資本存量（健康資本、知識資本、社會資本及經濟資本），使老年人能更好適應高齡化社會的發展與變化。

◆第一個支柱：個人健康

主要是訴求當慢性疾病的危險因子降低，保護因子提高時，高齡者將享有較長的壽命和較佳的生活品質；同時，在面對老化過程較能保有健康以及生活自理，相對減少醫療照顧成本和照護服務系統的支出。據此，提出以下四項策略：

1.預防並降低失能、慢性疾病以及提早死亡所帶來的負擔。
2.降低伴隨疾病而來的危險因素，並強化維護身體健康的因素。
3.發展一套具近便性且高品質的健康和社會服務體系，以符合高齡者的需求和權利。
4.提供教育和訓練給照顧提供者，以涵養其照顧高齡者的專業知能。

◆第二個支柱：社會參與

由成功到活躍老化通常被視為是一種生物功能漸進緩慢與身體系統衰竭的生理發展，同時也包括社會和心理要素（Kraus, 2000）。是以，當勞動市場、教育系統、健康體系、社會政策和方案，均能支持並鼓勵高齡者依其人權、能力、需求和喜好，參與社會經濟、教育文化和宗教活動，將有助長者在老化的過程中，對社會貢獻出生產力。據此，提出以下三項策略：

1.從生命歷程發展的觀點，提供教育和學習機會給高齡者。

2.鼓勵高齡者在老化的過程中，依其個人的需求、興趣和能力，參與經濟發展活動、正式和非正式的工作，並從事志願服務。

3.鼓勵高齡者在老化的過程中，參與家庭和社區生活。

◆第三個支柱：社會安全

外部環境的刺激會影響老化的速度與狀況，重視社會安全旨在凸顯為期長者在社會、財務、身體安全的需求和權利，能受到保護、尊重和照顧，應透過相關政策和方案，並規劃配套措施，支持家庭和社區協同負起照顧高齡者的責任。據此，提出以下兩項策略：

1.提倡保護、安全和尊嚴的措施，以確保高齡者在社會、財務和身體安全的權利和需求。

2.滿足女性高齡者在安全方面的權利與需求，並降低其不公平性。

(三)活躍老化之特性與原則

活躍老化揭露問題的核心是：老化不應只是被動消極的過程，長者與社會必須共同以更為積極、正面的方式，回應生理機能與社會結構所帶來的轉變，藉以迎接有品質、有尊嚴與有意義的晚年生活。

◆活躍老化之特性

基於活躍老化本身並非某種最終狀態，而是扮演「中介性」的角色，呈現出以下較為鮮明的特性（舒昌榮，2008；蕭文高，2010；Walker, 2002; WHO, 2002）：(1)活躍老化是一種過程；(2)目的在提升生活品質；(3)重視個人生命歷程；(4)活躍老化多重影響因素與三個支柱關聯；(5)強調權利與自決；(6)維持個人責任、家庭與環境之平衡；(7)肯定高齡者的價值與貢獻等七項特性。

◆活躍老化之原則

　　Walker（2006）指出活躍老化應包括七個原則：(1)有意義地追求對個人自己、家庭、社區，以至社會整體福祉的貢獻；(2)預防的概念；(3)包含所有老人；(4)世代間的團結；(5)權利與義務的對等；(6)參與和充權；(7)國家與文化的多樣性等。

(四)2012年歐盟活躍老化指數與二十二項指標

　　歐盟為增進世代間對老化的認知，自2009年起，訂定每年4月29日為世代連結日，此活動目的為希望歐盟更友善對待高齡者，以及在歐盟議程中建立更高的世代連結策略思維與做法；並選定2012年為「活躍老化暨世代間連結年」（2012 European Year for Active Ageing and Solidarity between Generations, EY2012）；目的在鼓勵歐盟各國脫離以往老化及世代連結，集中在家庭個體層面上的問題，進行社會對話和政策討論後，改變一般大眾對高齡化的刻板印象，以提升發展至總體層次，增進跨代共融的局面。

　　2012年12月10日歐盟在塞普勒斯（Cyprus）首都尼科西亞（Nicosia）舉辦「2012活躍老化暨世代間連結年」會議，決議分別從「就業、社會參與及獨立自主生活」三個層面，通過十九項後續推動執行的指導原則，交由歐盟各國政府視國情進一步參探，並同時公布與聯合國歐洲經委會（UNECE）合作開發完成的「活躍老化指數」（Active Aging Index, AAI）。

　　該指數從「就業」、「社會參與」、「獨立、健康及安全生活」及「活躍老化能力及有利的環境」四面向，提出二十二項可以量化的指標（國家發展委員會，2013），如**表3-1**，以多維概念衡量一國執行活躍老化政策及相關配套措施的進展程度，並藉以進行國際比較，作為各國檢視其高齡化策略是否周延的工具，進而設計更好的活躍老化政策。

表3-1　歐盟活躍老化指數

總指數	活躍老化指數			
面向	**就業**	**社會參與**	**獨立、健康及安全生活**	**活躍老化能力及有利的環境**
指標	55-59歲就業率	志願活動	健身活動	55歲時餘命
	60-64歲就業率	照顧子女及孫子女	健康情形	55歲時健康餘命
	65-69歲就業率	照顧其他親屬	獨立生活	心靈福祉
	70-74歲就業率	政治參與	財務安全*	使用資訊科技
			身體安全	社會連結
			終身學習	教育程度
			活躍老化的實際情形	達到活躍老化的能力

*包含3項指標：(1)65歲以上與65歲以下所得中位數比；(2)沒有落入貧窮的風險；(3)沒有嚴重的物質匱乏。

資料來源：國家發展委員會（2013）。

　　歐盟活躍老化與世代連結的議題，成果豐碩，極為有效，值得借鏡。例如：西班牙小城Alicante首先於2003年提出跨代共住的示範計畫，將公共房屋以低價出租給35歲以下及65歲以上人士，2012年榮獲歐盟最佳世代連結、活躍老化案例之獎項；2016年北愛爾蘭公共衛生署於世代連結日舉辦一系列活動，並提供一個平臺，展示相關策略的良好做法，透過單一或多樣活動，使年輕和年長者能夠聚集在一起，積極建立彼此連結。

四、活躍老化與成功老化、生產老化、健康老化的關聯性

　　基於活躍老化強調老人與生存環境持續互動的本質，藉由更密集頻繁的互動和交流，促進健康、參與、安全達到最適化機會，展現

老人在社會上真正的活力與貢獻，從而擁有尊重自主和參與的老年生活。

　　據此，活躍老化與成功老化、生產老化、健康老化，皆是針對老化過程所提出不同層面的思考，共同關注的是：如何促進在晚年生活中，協助長者適應身體、心理、社會和環境的改變，能以更成熟而正向的心態面對老化的過程；四者皆是屬於老化的正向觀點，彼此間理念相近，有極密切的關聯性，相輔相成，相互濟助，如**圖3-4**。

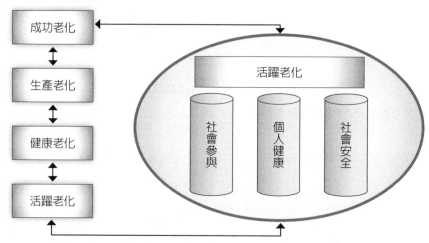

圖3-4　活躍老化與成功老化、生產老化、健康老化關聯示意

資料來源：作者繪製。

📖延伸閱讀

黃揚名（2017）。心的年齡，你決定就算數：面對變老的勇氣。臺北：太雅。

丘引（2015）。與快樂共老：15個活出自我的後青春提案。臺北：寶瓶文化。

張智淵（譯）（2015）。村上龍（著）。55歲開始的Hello Life。臺北：大田。

郭欣怡（譯）（2015）。森惟明（Koreaki Mori）（著）。中高年人培育幸福大腦的9種能力（幸福脳を育てる９つの力）。臺北：紅通通文化。

郭清華（譯）（2015）。三津田富左子（著）。三津田阿嬤的幸福散策。臺北：寶瓶文化。

黃鈺喬（譯）（2014）。清川妙（著）。91歲越活越年輕（清川妙 91歳 育ちざかり－幸せをつかむ「笑顔」の魔法）。臺北：太雅。

李修瑩（譯）（2014）。李根厚（著）。金鮮景（編）。愈活愈老愈快樂：年紀變大並不可怕，老了更愛自己才重要（나는 죽을 때까지 재미있게 살고 싶다）。臺北：大田。

曾育慧（譯）（2014）。Bruce Grierson（著）。最活力的老後（*What Makes Olga Run?*）。臺北：啓示。

黃羿文（譯）（2014）。白澤卓二（著）。活到百歲，抗加齡健康密碼！——全面啓動身體各器官的青春之鑰！（図解100歳まで効く！「抗加齢」の基本）。臺北：原水。

廖婉如（譯）（2014）。Daniel Klein（著）。我還年輕：不老族的快樂哲學（*Travels with Epicurus: A Journey to a Greek Island in Search of a Fulfilled Life*）。臺北：馬可孛羅。

許宏志（2014）。40＋的健康讀本：保持最佳狀態從初老開始。臺北：遠流。

平良一彥（2013）。我部政美（監修）。向世界第一的長壽村學習「不早

老年社會學

死」的健康習慣。臺北：佳魁資訊。

鄭碧君（2013）。**50歲後，退而不休的養生力**。臺北：雲國際出版社。

游韻馨（譯）（2013）。弘兼憲史（Hirokane Kenshi）（著）。**人生60才開始的43個方法**。臺北：紅通通文化。

丘引（2013）。**後青春：優雅的老**。臺北：寶瓶文化。

Chapter 4

老年的心理與社會

- 老年心理智力與人格
- 老年社會認知與需求
- 老年「社會－心理」的架接
- 延伸閱讀

「人的本質並不是個人所固有的抽象物，實際上，它是一切
社會關係的總和。」

——K. Marx & F. Engels

　　隨著年齡增加，老年人的身心健康功能狀態呈現衰退之勢；影響
所及，除了生理病徵或障礙，在心理與社會層面異於平常之情緒與行
為型態，阻礙長者獨立自主的社會生活能力，值得進一步探討影響。

　　心理與社會是老年社會學最重要、最基本的主題。心理，涉及人
的思想、情感等內心活動，與社會行為有密切關聯；社會，則為多數
人彼此有關係的集合體，是老年人主要的活動場域。由於老年社會學
關心在全球背景下，老年人的心理與行為如何受到社會環境所影響，
企圖挖掘其原因並尋出改善之道。是以，老年的心理與社會的探討與
析論，涉及對老年心理、情緒、智力與人格、社會認知與需求，以及
心理社會適應等內涵。整體論述，將是據以論證老年社會學相關主
題、議題的基石。

　　基於對「老年心理與社會」重要性的認識，本章首先從釐清老年
心理智力與人格等概念入手，藉以深化在心理學的立論；其次，揭露
老年社會認知與社會需求的事實，呈顯社會「認知—需求」的關聯情
形；最後，透過老年「社會—心理」的辯證關係，提出老年心理社會
適應途徑共計十項，以供參考。

👀 第一節　老年心理智力與人格

一、老年的心理與情緒

(一)老年的心理困擾與情緒問題

　　邁入老年期後，因退離職場導致所扮演社會角色重要性的逐漸邊陲化或喪失，極易造成社會的疏離和被排斥；伴隨生理機能的迅速退化，面對重重壓力、衝突、矛盾和不適，引發一連串的心理困擾與情緒問題

　　的確，退休，開啓了一個「無社會既定角色」階層的大門。它把人們丟進無角色的尷尬。許多退休人士認爲，他們人生缺乏目標，是沉重的無用感及徒然！

　　揭露老年心理困擾與情緒問題，有助掌握退休調適操作節奏與重點。這些顯現在老年心理困擾與問題，紛雜異常，不一而足。整理如下（朱芬郁，2011；李宗派，2010）：

- ・外型上的鬢髮斑白、皮膚皺紋、肌肉萎縮等變化，導致老與醜的連結
- ・退離正職，經濟來源減少，面臨可能用罄的困境
- ・成年子女離巢，討厭寂寞，親友關係疏離，生活孤單、無依
- ・空閒時間增多，閒得使人煩躁恐慌
- ・生理上呈現退化，慢性疾病上身，心理緊張憂慮
- ・久病之人，體力衰弱，或因病而殘障，呈現「老殘」現象

・高齡者生命隨時可能凋落，如何處理財物，至爲困擾
・厭世失望、親人死亡、親友誤會，看破世情
・看見別人死亡，聯想到自己來日無多，心理沮喪
・夫婦相處時間增多，角色互易，磨擦增多

(二)老年的心理與情緒特性

　　整體而言，面對老年期的角色轉換，無論是經濟危機感、失落感、衰老感，層出不窮，令人陷入困境；若無法成功地加以調適，容易引起心理失調，產生消極情緒，進而誘發各種身心疾病

◆心理方面

　　首先，在老年的心理方面，可歸結六項特徵，包括：怕「老」心理，不喜歡被稱爲「老人」、重視養生保健、易有智慧產出、具有維持自主與獨立的心理需求、友誼的需求、追求生命意義等。

1. 怕「老」心理，不喜歡被稱爲「老人」：一項調查研究顯示，「老人喜歡什麼稱呼？」有51.47%受訪者回答喜歡「長青」和「銀髮族」的稱呼（魏惠娟等，2007）。
2. 重視養生保健：日本一項「老年人對需求的偏好」調查研究顯示（回收的有效樣本數爲997位，受試者平均年齡爲70.8歲），比例最高的題項是「健康」（91.9%），其次是「運動或身體活動」（80.9%）（陳黛芬譯，2006）。
3. 易有智慧產出：柏克萊指導研究（Berkeley Guidance Study）發現，在研究群組的年老男性與女性受試之中，在智慧三要素：認知、反思及情感思考，受試分數高者，也會在生活滿意度的測量上得到高分（林歐貴英、郭鐘隆譯，2003）。
4. 具有維持自主與獨立的心理需求：生活失去控制感與獨立感

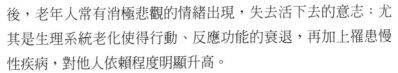

後，老年人常有消極悲觀的情緒出現，失去活下去的意志；尤其是生理系統老化使得行動、反應功能的衰退，再加上罹患慢性疾病，對他人依賴程度明顯升高。

5.友誼的需求：羅凱南（2001）研究社會支持影響老年人心理滿足感，發現不管是情緒支持、訊息支持、實質支持或社會整合，都和心理滿足感呈顯著正相關，其中以情緒支持為最明顯，朋友通常是親密的重要來源。

6.追求生命意義：生命意義的追求是人終極而深層的需求；人生的最後一個階段應用來完成「自我整合」（self-integrity）。一項調查顯示，家人和朋友的關係、宗教或精神生活，並列為最重要的生活層面（AARP, 2004）。

◆情緒方面

其次，在老年人的情緒方面，可歸結五項特徵，包括：失落感、懷舊感、孤寂感、衰老感、易受喪偶打擊等。

1.失落感：有人認為老年是一段「失落」甚於「獲得」的歲月，由於生理機能衰退，高齡者易受感染，罹患疾病或易受意外而導致健康的喪失。另外，離婚、死亡、退休、遷移以及社會變遷，都會帶給老人種種的失落。

2.懷舊感：布特勒（R. N. Butler）認為老人認識到自己來日無多，因而在心理上產生「人生回顧過程」，包括對鏡凝視、懷念家鄉、樂道往事、追憶過往事蹟等。有些老人將其作為與衰老抗衡的心理自慰方法（黃富順，2002）。

3.孤寂感：社會孤立易造成較高的死亡率（LaVeist et al., 1997）。通常，孤寂感是指個體由於社會交往需求未得到滿足，而產生的一種情緒。

4.衰老感：究竟何者爲老人？迄今尚無統一明確的標準。衰老感
　是指個體面臨體力的衰退，視聽功能下降，反應與動作的緩
　慢，記憶力的減退而產生「老了」、「沒有用」的感覺。

5.易受喪偶打擊：一項研究指出，婚姻能夠延長壽命，最多可
　延長五年之久。丈夫或妻子生病，可能加速另一半的死亡，
　這種現象被稱爲「親友效應」或「照顧者負擔」（caregiver
　burden），而老人尤其容易受到「照顧者負擔」效應的打擊。

二、老年期的認知發展

**「認知」（cognition）是指個體對事物知曉的歷程。在此歷程
中，包括了對事物的注意、辨別、理解、思考等複雜的心理活動；伴
隨年齡的增加，當邁入老年期後，其認知能力究竟有何變化呢？是成
長進步，還是衰弱退步？抑或某些部分進步，而亦有衰退的部分？事
實情形如何，值得深入探討**

由於對於智力究竟應納入哪些能力爲範圍的爭議，使得智力定
義，尚無定論。心理學家多採應包括特定社會，或文化所重視的技能
爲範圍；認爲具有較佳的抽象推理、問題解決和決策能力的人較爲聰
明。智力，與思考、推理及在眞實生活情境中與他人互動的能力有
關。

(一)探討成人智力發展的理論

◆史凱伊：認知發展階段

史凱伊（K. W. Schaie）提出認知發展七個階段，認爲智力發展
的進程，是與人們對自己生活中有意義、並且是重要事情的認識有
關。特別強調，眞實生活中的經驗，對認知功能有重大影響（張慧

芝譯，2002）。認知發展的七個階段是一系列的轉換過程，包括：學得階段（acquisitive stage）、成就階段（achieving stage）、負責階段（responsible stage）、執行階段（executive stage）、重組階段（reorganizational stage）、再整合階段（reintegrative stage）、授予遺產階段（legacy creating stage）。

　　本理論將認知發展區分為七個階段，指出老年期正處於重組、再整合及授予遺產階段，實際生活中的經驗對其智力功能的運作，有舉足輕重的影響。此說的論述，有助於釐清老年期智力發展變化的某些因素。

◆史登柏格：智力的三元論

　　史登柏格（Robert J. Sternberg）深受訊息處理論的影響，提出「智力三元論」（Ternary Theory of Intelligence），嘗試從認知觀點，瞭解在認知活動過程中所需要的能力。此三個方面的智力為：

1. 組合性智力（componential intelligence）：是智力的關鍵面，用以運作及分析訊息的有效性。是人們針對問題，並解決問題的能力。
2. 經驗性智力（experiential intelligence）：是智力的頓悟面，用以探討新奇和熟悉作業的方式。是植基舊經驗，尋找出解決新問題的原創性之方式思考，因而形成的頓悟或創造力能力。
3. 實用性智力（contextual intelligence）：是智力的實際「真實生活」面，人們用以處理日常生活環境方式，尤其是在成人面對各種情境，選擇做決定時，運作既有知識、經驗，此項能力顯得特別重要。

　　本理論主張，人類智力是由上述三個面向共構的統合體，而三個面向的長短，因人而異，終而形成個人智力的差異。此說對中年期成

人智力，特別是創造力方面，是有意義的；而經驗的與結構的智力兩者，與老年期的日常生活關係，極其密切。

(二)老年期認知的特質

老年期認知的特質，具體呈現在：後形式思維、晶質智力增加、解決實際問題的能力、創造力、注意力與記憶力的改變，以及心智能力持續潛能等六方面。

1. 後形式思維：後形式思維（postformal thought）是延伸皮亞傑（J. Piaget）所認為最高思考層次——正式思考，具有顯明的「整合」特質。它是主觀的、相對的，且是得自具體經驗，具個人化色彩。能將客觀與主觀因素整合，經由個人的感覺與經驗的過濾，最後選擇可能是不完美、妥協或不合表面價值的決定，但是卻有效解決艱困的問題。這就是「智慧」。將兩極化轉換為概念的統合，即是後形式思維的重要特色。

2. 晶質智力增加：以往在老化研究中，顯示心智能力的衰退與年齡增長有關。卡提爾和洪恩等（Cattell, 1963; Horn, 1982）提出流質智力（fluid intelligence）及晶質智力（crystallized intelligence）理論，前者包含了生物學決定的技巧，與學習或經驗無關，與天生的智力相似；後者是指從教育及一生經驗中得來的知識、能力。研究發現，流質智力成長到青年期的高峰後，逐漸趨於下降，而晶質智力則在持續接受教育、創新等經驗後，反而不斷提升、增長。

3. 解決實際問題的能力：在解決實際問題能力上的顯著進步，是老年期智力的特質。隨著年齡的增加，特別是在老年期階段，解決日常生活中的實際問題之能力，有逐漸增強的傾向。而這些問題與真實性的關聯，尤其是在處理社會問題，老年期成人

會以彈性、開放、多元、妥協等方式，尋求解決方案，而少採行兩極化、對立、衝突的方式。此項解決實際問題的能力，在老年期逐漸臻至圓熟且不斷地提升，亦獲得許多研究結果的支持。

4. 創造力：老年人能夠享受更好生活的必須方法，就是學習更具有創造力（Hickson & Housley, 1997）。創造力是對新情境運用獨特及可行的解決方式，以提供具獨創性的點子或產品的能力。一項縱貫性研究發現，年輕時智商較高和較具潛能的受試者，可以被預測在老年時較具有創造力，同時，如果在人格上具有某些特質，縱然年輕時並未有創造性的表現，但是仍有可能成為具有創造力的老人（Feist & Barron, 2003）。

5. 注意力與記憶力的改變：由於認知功能的改變，使得高齡者的注意力與記憶力變弱。在注意力方面，不論是持續性注意力、選擇性注意力、區分性注意力或是轉換性注意力的表現，都有退化的現象。有關記憶能力的研究，無論是採取結構論或歷程論的觀點，均指出：成人的記憶能力有隨年齡增加而逐漸下降的現象，尤其是屬於機械性的記憶，衰退幅度最大（黃富順，1997；2004）。高齡者的短期記憶力較差，長期記憶力較好，進行學習時所需的時間較多。

6. 心智能力持續潛能：一般人常認為心智能力隨著年齡的增長而退化。然對老人知能的研究已逐漸從衰退觀（the decrementalist view）轉向老人知能的持續潛能觀（the continued potential view）（Lemme, 2002），將重心置於改善生活品質、老人人力資源發展與運用、智慧等項目（Cohen, 1993）；智力、學習及記憶和年齡相關的顯著衰退，並不是不可避免的，繼續學習的老人，能持續在智力、學習及記憶方面表現良好（Manheimer, Snodgrass & Moskow-McKenzie, 1995）。

三、老年期的人格發展

人格（personality）是個體在對人對己及一切環境中事物適應時，所顯示的異於別人的性格；個體的性格，係在遺傳與環境交互作用下，由逐漸發展的心理特徵所構成；而其心理特徵表現於行為時，則具有相當的統合性與持久性（張春興，1991）。

研究老年期的人格發展理論中，較具代表性者有：五因素理論（Five Factor Theory）、人生週期論、老年個性理論、人生回顧理論等，說明如下。

(一)五因素理論

本理論由McCrae與Costa在1983年所提出（Feist & Feist, 2009），在眾多的人格特質理論中，最被廣為運用之一。五因素理論將人格分成五種類型（或稱五大人格），強調人格特質理論的系統概念，由六個要素所構成：基本傾向、外部影響、特徵適應、客觀歷史演變、自我概念和動態過程。五大人格特質在不同生涯時期皆有改變的可能，不同人格特質的表現都會對高齡期的心理與健康產生影響。

高齡期五大人格的發展：

1.神經質的人格發展：特徵包含敏感的、憂慮的、急躁的、內疚感（McCrae & Costa, 2003）。當個體進入中高齡時期，神經質的特徵會呈現平穩的情況；到了高齡時期神經質的特徵有增加的可能。如果高齡者在神經質的表現越明顯，則會有較低的幸福感；在覺察自我健康狀況的情形也會較差。

2.外向性的人格發展：特徵包含健談的、合群的、善於社交的、行為果斷的四種特徵（McCrae & Costa, 2003）。高齡時期，長

者在外向性人格特質的得分較低，人際交往情形會較爲傳統與
謹愼，較少從事社交與外出；若有較明顯的外向性特徵，他們
會透過參與各種類型的休閒活動，去擴展個人的社交與生活領
域，從中得到社會的定位與支持，並且產生正向的情緒與幸福
感。

3. 開放性的人格發展：特徵包含價值理性的、不墨守成規的、獨
特的思考過程、反思的（McCrae & Costa, 2003）。開放性的人
格特質到了高齡階段個體主觀的概念呈現下降的情形；這種人
格特質得分越高的高齡者，較具有維護健康方面的意識，並且
會蒐集相關的資訊加以規劃與因應。

4. 親和性的人格發展：特徵包括同情體貼的、溫和憐憫的、奮發
的、禮讓的特徵（McCrae & Costa, 2003）。親和性在中高齡階
段的得分，會低於其他所有的年齡族群，但是當個體進入高齡
階段，親和性的特徵則是會產生增加的情形；親和性的表現越
明顯，則會有較佳的健康維護的需求與表現。

5. 嚴謹自律的人格發展：特徵包含道德的、信任與責任的、生產
的、擁有高志向的特徵（McCrae & Costa, 2003）。此項人格特
質在年輕人的得分較低，中高齡得分較高，例如中高齡者擁有
較高的誠實道德，則在順從、責任與幸福感方面的表現較佳。
但是具有嚴謹自律特質的高齡者，不一定具有未來健康導向的
意識。

(二)人生週期論

艾瑞克森於1963年提出心理社會發展論。其將人生全程分爲八
個階段，個體在每個階段皆會經歷不同的危機與衝突，危機是否順利
解決將影響往後的人格發展。其中第八階段，是最終的階段，也是
個體重新評價一生的時刻，老年人必須反省瀕臨的生命終結，並且

思索其意義與重要性。主要任務是達到自我整合（self-integrity），對自己的一生感到滿足，或對過去所做的選擇和結果感到不滿與失望，以便在死亡來臨之前仍願意對生活作一些改變，並持樂觀的態度來設計安排一個有意義的和活潑的晚年（邱天助，1993；徐麗君、蔡文輝，1998）。若能在統整中達到平衡，就會產生老年期的睿智（wisdom），用以對付死亡恐懼。

(三)老年個性理論

榮格（Carl G. Jung）認為人格是由各種精神要素，如靈魂或生命、獸性及陰影所組成。他假設在自我精神組織過程中有一系列的變化，這一過程含有人格在相對性別中亦有變化的傾向；男性老人人格中的女性成分（anima）會顯得非常突出，女性老人也會發生男性化的現象。卡特曼（Cuttman）研究發現，男性老人的進取心較差，但依賴性卻較強，對愛心的興趣大於權力，有愛美的心，不太實事求是，且會感到偶爾行樂的重要。女人正與男人相反，她們在年老時，反而會非常進取，不太富於情感，在心理上更有支配慾（饒穎奇譯，1982）。

(四)人生回顧理論

布特勒（R. N. Butler）認為，老人認識到自己來日無多，因而在心理上產生「人生回顧過程」。回顧行為有很多情況，包括：對鏡凝視、懷念家鄉、樂道往事、追憶過往事蹟等。這是老人藉以逃避現實或衰老的方式，但是人生的回顧，也可能會使老人產生一些消極的情緒或遺憾。因而導致老人的沮喪、焦慮、罪惡感、絕望，以及對以往過錯的追悔（Butler, 1963）。

第二節　老年社會認知與需求

一、社會認知的意義

「社會認知」（social cognition）是近年來受到廣大研究者關注的主題，許多因心理健康衍生的社會問題，大都源於個體的社會認知偏差；社會認知旨在用以說明人類思考與社會行為的過程，對於人數日漸龐大的老年族群，影響至為深遠

社會認知論並非一個單一的理論或實證領域，而是一特定概念的層次分析（丁振豐，2000）。是以，有關「社會認知」一詞意義所指為何？難免言人人殊，從不同角度加以詮釋。

首先，1962年，Albert Bandura與Walters發表《社會學習與人格發展》（*Social Learning and Personality Development*）一書，認為人藉由觀察與模仿，不需要靠直接的親身經驗，照樣可獲得學習；揭露重視學習時，個體對於學習的瞭解程度與本身的自主性（認知論範圍），修正了行為主義的偏失。其後，Bandura結合社會學習的概念，逐漸增加對人類功能中「認知」歷程的重視，提出社會認知理論（Social Cognitive Theory, SCT）。可謂開啟關注認知與社會行為連結的先聲。

20世紀80年代以降，社會認知意涵側重個人對他人的心理狀態、行為動機、意向等，作出推測與判斷的過程。Isen和Hastorf（1982）指出，「社會認知」是理解複雜的、有目的社會行為之關鍵認知過程；旨在描述人們如何在不同社會情境下，對於自己接收到的各種資訊進行消化、處理、記憶、詮釋等等，或對該人、事、物產生自己的理解和認知。

通常，社會認知的過程，是根據認知者的過去經驗，以及對有關線索的分析，同時，又必須透過認知者的思維活動，包括：某種程度上的信息加工、推理、分類和歸納等來進行。再者，社會認知是人的情緒、行為和人格等的重要基礎，主要包含社會知覺、歸因評價和社會態度三個重要部分（徐華、史佳樂、代小東，2017）；基本對象範圍則包括：對他人表情的、性格的、人際關係的認知。

總之，社會認知泛指：在社會活動中，理解他人的心理狀態、預測他人的想法、判斷他人的行為，並指導自身社會行為的高級認知過程（Pinkham et al., 2003）。就老年人視角而言，社會認知是年長者在社會生活中，對他人行為的意圖和情感的認識，實是人際互動不可或缺的一環，具有深刻的理論與實踐意義；在全球化背景下，世界已是平的，老年人的社會認知能力，尤顯其重要性。

二、社會認知論及其主要內涵

Robert Glaser（1921-2012）稱譽社會認知論是近五十年來，對教學影響最大的理論之一。社會認知論在20世紀50年代崛起，70年代廣泛借用認知心理學的理論和方法，90年代迅速發展；本論點強調「社會環境」與「內在認知活動」，在人們進行推論、判斷、選擇及決定時，占有重要的地位。

社會認知論是一特定概念的層次分析，旨在用以說明人類的思考與社會行為；主要研究的是：分析刺激訊息，如何經過編碼、組織或轉換，進入記憶庫中，並在社會情境裡，化為個人的行動。基於社會認知論並非一個單一的理論，茲將具代表性者及主要內涵，擇要簡介如下。

(一)Albert Bandura社會認知理論

社會認知理論（Social Cognitive Theory, SCT）專指由Bandura所發展出來的理論；與社會心理學中的社會認知（social cognition），並不完全相同。

美國心理學家Albert Bandura在20世紀中葉提出相關概念。當時稱為「社會學習理論」（Social Learning Theory）；其後，結合行為主義（behaviorism），使得適用範圍較諸學習行為更為廣泛，因而更名為「社會認知理論」。目前社會認知理論在許多領域中進行廣泛研究，包括教育、醫療照護、臨床診斷、運動競賽及生涯規劃等，並獲致極為豐碩的成果（Bandura, 1977; 1986）。

先是在1950年代，Bamdura提出交互決定論（Reciprocal Determinism），認為人類行為有三個交互反應的變項：個人（P）、行為（B）、環境（E）；三者具有交互影響力，其中任意二元素都有相互決定的可能性，三角模型架構，如**圖4-1**。所謂個體指的是個人的認知、情感、期望、信念、知覺、目標、意圖，甚至是腦神經的運作等內在心理歷程；環境則泛指所有的外來刺激；行為是個人心理歷程所產生的外在行為。

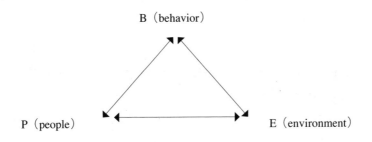

圖4-1　社會認知理論的PBE互動模式

資料來源：Bandura (1977; 1986).

1986年Bandura出版《思想與行動的社會基礎：社會認知理論》（*Social Foundations of Thought and Action: A Social Cognitive Theory*）一書，提出認知、替代、自我規範和自我反省的過程，對人類行為變化與調適的影響；正式建立其社會認知理論體系。

該理論包含影響健康行為的心理動態，以及促進行為改變的方法，將學習視為一種經過認知處理的知識獲取（Stakjovic & Luthans, 1998）；關鍵在於個人替代、符號和自我調節能力所扮演的重要角色，在環境、個人因素的交互影響下，產生各種複雜的學習行為（Bandura, 1986; 2001），包括：符號化能力（symbolizing capability）、先見能力（forethought capability）、代理能力（vicarious capability）、自我調節能力（self-regulatory capability）、自省能力（self-reflective capability）。

根據社會認知理論的觀點，由於社會行為是在社會脈絡當中，人們互動所發生的行為；在探討老年認知與社會行為相關議題時，應從個人、行為、環境三個層面進行分析，才能對相關的影響因素，尋出更貼近事實的理解。

(二)Robert L. Selman社會認知論

Selman（1980）參探Piaget和Kohlberg的認知觀點為基礎，以認知發展解釋社會能力的發展，說明人們在不同階段，有不同的任務需要完成。他特別關心社會認知過程中的社會角色取替（role-taking）作用，其理論是採取社會互動及協調的觀點，用來解釋兒童社會替代角色的發展，進而建構出一套完整的社會認知論。

他認為具有角色取替技巧，是兒童瞭解自我與他人的基礎；理論內涵從兒童到成人期，概分為五個階段（Selman, 1980）：

1.第0層級「自我中心期」（3～6歲）：人的概念尚未分化，以自

我爲中心。

2.第1層級「分化與主觀的角色取替期」（5～9歲）：人的概念開始分化，但仍無法以他人的觀點來反觀自己。

3.第2層級「自我反省期」（7～12歲）：心理上能自我反省，反觀自己想法行爲。

4.第3層級「相互的角色取替期」（10～15歲）：可以第三者的觀點看待事物，有能力當一個公平的旁觀者。

5.第4層級「深入與社會—象徵的角色取替期」（青少年～成人）：具有人格的概念，將社會規範加入人際關係中，認知已進入形式運思期，瞭解所處的社會體系，並能促進正確的溝通與瞭解。

　　檢視本理論，容或將焦點置於兒童的社會認知過程，重視社會角色取替作用；但該理論透過五個階段，揭露從兒童到成人各期的社會認知特徵，尤其是在成人深入與社會—象徵的角色取替期的說明，有助於對老年社會認知進一步掌握，極富參考價值。

(三)社會知覺、歸因評價和社會態度

　　社會認知論融合社會歷程與認知歷程兩方面的觀念：視人爲一訊息處理系統，訊息自外來，經認知系統處理，而表現在社會行爲上（丁振豐，2000）。社會知覺、歸因評價和社會態度是社會認知論構成的三大主題，值得進一步關注。

◆社會知覺

　　知覺（perception）是個人將感官印象加以組織、解讀，賦予意義的過程。社會知覺（social perception）是人的基本心理和社會行爲之基礎、社會認知的構成部分，其重要性不言可喻。通常是指個體對社

老年社會學

會環境中的人,以及群體中的社會現象,所產生的直覺判斷和初步認識的過程;或對有關他人的信息,加以綜合及解釋的過程,受到人員特徵和情景多方面影響。

　　一般而言,影響人們社會判斷有三方面的因素:刺激物(object)、情境(context)、知覺者(perceiver)。社會知覺是對社會對象的知覺,其種類可概分為:對他人的知覺、人際知覺、角色知覺、自我知覺等四種。其中又以對人(自己或他人)的人際知覺(personal perception)最為重要,是人與人之間關係的知覺,知覺者和被知覺者情感交流的過程,也是社會知覺最核心的部分。

　　至於影響社會知覺的因素,約可從以下幾方面觀察:(1)知覺的選擇性——受知覺者本人的知識、經驗、興趣、愛好、需要、動機、身分、地位等的影響,其中以需要、動機的影響最顯著;(2)成見效應——成見是一個人事先就對某人或某事,有一定的穩固的態度和見解,或者存在某種特殊的願望或祈求,或持有某種偏見,例如第一印象、暈輪效應、刻板印象、本位觀念、投射效應;(3)個人的生理條件。

　　總之,社會知覺是個人在社會環境中,對社會性刺激,包括人、事、物的認識、瞭解或判斷的知覺;不僅是對人的表情、語言、姿態等外部特徵的印象,還包括對人與人之間的關係、內在的動機、意圖、觀點、信念、個性特點等,內心本質的推測和判斷。

◆歸因評價

　　歸因(attribution)是社會認知相當重要的基礎。歸因是指涉觀察者從他人的行為推論出行為的原因、因果關係;人們將生活中觀察到自我或他人的行為,對其所發生的原因作出解釋和推論。歸因理論(Attribution Theory)則是用來描述人們如何解釋行為原因的一組理論。

　　歸因的基本假定是:個人會主動瞭解產生行為的原因,可能有

多個，但多歸納成一個方向，一種歸因的取向使未來的行爲受過去取向的影響；歸因歷程開始於個人所根據的內在信念，然後產生情感反應，進而影響對後續行爲的預期（鄭芬蘭，2000）。

歸因偏誤，是描述人們在特定脈絡之下，總是傾向作出某類歸因的現象。常見的三種歸因偏誤爲：基本歸因偏誤（fundamental attribution error）、當事者與旁觀者偏差（actor-observer bias）、自利偏誤歸因（self-serving bias attribution）等。

總而言之，歸因評價是對行爲推論原因的過程，衡量、評定其價值。當人們觀察他人行爲時，會試著去推敲該行爲是源於內在或外在原因；透過歸因，不但可以知道觀察所見之行爲，以及事件的發生原因，還能藉此建構並理解、認識自己所身處的世界。就老年社會認知而言，歸因評價則深刻地影響著長者與他人、社會和世界互動的方式。

◆社會態度

態度（attitude）是一種抽象的觀念，一般常見於社會心理學中，將態度視爲評價或情感性反應；Oskamp和Schultz（2005）總結前人研究，認爲是對特定對象的一種心理傾向和評估，心理傾向和評估表現在喜歡或不喜歡方式的反應之中。態度之形成，通常與個人發展過程中，所接觸之情境、人或團體有關。

社會態度（social attitude）則是指在社會情境中，一個人對一特定對象所持的評價感（evaluative feeling）與行動傾向。此特定對象，指任何爲社會成員所接近之具有實徵內涵的事實，如人、事、物、制度、代表實徵事件的觀念；社會態度包含：認知（cognitive）、情感（affective）與行爲（behavior）等三種成分（沈六，2000）。社會態度的發展，因遺傳與環境不同而有差異，受到父母、朋輩、制約與學習等因素的影響，因此，一個人的社會態度，幾乎是無限制的。

一般而言，社會態度性質包括：(1)必有一個對象；(2)是一種假設性概念；(3)具有相當的持久性；(4)是一種行動傾向。由於社會態度是一種內在歷程，須透過外顯行為推知；一旦形成之後，對於相關刺激所產生之某種特殊的以及一貫的反應方式，常會有決定性的影響。

　　通常，可以根據個人的社會態度，預測其社會行為；但若有其他因素與態度不一致時，個人就會掩飾或改變行為。據此，老年社會態度涉及在社會情境中，對人、事物或觀念，所產生的正向、負向或綜合反應的「評價性」（evaluative）（贊同或反對，喜歡或厭惡），進而產生社會行為。故就老年社會認知而言，對社會態度之瞭解，至為重要。

三、老年的社會「認知─需求」

(一)社會需求的意義

　　社會需求是心理的一種需求，是後天學得的，其表現的方式與社會文化有關；對老年長者而言，涉及個人期望隸屬於社會，或被社會接納讚賞，內容非常廣泛，如何使其需求滿足，至為重要

　　需求（needs），心理學上是指引起個體行為的內在動力。Robbins（1978）提出需求包括：(1)需求的狀況：是內在趨力的影響而產生行為；(2)需求的動力：需求是一種由緊張、興奮、產生動機、建立目標、獲得滿足的不斷循環過程；(3)需求的層面：包含有來源、類型、強度、範圍等四個不同的層面。

　　Bradshaw（1972）將需求分成四種形式的需求：規範性需求（normative needs）、感覺性需求（felt needs）、表達性需求（expressed needs）以及比較性需求（comparative needs）。其中，感覺性需求是描述人們所想要的，或認為他們對自己或對家人所要的需

求；表達性需求是指由感覺的需求轉變成行動，即人們感受到某種服務需求時，會透過行動來滿足該項的需求。此兩項需求內涵與社會認知關注的社會知覺，若合符節，特別具有意義。

社會需求（social needs）是心理的一種有別於生物、生理或物質的需求；涉及個人期望隸屬於社會，或被社會接納讚賞，例如人際關係、社會聲望與社會地位等方面的心理需求（李星謙，2000）。就老年的社會需求而言，則泛指老年人對於愛情、親情、友誼、親戚、鄰居、同事之情，以及團體參與、社會服務、國家認同等行為的內在基本動力；老年社會需求若長期不能滿足，即可能導致適應困難。

(二)社會需求的相關理論

◆Maslow需求層級理論（Maslow's Hierarchy of Needs）：「社會需求」

人本主義心理學家Abraham H. Maslow首先是於1943年《心理學評論》發表〈人類動機的理論〉（A Theory of Human Motivation）提出此觀念；1954年《動機與人格》（*Motivation and Personality*）著作中，正式完成需求層級理論，將人之需求分為五個層次，由低層次發展到較高層次，依序為：生理需求、安全需求、社會需求、尊重需求和自我實現需求；1969年，在〈Theory Z〉一文中，將「自我實現」再區分為「健康型自我實現需求」與「超越型自我實現需求」，提升為七個層次。自此，從人本主義擴展至超人本主義。

Maslow認為，驅使人類的是若干始終不變的、遺傳的、本能的需要，不僅僅是生理的，還有心理的，是人類天性中固有的東西，文化不能扼殺它們，只能抑制它們。在本理論整體論述中，社會需求又稱為愛與隸屬需求（love and belonging needs），當生理需求與安全需求都能得到滿足，愛、感情和歸屬的需要就會產生，例如對友誼、愛情以及隸屬關係的需求；社會需求正處於由低級提升至中級生活素質的

關鍵地位。

實現社會需求狀況，包括：情感自由流露、溫馨感、歸屬感、被接納、親密感、統整感、一起成長、享受愛與被愛的感覺、注入新生命與力量感，是一種沉浸在被完成接納的愛的關係中。反之，匱乏社會需求的特徵，則呈現在：孤獨、寂寞、空虛、羞怯、退縮、不統整、自我封閉、低自我價值感、沒人要的感覺、易受歧視與誤會、獨來獨往、與人疏離；極易因為沒有感受到身邊人的關懷，認為自己沒有價值活在世上，可能會產生慢性人格困擾。

Smith和Mackie（莊耀嘉、王重鳴譯，2001）指出，我們對他人反應的想法和對社會團體的認同，形塑內心最深處的知覺、思維、情感、動機，甚至是自我感覺；團體給予一種歸屬感、價值感以及被尊重的感覺。基於人類是一種群居的動物，天性中即渴望與其他同類產生親密且健康的關係，離群索居易產生空虛、寂寞的情緒。

就老年人視角而言，Maslow相信人天生是一種社會動物，社會需求（愛與隸屬需求）的論述，揭露老年人在生理需求與安全需求獲得滿足後，在心理上，有要被人接納、愛護、關注、鼓勵以及支持等社會需求，這是社會知覺的體現，此說對主張老人只要吃飽等死即可的誤認，給予更深層的揭露與駁斥。當然，也足證老年的社會認知與社會需求兩者之間，有極綿密的關聯性。

◆Havighurst發展任務論（Development Task）：晚年期社會需求

R. J. Havighurst在20世紀1930年代，首先提出發展任務的概念，1952年倡議採用；意指個體達到某一年齡階段時，社會期待他在某些行為發展上，應該符合或達到的一些標準（黃富順，2000b）。本理論主張：發展任務是個人基於生理、心理、社會的一種要求，必須予以滿足，才能成為一個理想的、快樂的和成功的人。

每個人生命的每一個階段，皆有發展該時期的任務，成功地完

成，將有助以後發展任務的圓滿達成，包括技能、知識功能和態度
等；失敗則產生不快樂、退化，不爲社會所贊許，並且會妨礙以後的
發展。Havighurst主張發展任務來自三個方面：(1)生理的成熟、成長；
(2)文化和社會的要求或期望；(3)個人的價值和期望。同時，揭示晚年
期的發展任務爲：(1)適應退休；(2)適應健康和體力的衰退；(3)加強與
同年齡團體的聯繫；(4)建立滿意的生活安排；(5)適應配偶的死亡；(6)
維持統整。

　　據此，就老年期而言，Havighurst發展任務論中，老年期發展任務
的具體內涵，實是與老年的社會認知（社會知覺、歸因評價、社會態
度）二者之間，彼此相互辯證下的產物；其實，也就是老年期社會需
求的再現，有其實質的意義。

(三)老年社會認知與社會需求關聯性

　　由於老年的社會認知是年長者在社會生活中，對他人行爲的意圖
和情感的認識，是人際互動不可或缺的一環，主要包含社會知覺、歸
因評價和社會態度三個部分；老年的社會需求則是心理的一種有別於
生物、生理或物質的需求，涉及個人期望隸屬於社會，或被社會接納
讚賞。據此，擬從社會知覺、歸因評價和社會態度三個構面，進行分
析老年社會認知與社會需求關聯性。

　　首先，就社會知覺與老年社會需求的關聯性而論：兩者不可或
缺。

　　社會知覺側重社會生活中，對人、事、物的認識、瞭解或判斷的
知覺；尤其是人際知覺，也就是知覺者和被知覺者情感交流的過程，
包括：內在的動機、意圖、觀點、信念、個性特點等，內心本質的推
測和判斷。老年的社會需求則是長者個人在心理上，期望隸屬於社會，
或被社會接納讚賞，例如對友誼、愛情以及隸屬關係等。據此，可發
現：知覺與需要皆是過程中不可或缺的重要的元素，兩者關係密切。

　　其次，就歸因評價與老年社會需求的關聯性而論：兩者關係密切。

　　歸因評價是對行為推論原因的過程，衡量、評定其價值；透過歸因，不但可以知道觀察所見之行為，以及事件的發生原因，還能藉此建構並理解、認識自己所身處的世界，深刻地影響著老年人與他人、社會和世界互動的方式。老年社會需求是一種希望能沉浸在被完成接納之愛的關係中，例如對於愛情、親情、友誼、親戚、鄰居、同事之情等；但是若長期不能滿足，即可能導致適應困難。據此，可發現：歸因評價正是提供一個正向社會需求過程的判準，關係密切。

　　最後，就社會態度與老年社會需求的關聯性而論：兩者本質相通。

　　社會態度是指在社會情境中，個人對一特定對象所持的評價感與行動傾向；包含認知、情感與行為等三種成分，對象則是具有實徵內涵的事實，如人、事、物、制度、代表實徵事件的觀念。若老年的社會需求，因沒有感受到身邊人的關懷，則易呈現出：與人疏離、孤獨、寂寞、低自我價值感、易受歧視與誤會等的評價感與行動傾向。據此，可發現：社會態度的評價感與行動傾向，與老年社會需求在心理上期望隸屬於社會，被接納、讚賞，兩者在本質上是相通的。

第三節　老年「社會—心理」的架接

一、心理社會適應概念分析

　　「心理社會適應」（psychosocial adjustment），常被應用於醫學、社會學、心理學、教育學等；由於學門、研究視角的不同，對其意義有不同的詮釋，通常泛指個人內在的心理過程、人際之間的互動，以及處在該社會文化下的行為模式

　　有關「心理社會適應」一詞，可從各詞彙分別瞭解。心理（mental/psycho），泛指腦中認知、思考、記憶等活動的總稱，亦用以泛指人的思想、情感等內心活動（教育部重編國語辭典修訂本，2015）；心理又稱心理活動、心理現象。《辭海》詮釋「心理」則是指感情、智慧和意志等三方面的精神狀態；「社會」（social）則為多數人彼此有關係的集合體（張嘉文，2000）。

　　至於「心理社會」，是指個人的心理反應，以及他和其他人及周遭環境的互動（王俊敏，1985）。Random House英英字典解釋為屬於心理和社會有關的因子（Stuart, 1996）；Webster's英英字典則認為包含心理和社會兩方面（Gove & Inc, 2002）。Webster's英英字典指「適應」是一個調整的過程或動作（Gove & Inc, 2002）；社會適應（social adjustment），則是指人與人之間、團體與團體之間、文化與文化之間，彼此協調而互相接納的關係，或達成此關係的過程（董秀蘭，2000）。

　　《張氏心理學辭典》詮釋「適應」：(1)指個體為排除障礙，克服困難，以滿足其需求時所表現的各種反應；(2)個體為了與其生活的環境保持和諧狀態，所表現的各種反應；(3)除了環境中的人、事、物之外，個體為了滿足需求，其本身的態度、觀念等內在表現的改變歷程（張春興，2007）。

　　周麗華、黃初雪、劉雪娥（2011）則從定義性特徵（defining attributes），詮釋心理社會適應意涵，包括：(1)涵蓋心理和社會兩方面的因素；(2)滿足內在的需求；(3)維持個體與外在關係的和諧狀態；(4)是一動態過程；(5)個體能夠主動調整外在環境的改變；(6)運用正向或負向的方式去調整；(7)是一短暫性反應過程。

　　整體而言，經由對「心理」、「社會」、「適應」各詞彙的理解，發現「心理社會」一詞與社會發展相同，是個體隨著年齡和學習經驗而改變的社會行為之歷程，個體會在創傷的經歷和危機中，調整

自己再重新獲得控制生活世界的機會（張綺紋，1996）；「心理社會
適應」的意義，不僅是指個人內在的心理過程，還包括個人在人際之
間的互動，以及處在該社會文化下的行爲模式（Derogatis, 1986）；至
於測量心理社會適應的工具，包括：MAC Scales、PAIS和心理社會護
理評估等。

二、老年的心理調適

統整對絕望（integrity vs. despair）是艾瑞克森心理社會發展論的
第八階段，此時已進入老年期，是含飴弄孫回憶往事的時刻；若覺得
過去歲月是一連串不幸，便是絕望的感覺。此期積極的行爲特徵是智
慧，而消極的行爲則是失望和無意義感。

的確，長者離職退休後，因扮演社會角色的重要性逐漸淡化或喪
失，極易造成社會的疏離和被排斥，引發一連串的心理與社會適應問
題。面對重重壓力、衝突、矛盾和不適，如何避除失望和無意義感，
可嘗試採行以下作爲：

(一)擁抱正向的老化態度，再現生命黃金比例的風華

「老」是一種驕傲。老，不代表「沒用、待終」；老是「成熟與
完滿」。正向老化是揭露生理、心理、社會及靈性的心理狀態，包含
對自身經驗的正向主張；是「主觀幸福感」、「安適幸福感」、「生
命意義」以及「老化自我知覺」的正向程度。年齡與經驗、智力、成
熟呈增加性函數，老年人經歷了人生大半的歲月，具有圓融的智慧與
超脫的人生體驗，正可利用此時累積的智慧、自由與經驗優勢，開展
人生的另一個新里程。年老是我們耗費畢生心力去追尋得來的成就，
面對全人生，擁抱正向的老化態度，正是再現生命的黃金比例。

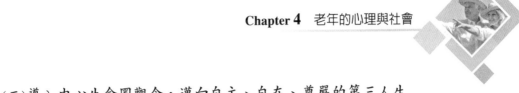

(二)導入內心生命圈觀念，邁向自主、自在、尊嚴的第三人生

「內心生命圈」勾繪出自主、自在、尊嚴的悠然意象。沒錯，「老」是生命發展中的必然，「老年」是每一個人的未來，「老化」更是不可逆的過程。由於年老的人反應較慢，動作較遲緩，容易產生意外，迫使老年人活動空間縮小，亦使得其行事更加小心謹慎。然因爲豐富的人生經歷與社會歷練，較之年輕人擁有更多的穩重、成熟、自信與豁達，更多的閒暇時光，正可以爲自己圓夢，當義工服務別人，或致力於自我完成與自我實現，以一種不服老、不服輸，但也要服老的「內心生命圈」觀念與精神，去面對老年生活。

(三)提升社會認知能力，持續對事物抱持充滿興趣的好奇心

社會認知是年長者在社會生活中，理解他人的心理狀態、預測他人的想法、判斷他人的行爲，並指導自身社會行爲的高級認知過程；展現在對他人行爲的意圖和情感的認識。提升老年社會認知能力，是破除老年心理障礙有效途徑。再者，許多研究顯示，持續性的學習，有助身心靈的正向發展。由於現代社會面臨諸多的挑戰，老人需要對事物保持某種程度的好奇心，繼續不斷的學習，規劃一個可望又可及的目標與希望，常使大腦保鮮，持續增長晶質智力，促進心理成長，獲致精神慰藉，又可降低罹患老年失智症風險。

(四)在情緒層面上，培養恬然豁達的性格，適時的排除生活壓力

恬適淡然的愉悅情緒，有益於身心的康泰。面對年老的事實，老年可從培養樂觀豁達的性格，以正面思考、積極轉念，取代悲觀消極的意念，凡事退一步或換個角度想，即能海闊天空、悠遊自在。另外，由於老年期對壓力的反應能力較低，容易爲壓力所侵襲，故宜避免情緒強烈震盪或承受過度壓力。但減少壓力並非無所事事，「天天

都是星期天」，情緒智能無法獲得鍛鍊，容易導致腦部功能的退化。
因此，需要保有一些生活與社會文化的刺激，以活絡心智功能，營造
情緒的愉悅與滿足，讓晚年生活成為最值得回味的美麗時光。

三、老年的社會適應

老年問題的表現，個別差異甚大，生理差異尚可預估，精神、心
理、行為與社會面則較為困難。就老年的社會需求而言，涉及對於愛
情、親情、友誼、親戚、同事之情，以及團體參與、社會服務等行為
的內在基本動力；社會需求若長期不能滿足，即可能導致適應困難，
引發極嚴重的後果。

老年的社會適應，涉及個人的人格特質、社會認知（社會知覺、
歸因評價、社會態度）以及社會需求三者之間的互動過程。長者如何
建立與環境和諧均衡之關係，可從以下途徑推進。

(一)強化人際網絡與社會支持系統的依附，有助人際關係的促進

老年期已從工作時的社會環境，回歸到「生活的世界」。若生活
世界裡的事物越多，關係越緊密，互動越頻繁，銀髮生活便會越如意
踏實。因此，老年人宜建立穩固的社會（家庭）支持系統，擴展生活
領域與社交範圍，或加入社區的宗教組織或民間團體，如教會、老人
會、退齡俱樂部、退休老人協會、長壽聯誼會等。

(二)透過參加志願服務，保持社會接觸，激發老年的有用及貢獻感

研究顯示，社會參與有助老年獲得社會新角色。老年可藉由參
與部分時間及志願服務的工作，或參與各類社區服務，如社區人力時
間銀行等；既可扮演著替代性、有意義的社會角色，建立新的人際關
係，又可經由服務人群，將其智慧、經驗貢獻社會，增進社會歸屬

感、自我價值、自尊心，以及有用與貢獻感。

(三)培養興趣，充實休閒生活，導入優質元素，活化老年期質量

　　休閒遊憩與整體生命素質有關。研究顯示，生命中的第二個四十年裡的幸福，取決於我們如何運用休閒。休閒活動可培養老人生活情趣、陶冶老人健康身心、擴充老人生活領域，使老年生活愉快、充實。休閒對老人的意義重大，可審視自己的興趣、專長、嗜好、體力、健康、經濟狀況等，安排適合自己的休閒活動，以獲得充實、趣味且有意義的休閒生活。

(四)人口持續老化，扶老比惡化，老年迫切需要穩健的理財規劃

　　「下流老人」，正宣示老年經濟安全是亟嚴峻的社會問題。老人退休後，其所得將會減少，大多數老年人依賴子女供養，或自身積蓄、退休金，以為老年經濟生活的主要來源。隨著少子高齡化社會來臨，養兒防老的觀念丕變，未來將是無子女可靠。因此，老年人應建立終身理財的觀念，以備安享晚年之需。

(五)「住，大不易」，宜及早規劃老年後的居住環境與生活方式

　　隨著社會價值與家庭型態的改變，獨居、高齡雙人家庭、老人住宅等，勢將愈趨明顯。伴隨少子女數和個人主義的抬頭，影響老年和子女共居的主觀意願和可能性；老年居住安排宜及早規劃，視自己的個性、習慣、喜好、經濟能力和各種環境資源，選擇最適合自己居住的方式，例如比鄰而居、銀髮住宅。

(六)老前寫回憶錄或預立遺囑，依靠信仰宗教，尋求生命依歸

　　預見生命休止的終將來臨。老前整理頭腦與心靈，以協助中高年齡層輕鬆生活，是導入老後終活的積極作為；可藉由寫回憶錄或自傳

的方式，檢驗一生，以獲致自我整合。另外，宗教信仰可幫助老年減輕孤獨、悲痛及對死亡的恐懼感。老年人選擇宗教信仰，作為生命航程最終的港灣與靈魂的歸宿。

📖 延伸閱讀

邱天助（2017）。老，自在：50後人生的八堂必修課。臺北：大喜文化。

林美琪（譯）（2016）。佐藤眞一（著）。為什麼任性的父母更長壽？：理解老後行為和心理的轉變，和父母相處得更自在愉快（ご老人は謎だらけ　老年行動学が解き明かす）。臺北：木馬文化。

劉秀枝（2015）。愛上慢慢變老的自己——退休醫生給你的57個實用身心提醒。臺北：寶瓶文化。

林美琪（譯）（2014）。佐藤眞一（著）。父母老後為什麼總是那麼固執？聽見老年人心理和行為轉變背後的心聲（ご老人は謎だらけ　老年行動学が解き明かす）。臺北：木馬文化。

Part 2

議題篇

◎議題──

主題是明確主要論點；議題則是可足資討論的主題。通常議題會涉及不同價值觀和利益的觀點。本篇主要在揭露老年社會學的最新主題及特殊議題，具體內容包括：

◆老年家庭支持與社會參與
◆老年休閒遊憩與學習
◆老年婚姻關係與經營
◆老年居住安排與長期照顧
◆生命休止與老年終活

Chapter 5

老年家庭支持與社會參與

- 老年的家庭支持
- 老年的人際關係
- 老年的社會參與
- 特殊議題
- 延伸閱讀

「去找新朋友，保持老朋友；前者是銀，後者是金。」

莎士比亞（William Shakespeare, 1564-1616）著名喜劇《皆大歡喜》（*As You Like It*, 1599）：「整個世界是個舞臺。所有的人都是演員，人人都有登場與退場休息的時刻，每一個人同時扮演著不同的角色。」

的確，當退場休息的時刻來臨，老年人角色產生空前劇變，家庭成為最重要的支持力道。但是，所面對的場景是：成年子女忙於工作，孫子女忙於學校作業、補習，彼此互動時間與機會減少，可能又得面對老伴、老友的凋零，加上可支配的時間突然變長，生活自由度增加等因素，深刻地壓縮老年的身心伸展空間。沒錯，家庭支持是人們最基本的非正式社會支持，更是老年期極重要的情緒支持網絡，可藉此系統獲得生理、心理、社會需求等方面的滿足；少子高齡化社會，老年人際關係的代間關係、手足關係將顯得脆弱，友誼關係需求面大增，藉以建立新的社會人際支持系統；能否自由自主的投入社會各類型的活動，充實老年生活內涵與品質，從而得到自我實現。此時，家庭支持、人際關係與社會參與三大支柱，成為適應老年期困境的關鍵。

據此，本章首先說明什麼是老年家庭支持的意義、類型，以及影響因素有哪些；其次，將焦點置於老年人際關係，藉以發展老年與代間、手足、友誼的關係；最後，揭露老年社會參與的類型、影響因素，從而勾繪出老年在家庭生活的動靜攻略。至於老年能到哪裡獲得學習資源網絡，以及如何投入老年志願服務學習工作？將在本章特殊議題作進一步討論。

第一節 老年的家庭支持

老化與家庭是老年社會學研究的重要主題。老年人的家庭受到整個社會家庭演變的影響，由於男女壽命的差異，老年人的家庭必然具有本身的特點；家庭支持是社會支持的主要來源，也是人們最基本的非正式社會支持，在老年離退返回家庭時，顯得特別重要。

一、老年家庭支持的意義

(一)老年的社會支持

心理學界對「社會支持」的研究約始於20世紀60年代，70年代初期被作為專業概念提出；嗣後受到廣泛定向的探討，學者對社會支持意涵之看法不盡相同，唯大抵傾向同意旨在描述一種廣泛存在的社會現象

社會支持（social support）被作為專業概念提出，是1976年Caplan和Cassel首次在精神病學文獻中（Caplan, 1965; Cassel, 1976; Cobb, 1976）；乃指個人與個人或個人和團體之間的依賴之情，當個人面對壓力或挑戰時，獲得社會支持增加其適應力；也就是個人為滿足在社會中生存的需求，藉由正式或非正式的社會關係所獲得的各種支持（Barker, 1991）。

學者從不同面向企圖解釋社會支持的意涵。Cassel（1976）認為社會支持是在個人面臨重大壓力的社會心理歷程時，扮演關鍵性角色。Cobb（1976）從功能層面來解釋社會支持，認為人類彼此交換訊息的過程，可使個人感受到被關愛、受尊重、有價值感和隸屬某個社

會網絡（social network）等方面之滿足。社會支持可視爲是一種人際交流（House, Kahn & McLeod, 1985），經由家人、親友或其他重要他人之人際互動中，滿足基本社會需求。

Duffy和Wong（2003）提出三項社會支持一般性概念：(1)社會深植（social embeddedness）；(2)制定的支持（enacted support）；(3)覺察社會支持（perceived social support）。社會支持也可被視爲全然地提供被需要的照顧，完全不透過正式的健康照護系統，非正式照護可以擴大正式照護（Temkin-Greener et al., 2004）。Davidson、Hodgson和Rebus（2005）則指出社會支持乃是個體認知在社會網絡中是受到其他成員所關懷、重視及尊重。

可見，無論是從功能層面、人際交流、環境的屏障、提供被需要的照顧等面向觀察，社會支持可謂是一種廣泛存在的社會現象，主要是指人與人之間的交流和交流的結果；由社區、社會網絡以及親密伴侶所提供之感知的與實際的工具性或表達性支持。

(二)老年家庭支持的意義

家庭支持是社會支持的主要來源，對於生活適應扮演著重要的角色，也是資源連結的核心網絡；相對於次級團體，更具親密性、全面性與獨特性

家庭是初級福利團體，是一種以婚姻、血緣、收養或同居等關係爲基礎，而形成共同生活最基本的社會組織；強調彼此相互的責任、照顧與關懷，並可提供個體強烈的支持、情感、安全與回應。所謂老年家庭通常是指已過了育兒年齡且獨立的人而言；其特質在於：大部分是數代同堂，且年老的家人並不是少數，並有悠久的家族歷史，在生活互動、適應、做決定以及發展情感與敵意的歲月中，經歷了許多年。

家庭支持（family support）是人們最基本的非正式社會支持，更

是老年期極重要的情緒支持網絡。黃俐婷（2004）認為，家庭支持是指來自家庭成員的情感性支持，這種支持可以讓人感受關懷、肯定、自信心等。另外，亦有從家庭功能論角度分析，認為家庭支持是一種永續以及恆久的關係，讓個體是否有感受到被家人所重視、被愛、被關心、被尊重且是有存在的價值（陳伶珠、黃源協，2008）。

對老年人而言，「家」是不可缺少的心靈場所。然而，伴隨家庭結構變遷、互動關係的親疏、資源的多寡、獨自居住或家人同住等因素，均影響著家庭是否能讓老年人安適地生活。胡欣玫（2009）認為，家庭支持就是個體在面對壓力與挫折下，能透過家人和親友得到正向支持，藉以滿足個體之需求，以增進其適應的能力與幸福感；家庭支持的強弱、分工模式、是否有良好的抗壓，影響著老人能否得到適當的照顧。

的確，老年，是每一個人的未來，也是生命發展中的必然。老年退休離開職場後，面臨人生旋律的巨大變奏，生活結構與方式的劇烈變動，迫使長者產生重重壓力，深刻感受衝突、矛盾和不適；此時，家庭支持顯得特別重要，許多事是可以透過家庭成員的情感性支持，在心態與行為上的積極調適與正向面對，使得負面衝擊降低與改善。

據此，老年家庭支持泛指：在老年人老化過程中，個人藉由家人系統為媒介，透過互動關係所獲得的一種正向結果；當面對生活困境或危機形成壓力時，老人所擁有的家庭支持，扮演緩衝角色，進而保護身心健康。

二、老年家庭支持的類型

社會支持可來自於自然和其他較正式的支援系統或團體；社會支持的獲得對老人晚年生活品質具重要影響，提供老人社會支持來源可概分為兩大類：正式性社會支持系統、非正式性社會支持系統

家庭支持與社會支持類型息息相關且密不可分。最常見的自然支持系統是家庭成員和朋友網絡;正式的支持系統則常是由專業照料者所組成的社會系統,包括:老人相關法治、醫療專家、社會福利、心理衛生工作人員、社團或俱樂部、宗教組織和自行籌組的自助團體等。

非正式性社會支持系統,指老人個人互動社會網路,包括其家人、親戚、朋友、同事及鄰居。正式性社會支持的範圍較廣,可視為廣義的社會支持體系,而非正式性社會支持系統範圍較小,對象亦屬於較靠近老人生活圈的重要他人(significant others)。

隨著老人生理機能弱化,行動範圍逐漸縮小,原本的社會支持(如家庭、職場以及一般社交的社會支持)愈來愈少;在此情形之下,如何在住家附近的社區內,獲得新的社會支持已是一項重要的議題。

學者有關「社會支持」的形式界定看法不一;綜括而言,就老年家庭支持視角,約可概分為:情緒性支持、訊息性支持及實質性支持等三類

社會支持是個體互動的社交關係,有不同之社會支持方式,以提供個體情感上與實質上的協助並滿足其個體之需求。Barrera等人提出社會支持的三種型態,包括情緒性支持、實質性支持和訊息性支持(Barrera, Sandler & Ramsay, 1981)。

Cohen和Syme(1985)將社會支持系統依功能區分為四種類型:(1)自尊支持:在人際交往過程中能獲得別人的尊重和接納,並視他為有價值的人;(2)訊息支持:提供個人在因應問題時的解決策略;(3)社交的關係:能與他人共享休閒和娛樂活動,並經由與他人接觸中,使個人獲得親密需求的滿足;(4)工具支持:提供經濟上的幫助或物質上的支援。

Sarafino在1997年整理過去文獻後,將社會支持分為五種類型:

情緒支持（emotional support）、尊重支持（esteem support）、實質或工具支持（tangible or instrumental support）、訊息支持（informational support）及網絡支持（network support）。臺北榮總護理部將社會支持分為四大類型，可供參考（臺北榮總護理部研究發展委員會，2002）：(1)情緒性支持；(2)工具性或實質性支持；(3)訊息性支持；(4)自尊性或評價性支持。

　　總之，就老年家庭支持視角而言，綜合以上三類、四類或五類的分法，顧及周延性與互斥性，可將老年家庭支持依主要功能內容，概分為情緒性支持、訊息性支持及實質性支持三大類（黃俐婷，2004）：

1. 情緒性支持：指對家人表示愛、關懷與瞭解等，使其情緒獲得安慰與鼓勵。
2. 訊息性支持：指提供意見給家人，例如給予建議、忠告。
3. 實質性支持：指提供家人生活中的實際幫助，如提供金錢資助、幫忙做家事、交通接送等具體協助。

三、老年家庭支持的影響因素

　　多種社會心理方面的理論曾被應用來解釋社會支持之現象；目前有關社會支持的研究，朝向於探討社會支持與健康的關係

　　諸如：社會交換理論（Social Exchange Theory）──從微觀的角度去探討人類的社會行為，運用行為主義之強化原則及經濟學之成本報酬觀念來解釋人際互動之行為；社會比較理論（Social Comparison Theory）──側重每個個體在缺乏客觀的情況下，利用他人作為比較的尺度，來進行自我評價；社會整合理論（Social Integration Theory）──旨在探討社會透過各種方式或媒介，將社會系統中的各種要素、

老年社會學

各個部分和各個環節結合成為一個相互協調、有機配合的統一整體，增強社會凝聚力和社會整合力的一個過程等。

　　社會支持與健康的關係則是目前社會支持研究的主要探討方向。1960年代開始，西方學者研究壓力對人類身心健康的影響，指出社會支持似有緩衝壓力的作用。隨之，社會支持成為學者探究健康時一個重要的議題（賴香如，2000）。

老人的性別、年齡、種族或籍貫、教育程度、居住地區、宗教信仰、婚姻狀況、工作狀況、健康保險狀況、社經地位等，都是老人社會支持的重要影響因素

　　研究指出，不同性別老人的社會支持不同，女性比男性有較多和較大規模的社會支持網絡（Antonucci, 1990）。在年齡方面，老人的社會支持會因年齡不同而有顯著的差異（鄭政宗、賴昆宏，2007），年齡較長的老人則會更為孤立（Rutledge et al., 2008）。至於在種族或籍貫方面，一項針對瑞典及加拿大80歲以上的老人支持系統進行之研究指出，在不同的種族及文化背景下，會有不同的支持度（Miedema & de Jong, 2005）。

　　在教育程度方面，研究顯示低教育的老人較為孤立（Rutledge et al., 2008），高學歷和社經地位者，較易使用主動的因應方式（林彥妤，1988）。在居住地區方面，居住於都市的老人比居住於鄉村的老人較少融入友誼網絡中，因而所獲得的網絡資源也顯現較少的協助（Kim, Stewart, Shin, Yoon & Lee, 2004）。在宗教信仰方面，有宗教信仰的老人通常具有較多的社會支援；社會資源常隨著老人年紀增加而減少，但涉入宗教常變成社會資源的替代形式，宗教信仰的重要性隨年齡而增高（Oxman et al., 1995）。

　　在婚姻狀況方面，老人的社會支持會因婚姻狀況不同而有顯著的差異（鄭政宗、賴昆宏，2007），有偶的老人具有較多的社會支援，且已婚者比未婚、分居和離婚者有更廣大的社會網絡（Antonucci,

1990）。在社經地位方面發現，高社經地位的老人有較大的社會支持與社會支持網絡（Gadalla, 2009），社會網絡體系也較大（Fischer, 1977），低收入者常有較差的社會支持（Goodwin et al., 1991）。

老人的健康因素是影響其社會支持的重要原因；通常，社會支持能緩和壓力對身心健康的不良影響，當個體的社會支持功能健全時，其對壓力的承受度較高，健康狀態也較佳

社會支持會影響一個人的壓力感受和健康狀態（House, 1981）。老人在自評健康狀況不同、身體功能及認知功能不同，以及罹患慢性疾病的種類數不同時，也會造成其社會支持有不同的改變。一個針對長青學苑老人之社會支持進行的調查顯示，自覺健康狀況不同時，其社會支持會有顯著差異（鄭政宗、賴昆宏，2007）。

凌千惠等人（2007）的研究指出，醫療服務使用越多者，有越多情緒上的社會支持；健康較差或認知受損的老人，可得到較高的社會支持。Glei等人（2005）的研究顯示，70%的老人至少和一位親近親友同住，而這群人有較多身體功能限制（Glei et al., 2005），表示身體狀況會透過居住安排間接影響其社會支持。

此外，亦有研究顯示，視力與聽力退化或失去的老人，因社會能力及整體功能狀態受限，使其社會活動受阻，進而影響其社會支持網絡（Crews & Campbell, 2004; Heine & Browning, 2002）。據此，如何應用社會支持以增進老年人的健康，是公共衛生專業人員的未來目標。

🦉 第二節　老年的人際關係

> 「老年期是人際關係最圓融的黃金階段。」
> ——美國普渡大學老年學教授芬格曼（Karen Fingerman）

一、老年的代間關係

代間（between generations）關係是指在家族的結構中代內（intragenerational）、代與代之間（intergenerational）以及多代之間（multigenerational）的關係，包含兩代以上之間的親子關係；是一種以親情為基礎的人際關係。一個成人組成家庭養育子女以後，代間關係成為成人發展極重要的網絡。

(一)老年父母與成年子女的親子關係

就老年期的家庭而言，由於平均餘命增長，老年父母和成年子女相處的時間亦隨之延長；代間關係是老年期家人關係的核心，對老年父母和成年子女的福祉，皆有影響

研究顯示，代間關係的品質對成年子女及老年人皆具有重要性，尤其是情感性的支持，更有助高齡者的生活滿意度（Lang & Schutze, 2002）。通常成年子女與父母的親子關係會受到居住的距離、成年子女的性別、孫子女的出生以及文化等四個因素的影響（周麗端等，1999）。單向的扶養關係，尚包括情感、互動和相互協助等面向（林如萍，1998）。

同時，父母年老健康衰退，老年父母和成年子女之代間關係，亦呈現動態變化（Qureshi & Walker, 1989）。研究顯示，孝道責任仍

是代間重要的連結，而規範方面則傾向代間協商方式來維持（Suitor, Pillemer, Keeton & Robison, 1995）。其次，在代間情感與代間互動方面，代間情感具有五個主要的元素，包括：親密、瞭解、信任、公平及尊敬（Gronvold, 1988）。

變遷社會下的老年父母與成年子女的親子代間關係，呈現的是動態關係的轉變，涉及諸多主客觀因素，但是，唯一不變的是——代間親子和諧、親密、給予和支持的期待與擁有。

(二)祖父母與孫子女間的關係

祖孫關係是老年期家庭代間關係的重要環節；隨著平均壽命的延長，大多數的老人皆經歷祖父母角色，「為人祖父母」似乎成為個人生命發展歷程中的重要事件

值得注意的是，祖孫關係對兒童的社會化歷程存在顯著影響（Cherlin & Furstenberg, 1986），且對其未來的個人、學業、甚或社會適應，造成影響。其中，涉及祖父母的角色、祖孫的互動以及祖父母對孫子女的關係。老人有獲得新角色的期待，大多數的老年人仍持續扮演著多樣性的社會角色，如伴侶、父母親、祖父母、朋友或鄰居，且能從這些角色的互動過程中，得到自我實現的滿足感。

至於孫子女輩而言，多數的孫兒都能從祖父母那獲得足夠的安全感及持續感。有良好祖孫關係的孩子，會比較安靜、鎮定而且容易信賴人（Mary, 2000）。父母離婚對於祖孫關係會產生重大影響，但孩子若能從祖父母那得到良好的支持，會比沒有的明顯更能適應破損家庭的情況（Erik, Joan & Helen, 2000）。

藉由祖孫互動，老年世代可傳承、分享經驗；年輕世代則傳遞社會脈動、科技新知，達到所謂的文化反哺，可謂創造雙贏、互惠的局面。

二、老年的手足關係

手足關係是家庭三大次系統之一,另外是親子、夫妻系統。手足是親子關係之外最重要的關係,在老年期的人際網絡中,尤其顯現特殊地位。

(一)手足關係的意義及其重要性

在個體老化的過程中,手足家庭支持功能之變動,與個人生命週期中的重要事件有關;多年建構的手足支持網絡,持續到成年晚期,成為一生人際互動中,最基本也最有影響力的一環

依據Bedford(1994)的研究,手足形式約可概分為五類:(1)生物性手足;(2)繼手足與半手足;(3)準手足;(4)結拜手足;(5)非核心家庭的手足。Bank與Kahn(1982)歸納六項手足關係的重要性,包括:(1)家庭規模越來越小;(2)人越來越長壽,手足則提供了長期的支持資源;(3)家庭遷移頻繁;(4)越來越多母親出外工作;(5)年輕者的壓力越來越大;(6)父母在心理及情緒上支助的缺席,會導致手足關係的改變。

手足關係實是在我們生命的各個階段,包括:結婚和養育子女、離婚和喪偶,以及家庭成員罹患重病或死亡(Connidis, 2010),給予心理與生理的接觸與撫慰,其重要性不言可喻。

(二)老年期手足互動與發展任務

通常,手足之間有保護期基因傳承的傾向,在心理層面則彼此擁有共享生活的成長經驗,故而在文化面向上,雙方彼此依靠並會提供協助

手足關係間的互動行為,一般具有以下的特質(林如萍,2001):

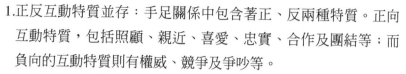

1. 正反互動特質並存：手足關係中包含著正、反兩種特質。正向互動特質，包括照顧、親近、喜愛、忠實、合作及團結等；而負向的互動特質則有權威、競爭及爭吵等。

2. 兼具互補（complementary）及互惠（reciprocal）關係：手足關係中的互補特質，特別是較年長的手足在父母的委任下，扮演著類似父母的角色，包括手足間的照顧、依附、教導等，有助於年幼的弟妹在認知及社會情緒上的發展。而互惠關係，則包含模仿及情感兩種互動關係，其中情感同時兼具有正向（如合作、協助）及負向（忌妒、爭吵）兩個向度。

提供支持的網絡是老年期手足互動的特徵；老年期手足關係的發展任務側重陪伴與支持、直接服務、解決手足衝突以及分享回憶和知覺確認

老年期的手足關係，會受到下列四個因素的影響（周麗端等，1999）：

1. 手足相處的經驗：孩童時期手足相處經驗良好與否，將影響老年期的手足關係。其手足關係相處融洽者，其老年的手足關係會較親密；反之，則為疏離。

2. 性別的差異：女性的手足關係大致會比男性手足的互動關係來得親密，且接觸也較頻繁，主因是女性比男性有較少的競爭性及侵略性。

3. 個人狀況：手足間的互動與關係會受到居住地點、婚姻狀況以及有無子女等因素的影響，其中居住較遠、已成家、有子女，其手足關係的互動會有下降的趨勢。

4. 年齡的改變：手足關係在20～30歲間的互動是最少的，40歲後會再增加。但其親密關係卻無法像孩童時那樣的親密，其主要原因是受到工作及家庭的需要影響。

　　50歲後的手足關係，會一直穩定的維持到老年期。研究顯示，手足年老時會重新修復他們過去的關係，原諒過去的衝突、敵對和變得更親密，而這通常是透過回憶的方式達成。的確，從兒童期以至成年期、老年期，不同生命週期的手足關係，各有其互動型態與發展任務。

　　Goetting（1986）即以生命全程取向，分析不同生命週期手足關係之發展任務，如**表5-1**。顯示，不同生命週期手足互動型態，從兒童期、青少年期的緊密，以至成年前期到老年期，由緊密漸轉疏離而又轉緊密；在發展任務方面，友伴與情感支持、協助與直接服務兩項，呈現在全生命發展任務之中。分享回憶與知覺確認、解決手足衝突，則是老年期手足關係較鮮明的發展任務。

表5-1　不同生命週期手足關係之發展任務

生命週期	互動型態	發展任務
兒童期 青少年期	緊密	1.友伴與情感支持 2.照顧年幼的手足（較不重要） 3.協助與直接服務（較不重要）
成年前期 成年中期	緊密漸轉疏離	1.友伴與情感支持（緊密度較低） 2.合作照顧年老父母 3.協助與提供直接服務
成年晚期 老年期	疏離漸轉緊密	1.友伴與情感支持 2.分享回憶及知覺確認 3.解決手足衝突 4.協助與直接服務

資料來源：Goetting (1986).

三、老年的友誼關係

當老年晚期來臨，生理功能逐漸退化、因疾病導致生活功能的缺損、喪偶、社會參與萎縮的角色失落、經濟壓力、家庭關係重組、生活型態與社會關係的改變、退休、親密關係的延續，當然，還包括「可支配的時間變多」之後，究竟要如何面對？此期，非正式社會支持的友誼關係（friendship relationship）成為重要選項。

(一)老年友誼支持的意義

友誼關係是非正式的社會支持；研究顯示，朋友對老年人整體生活滿意度的影響，超過家庭或親戚關係的互動

老年人的友誼多在提供社會支持、照顧陪伴、家庭幫助、交通行動、社會網絡以及情感的滿足，呈現生理與情感需求的滿足。非正式的互惠關係是維持老年人身心健康、個人自控力與自主性的重要因素（Krause & Borawski-Clark, 1995）。呂寶靜（2000）在探討老年人接受友誼的社會支持研究中發現，老年友誼以提供情感性支持為主，而情感性支持與老年人幸福感具正向相關性。

從社會護航理論（Social Convoy Theory）觀點而言，人們是在社會護航隊伍（家族成員、親近朋友）的環繞下，相互提供幫助、支持、照顧關懷，走過生命旅程。社會情緒選擇理論（Socioemotional Selectivity Theory）則強調，社會護航隊伍成員與規模，會隨著不同的人生發展階段而調整。特別是老人會更傾向於選擇與自己熟識的人往來，朋友親密關係往往超過家庭或親戚關係的互動。

親密友誼關係側重年齡相近並處於相同的生命週期階段，具有相近教育和社會地位的人；朋友支持形成的親密友誼關係，是老年面臨特定情況的緩衝器，可以預防老人喪偶、退休、社會參與喪失的困境

老年友誼支持乃是非正式的社會支持重要一環，扮演著老年面臨特定情況的緩衝器，立基於共同的生活經驗、興趣、共同嗜好活動，或同時擔負著扶養與教育子女的責任而建立的連帶；或住在同一地區或附近、就業等因素，因之而形成的友誼關係；大體呈現在提供社會支持、照顧陪伴、家庭幫助、交通行動、社會網絡以及情感的滿足。

(二)老年友誼支持的類型

　　友誼關係是所有親密關係中最自願性、最非預先決定的，亦為老年期取得自己與人際、社會間聯繫，創造人際關係無形資產，不可或缺的一環；老年友誼支持約可概分為：情感的支持與陪伴、工具性支持、自我價值的再確認等三類

　　Shea、Thompson和Blieszner（1988）的研究顯示，從資源交換的觀點而言，老年友誼可被視為是人際間相互酬賞的交換。通常人際交換包含愛、地位、資訊、服務、物品和金錢六種資源；朋友間最常交換的資源則是愛、地位、資訊和服務。

　　Kahn和Antonucci（1980）歸納朋友所提供的支持類型，可概分為三類：

1. 情感的支持與陪伴：這是朋友最常提供的支持類型。藉由情感上的親密性和相互作伴，給予建議和慰藉來提供情緒支持。
2. 工具性支持：生活中行動運輸的支援。如購物、家庭雜事、交通接送、生病或緊急時候的跑腿。
3. 自我價值的再確認：朋友可提供自我的測試和價值的再確認。經由與朋友的互動，使長者自己覺得有價值、被喜歡和被需要，遠離負面的自我評價。

(三)老年友誼支持的網絡

老年人生活圈裡，不可或缺的重要資源，就是他的交友圈；問題是要如何結交新朋友，並進一步建立友誼網絡呢？歸納言之，可從三條路徑推進

老年人建立穩固的社會支持系統，除了與親人、子女維持密切的往來與相互的依存外，自宜結交經歷相近、年齡相仿、話題相投的老友，以減輕孤獨寂寞，增添晚年生活的情趣。建立友誼網絡可參考以下三條路徑：

1. 持續退休前既有工作場域舊識的互動關係：離開職場並不是全然的撤退一切關係。經由多年工作環境中所建立的工作夥伴，既是同事，也是朋友。積極的態度是，主動去參加退休人員聚會活動，持續人際互動，則是較易建立社會支持系統的捷徑，也是維繫老友關係的溫床。

2. 適當地參與社會活動，搭築自己與人際、社會的聯繫：超越的需求是長者參與學習的五類需求之一，重視生命漸趨終點時，從事內省式的思考，力求自我生命的統整與超越。此時，若能適當地參與社會活動，取得自己與社會的聯繫，創造新的人際關係，獲得友誼之手的召喚與溫馨安適的擁抱。

3. 運用終身學習機構介面，掌握建立新朋友網絡的資源：許多研究顯示，新銀髮族偏愛從事學習活動；參與學習活動有助成功老化。終身學習機構正是提供有組織有意義的教學組織，藉由參與相關機構的學習課程與活動，實是建立新朋友網絡的有利途徑。

第三節　老年的社會參與

一、老年社會參與的意義

　　學者因所持角度不同，對「社會參與」各有不同之界定；社會參與涉及在家庭之外，對社會公眾等社會生活層面事務的參與，包括政治、經濟、教育等不同社會層面

　　「參與」（participation）是指個人在團體中投注其思想、行為及其他資源，以使團體受到影響而產生某預期結果的活動（萬育維，1993）。Beresford和Croft（1993）提出社會參與（social participation）是人們有權利去瞭解、訴說、涉入他們日常生活所接觸的社區鄰居、公共團體，並去影響這些人事物（Rimmer & Harwood, 2004）。Dorfman（1995）認為是指人們在社會網路中，所涉及的朋友、親人、鄰居，能增強人際之間的互動，甚至組織團體來推動共同關心的事務。

　　有些學者則持機會、責任、團體活動或課程的觀點。Thompson（2006）認為，社會參與是我們每一個人皆擁有的一種機會與責任，自發性幫助他人、社區的工作；也是個體積極地透過參與正式或非正式的團體活動與社會互動的過程；或將社會參與定義為個體參與某個團體或課程，並透過決策能力影響該團體或課程的過程。

　　綜合上述觀點，「社會參與」的意義可從兩面向加以析明，一是對社會中公眾事務等社會層面事務的參與，包括社團參與、社區參與等；一是泛指參與家庭外的社會生活，包括政治、經濟、教育等不同社會層面。據此，社會參與的整體意象在於：人們透過參與社會的機

會與權利的擁有，以一個動態的概念和行動，自由自主的投入社會各類型的活動。

社會的參與是維持老年人際關係脈絡的重要構面，也是老人支援體系的一環；老年社會參與側重與社會保持互動，並由互動與投入的過程中，滿足老人需求及抒解壓力

老人在退休離開職場後，社會角色逐漸減少，空閒時間變多，參與一些社會活動以適應新生活型態，成為避免退休震盪的重要途徑。從某一角度而言，老人的社會參與是一個動態的概念和行動，有組織的投入社區活動（林珠茹，2002），亦是一種維持許多社會接觸和社會活動的高度參與（Bassuk et al., 1999）。

黃國彥、詹火生（1994）認為，老人的社會參與可分為兩種：有酬的工作、無酬的志願性服務工作。李瑞金（1995）則從志願服務工作及文康休閒活動，探討老人的社會參與。蘇琬玲（2007）由「分享資源」與「貢獻己力」兩個角度來析明老人的社會參與，提出老人是由分享社會資源來融入社會，並在主動參與的過程中，貢獻一己之力，進而影響人事物的進行。

的確，更精準地說，老人貢獻自己豐碩的智慧與人生經驗，回饋服務社會；社會提供長者均等的參與機會，並肯定其參與的價值。是以，老年社會參與可視為：年長者投注己力，主動參加社會或社區事務、社團、活動、課程，並與他人互動，以使團體受到影響而產生某預期結果的過程；能充實老年生活內涵與品質，從而得到自我實現。

二、老年社會參與的類型

社會參與是老年基本人權，普受國際組織關注，並揭露其主要內涵；近年來老人社會參與的範疇廣泛，相關研究也呈現多元而豐富的風貌

老年社會學

　　2002年世界衛生組織提出《活躍老化：政策架構》報告書（WHO, 2002），立基於聯合國基本老人人權——獨立、參與、尊嚴、照顧和自我實現的原則，提出「活躍老化」的概念；強調健康促進、社會參與和安全維護三大基礎原則。其中，社會參與原則主張老年社會參與包含社會經濟、教育文化和宗教活動等。當人們邁入老年時，仍積極參與整個社會的社會、文化、經濟和政治各層面，且在私人的、家庭的、社區的生活範疇中，扮演有酬或無酬的角色。

　　其次，查證國內外學者老人社會參與類型的相關研究，呈現多元而豐富的風貌。呂寶靜（1995）指出，社會參與是老年期重要的發展職責之一，老年人可依從事有意義的休閒活動、獲得充分適切的再教育、獲得服務社會的機會等目標進行。張怡（2003）的一項研究將老人社會參與分為有酬勞性的工作、無酬勞性的志願服務、文康休閒、宗教活動、政治參與等。

　　Glei等人的研究，將老人社會活動的參與種類分為：(1)玩棋或牌等遊戲；(2)與親友鄰居共處；(3)參加組織群體活動；(4)做自願性工作；(5)參與宗教團體；(6)參與商業組織；(7)參與政治團體；(8)參與宗親會；(9)參與老人組織（Glei et al., 2005）。王冠今（2010）整理近十五年國內老人社會參與的觀察與研究後，歸納出國內老人社會參與的類型，大致可分為七個層面：宗教參與、社團參與、休閒參與、學習參與、志願服務、政治參與及職業參與。

　　歸納國內外學者的看法，老人社會參與的類型可概分為：休閒參與、社團參與、宗教參與、學習參與、志工參與、就業參與、政治參與等七類；不同種類的社會參與，對老人有不同的意義與助益

　　近年伴隨老年人權的重視與落實，老人社會參與的範疇愈形開展，分眾的類型也更加多樣化，相關的社會活動展現活潑化的風貌。具體而言，可區分為七類：

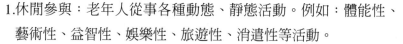

1. 休閒參與：老年人從事各種動態、靜態活動。例如：體能性、藝術性、益智性、娛樂性、旅遊性、消遣性等活動。

2. 社團參與：長者依其興趣、嗜好、能力因素，選擇合宜的團體活動。例如：政治、工業、商業、教育與宗教社團。

3. 宗教參與：老人參與各類以宗教信仰為中心的聚會及組織，祭拜神明、禱告，以期獲得身心靈的安住、恬靜。

4. 學習參與：老人的參與學習內容，以讓老人增進健康並增加對未來信心為主。例如：醫療保健、健康促進、博雅類課程、健康飲食烹飪課程、財務規劃、人際關係、3C資訊產品操作技術等。

5. 志工參與：在公共或志願團體內，參與貢獻各種不受報酬的服務。例如：社會工作、代間教育、諮詢、財稅服務、閱讀指導、社區環境的美化等。

6. 就業參與：長者在離退休後，再轉入職場，繼續貢獻其經驗與智慧。少子高齡化社會型態，填補人力供給缺口，參與再度就業現象勢將愈趨明顯。

7. 政治參與：指老人從事任何和政治相關的活動。

三、老年社會參與的影響因素

哪些是會影響長者社會參與的因素呢？許多研究顯示，性別、年齡、生理狀況、心理狀況、社經地位、教育程度以及社會支持等，都可能對老人的社會參與行為造成某種干擾

研究顯示，從事社會參與的老人男性比女性略多；不同性別老人對參與的類別也略有差異（鄭政宗、賴昆宏，2007）。男性偏向休閒活動及社團活動（陳肇男，1999）；女性則偏向學習活動、宗教活動、志願服務（Schwartz et al., 2003）。老人隨年紀增加，社會參與

率會漸減；年齡與社會參與有顯著關聯（李雅雯，2005；蘇琬玲，2007）。

其次，高年齡層的老人，隨著身心狀況變差，對社會活動的參與就會減少（廖素嫻，2003）；婚姻狀況對社會參與也有所影響（蘇琬玲，2007），有偶者的參與程度較高（唐存敏，2004）；夫妻健在、婚姻美滿之老人，從事進修學習、志願服務及整體社會參與的意願較顯著（廖素嫻，2003）。同時，參與社區工作的老人也有教育程度方面的差異（Miner et al., 1993）。

休閒活動的參與以高教育程度老人居多（張蕙麟，2007）；靜態、不需要太多花費的休憩性休閒活動，以教育程度較低的老人較願意參加（陳畹蘭，1992）。從事社會參與的長者，其社經地位較高（許扮妃，1997）。居住地區的差異也會使老人有不同的社會參與情形（張蕙麟，2007）。

一項研究結果顯示，老人的居住安排對社會活動的參與程度有影響（Kuo et al., 2004）；與配偶或子女同住者，對社會活動的參與較高，也會有較高的助人型服務意願（Glaser, Evandrou & Tomassini, 2006）。另外，社會支持度高的老人，其社會參與程度也較高；家人對老人參與社會活動的看法，也會影響其參與度（蘇琬玲，2007），家人以外的其他重要他人的眼光，也會影響老人的社會參與（邱民華，2005）。

老人經由持續性的社會參與，可使得生活保持活躍，健康也較為良好；有助於晚年生活品質的提升，並獲得被愛、受尊重與自我實現等高層次的滿足感

老人的社會生活不但可幫助社會發展，同時也對自己身心有莫大助益，透過社會參與可降低老人的寂寞感（張素紅、楊美賞，1999），也可協助老人填補空閒，建立自我認同（self-identity）（李瑞金，1996）、減少社會隔離與增加生活充實感（呂寶靜，1996）。

研究指出，增加社會活動或擔任有意義的角色，能明顯降低死亡率；缺乏社會參與者死亡率上升1.5倍（Rodriguez-Laso et al., 2007）。不論在社區或機構環境中的老人，有社會參與生活者，會有較高的認知功能（Bassuk, Glass & Berkman, 1999）；經常與朋友接觸的老人可減少失智的發生（Zunzunegui, Alvarado, Del Ser & Otero, 2003），從中年到晚年之間，若減少社會參與，得到失智症的機率較高（Saczynski, Pfeifer & Masaki, 2006）。

老人社會活動的參與越多，其人際關係較佳，生活滿意度較高，健康也較為良好，有助於晚年生活品質的提升。當然，除了健康的獲得之外，助人者在協助他人時會為己身帶來心理社會的好處，讓人感到更強烈的被愛、受尊重、生命意義，以及存在感與自我實現。

第四節　特殊議題

議題一　看見：臺灣高齡學習資源網絡，有哪些？

「停止學習的人都會日漸衰老，無論他是20歲還是80歲，持續學習的人則會青春常在，人生最美好的一件事，就是永遠都有一顆年輕的心。」

——美國汽車大王福特（Henry Ford, 1863-1947）

參加終身學習活動是老年基本社會人權之一；相關研究顯示，老年人再學習對於增進心智能力的成長、做好高齡者生涯規劃、激發社會活動的參與、協助其達成自我實現等層面，有非常廣泛的助益

「教育是老人最好的糧食」，希臘哲學家亞里斯多德（Aristotle, 384-322B.C.）如是說。教育學習權是老年基本社會人權的內涵，也是促進長者充權賦能（empowerment）的體現；包含：學習進修權、圖書服務權、教育諮詢權。

老年人自工作崗位退休後，不再扮演「生產者」的角色，工作角色的喪失極易造成老人與社會的隔離。同時，對老人消費者角色的偏見與歧視等結構性因素，愈加惡化老人參與社區生活的困境，若無適當的活動來填補心靈上的空虛和孤寂，較易加速身心的退化。是以，尋求另一種新的、有意義的角色，顯得特別重要。

參與終身學習活動乃係社會參與的重要內涵。研究顯示，長者參加有計畫、有目的、有組織的學習活動，在自我概念、自信心、生活滿意度、生理功能、情緒狀態、人際關係、生活充實感、生活情趣、休閒與生活知能、充實幸福感等方面，明顯高於不參與學習活動者（朱芬郁，2012）；協助老年人發揮社會功能及持續對社會的貢獻。

問題是，老人要到哪去學呢？這是投入「活到老，學到老」過程中，亟待嚴肅關注的議題；目前約有五大學習平臺，提供學習參與活動，藉以滿足高齡學習需求，落實老年學習權

老年是一個充滿機會、成長及學習的時期，展現出任何可能與驚奇。我們關心的是，長者能否掌握學習的正向意義，生活周遭有哪些學習資源可供汲取？基此，謹將臺灣地區高齡學習資源供給的平臺，梳理其主要脈絡，說明如後。

(一)社政部門：長青學苑

「長青學苑」係社會行政部門依老人福利法，所辦理的福利性質的老人教育場所。目的在於推動老人社會人際關係，提升生活情趣及充實精神生活。課程以休閒技藝為主，兼具益智性、教育性、欣賞性、運動性等動靜態性質，豐富而多元。

(二)教育行政機關：老人（長青）社會大學、樂齡學習中心

「臺東市老人社會大學」成立於1997年，提供55歲以上就讀，修業二年，並於花蓮、臺東兩縣13鄉鎮設學習中心或分部。「臺南市長青社會大學」成立於2003年，每年分春、秋兩季招生，依選修科目繳交學費，期滿發給結業證書。另教育部於2008年規劃設置鄉鎮市區「樂齡學習中心」，實施迄今（2017年），已於336個鄉鎮市區設置339所樂齡學習中心，12所樂齡學習示範中心。

(三)民間組織：老人大學

由民間組織（包括協會、基金會）所設立的高齡教育機構，其名稱不一。其組織性質、活動等不盡相同，各有其重點與方向。就規模而言，當以臺北市老人教育協會附設的「老人社會大學」，以及臺北市敬老協會所設置的「敬老大學」，規模較大且為老人教育專屬機構。

(四)宗教團體：老人教育機構

臺灣地區的宗教團體，或多或少皆有辦理老人教育活動，或設置老人教育的專屬機構。其中，較重要且具代表性者，有天主教聖母聖心修女會創辦的「曉明長青大學」、基督教長老教會的「松年大學」、佛光山臺北市道場佛光緣社教館辦理的「松鶴學苑」等。

(五)大學校院：樂齡大學

樂齡大學是一種新型態的高齡學習機制，係由「老人短期寄宿學習計畫」、「樂齡學堂」專案計畫，迭經實驗，在成果獲致肯定的基礎上，逐步轉型而來。2016年計有全國107所樂齡大學提供55歲以上國民參與，廣受喜愛與好評（教育部樂齡學習網，2017）。

　　退休後的銀髮族，可藉由參與學習活動，一方面滿足戰後嬰兒潮世代喜歡學習的偏好，充實新知，促進健康；另方面扮演著替代性、有意義的社會角色，投入人力資源供給，增進老年人的社會歸屬感，自我價值與自尊心，發揮「退而不休」的精神，達到「老有所用」的境界。

議題二　投入：老年志願服務學習工作，在做啥？

「施者慎勿念，受者常緬懷」，志願服務是社會參與的基本構面之一；老人志願服務最大的優勢，在於賦予長者個人有意義與價值的社會角色

　　志願服務（voluntary services）是民眾出於自由意志，非基於個人義務或法律責任，秉持誠心以知識、體能、勞力、經驗、技術、時間等貢獻社會，不以獲取報酬為目的，以提高公共事務效能及增進社會公益所為之各項輔助性服務（志願服務法第三條）。因此志工為秉持貢獻付出的精神，不以酬勞為目的，從事增進公共利益事務的人。

　　對老年志願服務而言，多係參酌國內外有關退休規定，以55歲以上退休或屆退人士為主。志願服務對於老人的意義，主要是追求心理需求的滿足，形成次文化體系，化解社會不平等的交換，以及重建角色存在的意義；服務工作形式可概分為：直接或間接的與服務對象接觸、行政服務、決策諮詢、倡導工作或資源捐助等（魏惠娟，2010）。

　　進一步而言，老年志願服務是助人自助的歷程。在個人方面，可減緩退休震盪（retirement shock），經由生活上的充實滿足與幸福，正向促進成功老化；在社會層面，填補人力缺口，發揮影響力需求，既可增強高齡者自信心、有用感，且有助國家整體發展。

　　退休後想做的事很多，一點都不無聊，這是嬰兒潮世代退而不休

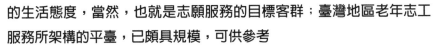

的生活態度，當然，也就是志願服務的目標客群；臺灣地區老年志工
服務所架構的平臺，已頗具規模，可供參考

　　老年志工擁有的智慧材料（工作經驗、專業知能、知識、智慧財
產）能為社區創造公益，提升競爭優勢，而這些寶貴的人力資產將透
過志願服務彩繪第二生涯。開發嬰兒潮世代導入社會參與行動，投入
志願服務行列，自刻不容緩。

　　目前部分縣市政府對高齡志工有相當多的鼓勵措施，包括：高
雄市設立「長青志願服務團」、「薪傳大使」；臺北市「長青榮譽服
務團實施方案」、「銀髮貴人薪傳活動」、設立「天使人力銀行」
等。秉持自助、人助精神的「時間人力銀行」（源自國外的「Time
Bank」，在國外行之有年），參與服務的志工服務時數可累計，待其
自身或他人有需要時，再將服務的時數提領出來，請其他志工來服務
（劉宏鈺、吳明儒，2010）。

　　新北市政府推動「長照志工銀行」計畫，2011年成立「新北市
志願服務推廣中心」，鼓勵50歲以上退休人士加入「黃金志工大使」
行列；自2013年10月起推動「新北市高齡照顧存本專案」，期盼運用
佈老志工幫助需要的長者，共同營造出一個友善銀髮城市。提供的服
務項目包含：陪伴散步、陪伴運動、陪伴購物、送餐服務及文書服務
等。

　　銀髮族投入志願服務活動，可以滿足自尊、自我價值、教育及文
化娛樂等方面的需求，既能貢獻社會，又能充實晚年生活內涵，可謂
好處多多。參與老年志工行列，實現民主社會「參與服務」的理念，
此其時矣。

📖延伸閱讀

朱芬郁等（主編）（2014）。**樂齡學習系列教材18──高齡者與家庭生活經營**。臺北：教育部社教司印製。

魏惠娟（主編）（2010）。**樂齡學習系列教材6──社會參與**。臺北：教育部社教司印製。

揚生慈善基金會，「留齡園地」，http://www.ysfoundation.org.tw/report.aspx

Chapter 6

老年休閒遊憩與學習

- 老年休閒遊憩的概念分析
- 老年休閒與學習相關研究
- 融入學習的老年休閒活動
- 特殊議題
- 延伸閱讀

老年社會學

「少而學，則壯年有為；壯而學，則老而不衰；老而學，則死而不朽。」

——佐藤一齋

　　休閒是生活最高的價值，它描繪出一種理想的自由狀態，以及對精神上與智力上的機會啟蒙；導入寓含學習元素的休閒遊憩活動，對促進老年達致成功的老化，更有積極性的意義。

　　的確，研究顯示，妥適地運用休閒遊憩活動，可讓銀髮族促進身心功能、降低憂鬱、減少沮喪的感受、增進生活滿意、提升自覺健康與增加生活獨立功能。

　　擁有高學歷、高成就，有錢又有閒的新銀髮族，在辛苦工作大半輩子後，更渴望用多出來的時間，追求第二人生。問題是，離開多年工作的職場，在迎面而來的漫長空閒時間，要如何度過才有意義呢？無論是從事符合興趣或追尋孩提夢想的休閒活動，抑或是翻轉傳統將教育、工作、休閒三者個別獨存的看法，改採以三者混合的「循環生命計畫」（cyclic life plan），兼具學習內涵的休閒遊憩活動，都是重要元素，允宜妥適理解與規劃。休閒活動對長者有快樂、滿足、創造力、學習、身心的成長等意義，是老年生活不可或缺的一堂必修課。

　　老年休閒遊憩與學習是老年社會學的重要主題，攸關老年與社會關係的正向發展。本章將首先分析老人休閒遊憩概念，透過對新近有關休閒與學習關聯性的研究發現，嘗試提出融入學習元素的老年休閒活動六項，以供參考；同時，亦將對近年甚受矚目的啟發性休閒活動、老年圓夢休閒等特殊議題，進行深入探討。

第一節　老人休閒遊憩的概念分析

一、休閒遊憩的意義

2015年前後，人類社會迎接「休閒時代」的來臨；「休閒」跳脫傳統侷限在「休息」層次，涉及更寬廣的一種生活方式或生活品質，是態度、活動、時間

休閒（leisure），意即自由時間之義，休閒活動是有益於健康、幸福、生活能力及大眾化的活動。Godbey（1989）指出，休閒是生活在免於文化和物質環境之外在迫力的一種相對自由狀態，且個體能夠在內心之愛的驅動下，以自己所喜愛且直覺上感到值得的方式行動並能提供信仰的基礎（引自葉怡衿等譯，2005）。

陳克宗（1998）認為休閒活動的共同性有：(1)在餘暇舉行，不求任何報酬，活動本身是一種享受；(2)自動自發地去參與，以發展身心，創造機體活力；(3)是自由選擇自己喜愛的活動，給予當場直接的滿足。Stokowski（1994）則歸納休閒三種基本定義為：(1)休閒是態度——是一種主觀情緒和心理的產物；(2)休閒是活動——是為自己而選擇的活動；(3)休閒是時間——是非義務性或可自由支配的時間（吳英偉、陳慧玲譯，1996）。

休閒活動就是在閒暇時，人們主動、無強迫的去從事活動，並在從事過程及事後可以恢復身心、滿足個人需求，進而達到自我實現的目的

是以，「休閒」不再只是傳統意義的「休息」，更可能的是一種生活方式或生活品質；休閒活動是一種自由參加的活動，不受任何

老年社會學

拘束，拋開所有的壓力與煩惱，放鬆心情，從中獲得快樂與滿足且能提升個人心理及社會關係的活動。參與休閒活動不只對生理健康有影響，對個人社會化及人格與心智皆有影響。當然，這些活動對於個人或社會，必然扮演著某些功能或帶來某些利益，才足以促成休閒的存在價值與蓬勃發展。

休閒涵蓋遊憩範疇，遊憩需要以活動的形式來呈現；遊憩明白揭露在休閒時的具體活動內容，有助對休閒概念的整體理解

遊憩原文為recreation，意即再造（restores）、復原（refreshes）；是工作的反義詞，旨在使一個人在工作之後再度恢復活力，重新返回工作崗位。進一步來說，遊憩泛指在休閒的時間內所從事的任何活動，無論是個人還是集體，只要能使個人感到輕鬆、愉快，而且不是為了報酬而從事的事情；也是一種為了個人與社會利益而組織的休閒活動。就功能面而言，遊憩活動的意義、價值是為社會上所接受，肯定它對於人類、社會文化發展是有所貢獻的。

Kelly（1996）指出，當休閒定義為自由時間的意義時，遊憩可說是在這段時間內所進行的活動。可見，將「休閒」、「遊憩」二者同時探討，有助對休閒概念更深入的理解，彰顯「遊憩」實乃「休閒活動」的本意。

二、老人休閒遊憩的型態

一項針對臺灣老人人權指標調查報告顯示，老人休閒育樂及文化教育的需求大幅上升（楊培珊，2002）。根據2013年「老人狀況調查報告」顯示，我國65歲以上老人日常生活從事之活動項目，以「與朋友聚會聊天」的重要度37.8最高，「休閒娛樂活動」及「養生保健活動」居次，重要度分別為23.1及21.6（衛福部，2014）。

有哪些休閒活動是相對適合退休年長者？從休閒遊憩活動的性質

142

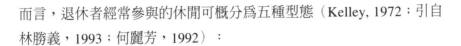

而言，退休者經常參與的休閒可概分爲五種型態（Kelley, 1972；引自林勝義，1993；何麗芳，1992）：

1. 消遣型的休閒活動：指爲消磨時間從事的休閒活動，如看電視、聽廣播、散步、聊天等。這種休閒活動可以抒解退休後的寂寞和無聊，人們從事它是爲了快樂精神或體力補償和恢復功能，擺脫生活煩悶與枯燥。

2. 嗜好型的休閒活動：指因個人偏好、習慣或特殊能力所從事的休閒活動，如下棋、集郵、唱歌、看戲、種花、養寵物、收集古玩等。這種休閒活動可以怡情養性，增加退休後的生活情趣。

3. 保健型的休閒活動：指體能活動有關的休閒活動，如打拳、登山、游泳、慢跑等。這種休閒活動有助於促進新陳代謝，使老年人養成有規律的運動，對於健康促進和心理狀態都有幫助，減緩身心老化。

4. 學習型的休閒活動：指學習新知有關的休閒活動，如閱讀書報、練字、習畫、寫文章、聽演講等。休閒活動具有選擇性、休息、放鬆及創新的功效，這種休閒活動有再教育的意義，有益退休後的繼續成長。

5. 社交服務型的休閒活動：指貢獻己力、服務利他的休閒活動，如志願服務、照顧兒孫等。社會性的休閒活動是一種奉獻服務，有助退休者享受回饋的樂趣；依自己的時間、能力、體能、經驗、興趣等，可以增加自己的人際關係，並提供許多精神上的報償，肯定自我的價值。

　　上述五種類型的休閒遊憩活動，非常豐富而多樣，含括範圍極廣，足供長者從事休閒規劃參考。更深刻地說，其實，老年空閒時間增多，此乃刀之雙鋒，宜衡酌個人身體健康條件與環境因素，設若休

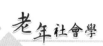

閒規劃得宜，則有助身心健康，社會發展；反之，則可能造成身心衰退，影響深遠。

　　參與休閒遊憩活動涉及許多複雜因素；就長者而言，不同的個體會對不同類型的休閒活動，表現出不同的興趣及參與程度

　　休閒參與是指個體參與某種活動的頻率，或象徵個體所參與之普遍的休閒活動類型（Ragheb & Griffith, 1982）。Crawford和Godbey（1987）的研究顯示，有些退休者在實質上，的確會想要追求休閒活動，對於休閒活動有某種程度上的喜愛，但不是每一個退休老人最後的結果，都會去參加喜愛的休閒活動。城鄉差距也是老人在休閒活動休閒上的重要選擇，退休老人的休閒需求來自於退休後自由的時間變多，社會接觸減少、角色容易喪失等。因此，藉由參與一些活動來滿足生活上的幸福感及寂寞感。

　　對於老人而言，娛樂與休閒活動可能受到個人的不同生活經驗、教育、環境、技能、健康情形與特殊需求的影響（葉肅科，2005）。林宗毅（2011）的研究顯示，老人最喜歡的休閒活動依序是「體育性」活動、「散步」活動、「娛樂性」活動、「宗教及社交」活動。一項「國人退休生活大調查」發現，退休族平常最主要的休閒活動最高的是「運動」（63%），其次，「看電視、聽廣播、看報紙」（18.8%），「聯誼／交際」（12.8%）跟「園藝／種菜」（10.1%），也有超過一成普及率（高宜凡，2014）。

　　聯合報民意調查中心2015年一項調查顯示，退休長者有六成四夢想可四處旅遊，四成四想含飴弄孫，四成只想跟另一伴自在生活、不想幫忙照顧孫子，三成九想擔任志工，希望再就業或快樂獨居的比率都約為一成；智榮基金會的一項20萬長者生活大調查結果亦顯示，「適合長者旅遊環境」是臺灣老人十大需求之一（陳雨鑫，2017）。

三、老人休閒遊憩的功能

無論從事靜態或動態的休閒類型活動，對退休長者所呈現的益處是多元、多面向的；研究指出，休閒活動或運動和身體、心理、靈性修養的健康狀況是息息相關的

　　一項對日本高齡者生活意識之調查分析指出，銀髮族對愛好興趣活動表示很強烈的關心；愛好與興趣給他們直接帶來快樂，而且這種快樂增強他們的身體和精神健康，加強他們與朋友之間的關係（牧野篤，2005）；老人參與休閒活動，不僅可提高自我的肯定與情緒的抒解，更可增強體能、減緩身體機能的衰退速度、增進生活品質與降低醫療支出（林韋儒，2007）。

老人休閒遊憩的功能是多面向的，所觸及的層面包括心情上、生活上、心靈上、心智上、人際上以及體能上的好處；大體可從個人、家庭、社會以及經濟等方面瞭解

　　林勝義（1993）認為休閒對退休生涯的功能有：心情上的放鬆；生活上的變化；心靈上的喜悅；心智上的創發；人際上的拓展；體能上的保健。《「退休」，你準備好了嗎？》乙書則舉出從事休閒活動具有以下功能：(1)能免除無所事事的焦慮，安定心境；(2)使單調生活增添變化，提升生活品質；(3)能發揮創造力、展現自我的機會；(4)肯定自我價值；(5)保持活力，增進社會互動，享有生活樂趣；(6)透過學習，滿足求知慾（李國芬、李德珍、沈文慈，2007）。

　　老人創造且積極的參與休閒遊憩活動，正是老年不留白的寫照。休閒遊憩不但可提高自我的肯定和抒解情緒，且可減緩身體機能衰退，增進生活品質，降低老年危機。整體而言，老人休閒遊憩的功能呈現在：

1. 個人方面：促進身心靈健康、拓展生活經驗、增進人際關係、疾病療癒、學習成長、自我實現。
2. 家庭方面：促進家庭和諧家人感情交流、優化家庭生活品質、調適老年婚姻生活。
3. 社會方面：促進社會人群融合、注入正向休閒遊憩觀念。
4. 國家經濟方面：帶動消費，刺激經濟發展、營造優質文化素養。

第二節　老人休閒與學習相關研究

一、老年休閒遊憩相關研究

　　無論是國際組織、各國政府或民間組織，針對老年人休閒活動的相關研究，皆投入巨大的人力、資源，企圖對老年提供更有意義與積極性的貢獻。大體而言，可從老人休閒情形、影響參與活動的因素，以及何種類休閒活動有益健康三個方面瞭解。

(一)老人多以靜態休閒活動為主

　　異質性高，是老年人的特性；研究顯示，老人多以靜態休閒活動為主，東西文化差異影響參與活動性質

　　多數研究顯示老人主要以靜態休閒活動為主。銀髮族之休閒偏好為低體能、隨性、容易從事的悠閒活動，以及偏好旅遊觀光的休閒活動（陳英仁，2005）。鄭喜文（2005）統整過去近十年老人休閒活動情形，歸納出老人大多都是以從事居家的活動、靜態性的休閒活動居多。

在休閒活動種類方面，Chou、Chow和Chi（2004）以香港2,144位60歲以上的老人為對象，納入休閒項目為：看電視或聽收音機、看書報或雜誌、與親友的社交、玩麻將或牌、晨間或公園運動、外出早餐、逛街或購物等七種；Zimmer和Lin（1996）分析1989年4,049位60歲以上臺灣老人健康與生活調查的研究中，選項納入運動、園藝、走路、手工、嗜好、閱讀、靜坐與思考、工作坊、玩遊戲及社會化活動等十種活動。

蔡長清、劉修祥、黃淑貞（2001）以高雄市立學校55歲退休公教人員為對象的研究結果顯示，看電視、閱讀及散步為主要的從事的休閒活動。可見，老人休閒活動以靜態為主，而國外的相關研究則顯示，老人有較多參與外出性質活動傾向。

(二)老人參與休閒活動影響因素

影響老人參與休閒活動的因素，包括：年齡、健康情形、性別、社經地位，以及活動方便性與安全

研究顯示，不同年齡層的老人感受的休閒阻礙及休閒動機會有所不同，年紀太大可能是阻礙老人參與休閒活動的因素之一（林佳蓉，2002）。在性別方面，許多研究結果顯示，性別會影響老人參與休閒活動的種類和數量（陳肇男，2003）；女性整體參與的頻率較高（Lampinen et al., 2006）。張蕙麟（2007）的研究顯示，教育程度較高者參與大眾傳播媒體以及閱讀的比率，高於教育程度低的老人。

吳武忠、陳振聲（2004）針對臺北市老人團體國外旅遊的阻礙研究中發現，教育程度與經濟狀況皆是影響老人參與國外旅遊的重要因子。而蔡長清、劉修祥、黃淑貞（2001）研究則發現，國中以下教育程度以及未婚者的老人，從事休閒活動的頻率普遍較低。

施清發、陳武宗、范麗娟（2000）的研究顯示，多數老人以居家附近的空地、公園或活動中心作為休閒場所。陳漢志（2002）亦發

147

現，活動的安全性是阻礙老人參與休閒活動的因素之一。

(三)參與休閒活動與生活滿意度

參與休閒活動可延緩認知功能下降，提升心理健康、幸福感與生活滿意度，有助達成成功老化

Griffin和Mckenna（1998）認為，休閒活動參與可以幫助老年人適應晚年生活，進而維持生活上的滿意度。許多研究發現，在老年時期具有良好的生理狀態、功能性健康、認知以及情緒安適狀態、社會支持網絡和適度的社會參與，將較有可能達到成功老化（林歐貴英、郭鐘隆譯，2003）。

閱讀、玩棋盤遊戲能有效減少認知能力減退（Verghese et al., 2006; Wang et al., 2006）。參與媒體類（聽收音機、看電視或書報雜誌）及休閒類（下棋、塗鴉與填字遊戲）的活動可減緩與知覺速度有關的認知衰退（Ghisletta et al., 2006）。另外，研究發現看電視時間越多者，反而會增加認知功能下降的發生率。

老人透過休閒活動，所從事的社會參與，可使其生活保持活躍，提高生活滿意度，建立自我認知，並提升晚年的生活品質（朱芬郁，1998；李瑞金，1996）。Iso-Ahola（1980）在成功老化的研究報告中也提出：參加休閒活動與老人的生活滿意之間有正向關係。李維靈、施建彬、邱翔蘭（2007）採用幸福感量表探討休閒活動與幸福感的關係，結果顯示參與休閒活動均可增加老人的幸福感。

的確，人們可透過休閒活動探索潛能、發展個人特質，達到提供樂趣、放鬆身心的需求，以及從活動中付出努力，使個體獲得成就感與提高自信心。整體而言，老人參與休閒活動可以提升心靈、不斷突破自我、學習成長、成功的從工作後轉換角色，在知識與經驗的傳承中，獲得生命的體驗，達成人生的目標，並有助成功老化促進。

二、老年教育學習相關研究

學習（learning）是個人與環境互動所引起的行為，或認知改變之結果或歷程；包括三個部分：(1)行為或知識的改變是較為持久性的；(2)改變的重心是學習者的行為或個人認知結構中的知識內容；(3)改變的原因是學習者的練習或經驗所造成的，而不是動機、疲勞、藥物或其他生理因素造成的（陳李綢，2000）。研究顯示，擁有較高教育程度的長者，在退休時越有可能參與學習活動（Tsao, 2003）。

(一)老年五大學習需求

人類潛能的發展是終身的歷程，教育學習對老年人的增能是主要的力量；老年參與學習需求，包括：應付的需求、表現的需求、貢獻的需求、影響的需求、超越的需求

老年教育學家H.Y. McClusky借用馬斯洛的需求理論，在1971年白宮老化會議（White House Conference on Aging）發表〈教育：背景議題〉（Education: Background issues）乙文，提出老年參與學習的五類需求（McClusky, 1971; Peterson, 1983; Tsao, 2003），為老年學習提出立論依據，說明如下：

1. 應付的需求（coping needs）：此種需求主要係指生存的需求，老人為了在變動的社會中求生存，必須學習適當的謀生技能，以便適應環境。

2. 表現的需求（expressive needs）：係指參與活動與表達自我的需求，藉由活動或參與本身，獲得內在回饋，亦即從活動中獲得滿足。

3. 貢獻的需求（contributive needs）：係指從事有利他人服務社會

事務的需求，老年人也有給予的需求，老年人往往尋找服務的機會，希望對社會有所貢獻，並由貢獻中自我實現，如此使他們覺得自己是有用的和有被需要的感覺。

4. 影響的需求（influence needs）：老人想以其力量影響社會，對社會做有意義的事，高齡者仍願意參與公共事務，藉由政治活動、社區團體、服務組織等參與，來滿足其影響他人及社會的需求。

5. 超越的需求（transcendence needs）：係指希望更深入的瞭解生命的意義，檢討過去人生將自己統合於更超然的人生目的中，並超越生理外在的限制，提升自我生命價值至更高層次。

(二)影響老年學習的因素：老年生理、心理及社會特性

研究顯示，老年學習受到老化、生命現象和發展階段，以及社會文化、心理成熟之影響，有其特性；老年學習影響因素，可從老年生理、心理及社會特性，加以瞭解

1. 老年生理特性對學習的影響：隨著年齡的增長，老年生理功能也隨之改變。研究顯示，對老年學習行為影響最大的是，生理功能的改變，包括視聽能力的衰退、反應時間的增加、排泄系統功能的降低、肌肉系統及動作的改變等；視、聽能力的減退，直接影響到對外界學習刺激的接受。

2. 老年心理特性對學習的影響：由於老年人認知功能的改變，形成獨具的心理特性。研究顯示，老年心理特性具體呈現在——自尊心強，自信心低；注意力與記憶力變弱、不喜歡有太大壓力的學習活動；學習動機主要在於認知興趣及社交關係；學習內容與發展任務有關。這些因素皆直接影響老年的休閒學習活動。

3.老年社會特性對學習的影響：老年具有豐富的人生閱歷、經驗與智慧，形成獨特的社會特性，包括角色改變、剩餘的時間觀、教育經驗、豐富而多樣化的經驗、學習團體異質性大、學習活動的設計以學習者為中心（朱芬郁，2011）。

老年參與學習的必要性，可從豐富老人精神生活、適應社會變遷、促進社會參與、改善生活品質、發展生命意義、幫助成功老化與提高生活滿意度，窺知一二。當然，關注老年學習需求，以及在生理、心理及社會特性，若能將學習元素融入老年休閒遊憩之中，「寓教於樂」，將更有助老年學習的促進。

三、老年休閒與學習關聯性

「休閒」涉及更寬廣的一種生活方式或生活品質，是態度、活動、時間；透過具有學習元素的休閒遊憩活動，承載老年學習需求的具體落實，無論是智力成長，延緩老化、調節身心，促進人際關係，甚至家庭生活、社會適應上，均有積極增強的意義，兩者關係密切

綜合上揭有關對老年休閒與學習概念和相關研究的理解，可歸納出兩者關聯性如下：

(一)休閒遊憩活動是老年學習需求落實的主要載體

研究顯示，就休閒遊憩活動的性質觀察，長者參與的休閒可概分為：消遣型的休閒活動、嗜好型的休閒活動、保健型的休閒活動、學習型的休閒活動、社交服務型的休閒活動等五種型態。這五種類型的休閒遊憩活動，非常豐富而多樣，涵蓋範圍極廣，的確足供承載老年學習需求，可供長者從事休閒規劃參考。

(二)融入學習元素有助老年休閒遊憩活動正向發展

老年空閒時間增多，應衡酌個人身體健康條件與環境因素，參加合宜的休閒活動。研究指出，休閒活動或運動和身體、心理、靈性修養的健康狀況，息息相關；老人從事學習性質的休閒遊憩活動，能促進心情上、生活上、心靈上、心智上、人際上以及體能上的正面發展。

(三)老年參與具有學習元素休閒活動有助活躍老化

活躍老化呈現在一種以最適宜之健康、社會參與及安全的過程。老人參與具有學習元素休閒活動，在健康上，能促進身心靈健康，拓展生活經驗，調適老年婚姻生活；在社會參與上，能增進人際關係，促進社會人群融合，注入正向休閒遊憩觀念；安全上，則能帶動消費，刺激經濟發展，營造優質文化素養。

第三節　融入學習的老年休閒活動

根據2013年我國「老人狀況調查報告」（衛福部，2014）顯示，有二成一之55～64歲者對於未來老年生涯有初步規劃，規劃項目以「四處旅遊」、「從事志願服務工作」、「繼續工作」及「從事養生保健活動」最多。休閒遊憩項目非常豐富，爰提融入學習元素的老年休閒活動六項，俾供參探。

一、從事旅遊／旅行

從事旅遊／旅行是老年退休休閒規劃的首選項目。一項針對銀

髮族海外旅遊動機的研究指出，「健康促進」、「學習體驗」、「享樂炫耀」、「逃避放鬆」及「拓展社交」等五項因素是海外旅遊動機（陳勁甫、吳劍秋，2005）。旅遊融入學習元素的真正價值，就是脫離原本的生活節奏，在過程中獲得心靈的放鬆、情感的加溫、視野的開闊、文化的加值、觀念的轉換、智慧的啓發，讓我們重新檢視生活目標，豐富彼此的人生（顏君彰，2013）。

交通部觀光局（2015）針對老年旅遊需求，規劃樂活旅遊路線，陸續推出「車程短、走得慢、吃得軟、看得久」的四大旅遊行程，十三條樂齡旅遊路線——銀髮逍遙遊方案。路線包含北、中、南、東部等四大國家風景區，以最便利、貼心的方式體驗各地旅遊行程，並以「養生、樂活」爲概念，讓銀髮族也能享受寓含學習元素的各項遊程。目前推出分齡旅遊專案的旅行社，例如：環球旅行社、雄獅旅行社、康達旅行社、Lamigo旅行社等，專門針對老年旅遊需求推出多種樣式的套裝行程。

許多人皆把旅行當作退休之後最重要的休閒活動。美國退休人員協會（American Association of Retired Persons, AARP），針對全美各州50歲以上居民調查發現，現階段的夢想與挑戰，以「規劃度假／旅行」的比例最高（38%）（AARP, 2011）。就臺灣而言，2016國人旅遊狀況調查顯示：九成的旅客以「自行規劃行程」的方式出遊，屬於團體旅遊的比率有一成二（交通部觀光局，2017）。要之，在從事旅遊規劃時，要衡酌主客觀條件，注意舒適、安全、合宜的基本要求，豐富生活內涵，探索生命的意義。

二、參與志願服務工作

志願服務工作是國際非政府組織（NGO）全力推動的全球性服務活動，志工的足跡與身影遍及各個需要的地區，展現人溺己溺，高度

的服務道德心。美國趨勢專家波普康（Faith Popcorn）曾預言「二十一世紀將是志願服務的新世紀」。聯合國將2001年訂為「國際志工年」，臺灣也在這一年公布「志願服務法」。

退休人士將參與志工活動，作為休閒遊憩內涵的益處：(1)老人的專長再運用，活著有價值；(2)老人能樂在其中，身心更健康；(3)老人的朋友日益多，找到好老伴；(4)老人的學習再延續，延緩老化；(5)老人的問題漸減少，家庭更和諧；(6)老人生活不孤單，找到歸屬感；(7)學校的功能再提升，資源更豐碩（洪榮昭，2009）。

在先進國家，高齡者參與志工，已成為高齡退休生涯的首選。《遠見雜誌》在2007年的調查指出，30歲以上的上班族，退休後最想做的工作是志工，占44.4%（楊瑪利、陳中興，2007）。的確，儘管老人從主要職務的社會舞臺中退休，仍可透過生涯規劃將志願服務納入規劃目標當中，在社會參與互動中，學習扮演著替代性、有意義的社會角色，建立新的人際關係，增進老年社會歸屬感，自我價值與自尊心。

三、活腦益智活動

根據國際失智協會預估2050年，失智症患者將超過1億。老年失智症罹病的因素非常複雜，由於中老年人退休後的退休震盪（retirement shock），人際關係的疏離，生活重心的調整，影響力需求的喪失，導致生活環境中的刺激因子頓減，皆有可能（朱芬郁，2012）。

老年人玩具即是在預防老年失智，重點在手腦並用，活用大腦。玩具對於高齡者的身心健康，有著極大的積極作用。目前，老人玩具是以健康、趣味、益智、收藏為趨勢（謝梅芬，2011）。由於害怕罹患老年失智症，各種益智遊戲機及腦力鍛鍊遊戲軟體，內容從簡單的算術、拼圖到腦筋急轉彎都有。例如日本研發預防痴呆用的寫字本、公文式數學的反覆計算本等。

　　「抗老防衰，拒絕失智」，健康終老要從活腦益智做起。老年人可以利用休閒時間從事活腦益智活動，以促進腦部的活絡與心智的增長。例如「太極健身球」以訓練老年人手眼與動作的協調；「八八軌道」利用球的滾動，訓練反應及靈活度；「動腦積木」透過桌上型積木與活動的操作，讓手、眼與大腦協調活化；另外，發源自德國的「桌遊」（board game）遊戲，是一種能結合思考力、記憶力、聯想力、判斷力、統籌和分析能力的桌上遊戲。

四、持續閱讀習慣

　　後嬰兒潮世代偏好從事學習相關活動，合適老年的閱讀材料刊物之「藍海市場」，正快速形成。閱讀是增進個體獨立、心理運動和生活品質的重要元素，也是社會互動、知識更新和生命愉悅的基本需求（邱天助，2009）。

　　美國退休人員協會（AARP）出版的《退休人雜誌》（*AARP The Magazine*），每期發行2,400萬份，針對50～59、60～69、70以上者編輯不同版本與內容；美國關節炎基金會發行的《今日關節炎》（*Arthritis Today*）每期印行77萬份；以及《熟齡族生活》（*Mature Living*）、《吉卜齡退休報導通訊》（*Kiplinger's Retirement Report*）等，其內容包括冥想、休閒養生、退休族投資、理財、節稅，皆是受到熟齡與銀髮族歡迎的雜誌刊物，發行量龐大。

　　另外，日本以50歲以上的讀者為目標市場的雜誌*Iki-Iki*，是以50～70歲的婦女為目標對象，從1987年發行至今，此一雜誌以終身學習、旅遊興趣等議題，成功地鼓舞許多高齡婦女開拓其生活領域。此外，尚有字體加大的step-by-step電腦入門用書、歌舞伎、能劇等傳統文藝相關書籍，以及專為享受頂級退休生活設計編輯的各種資訊雜誌。

　　研究顯示，臺灣地區65歲以上老年人，因缺乏閱讀能力及生理

老年社會學

機能退化，而不從事閱讀；閱讀與教育程度有正相關（王尤敏、吳美美，2010；邱天助，2009）。基於持續閱讀習慣，有助老年健康的正向促進；在整體環境的有利因素，以及提供多層次的閱讀資源之下，將參與閱讀活動導入休閒規劃，有其必要。

五、網路學習

　　網路學習（e-learning）是現代人必備的基本資訊素養（information literacy）之一。在全面性的資訊通路（universal information access）時代，個人必須具備相當的資訊素養，從各種資源中發展自我興趣與認同，形成網路社群。這是老年擴展生活圈，開拓新人際關係的重要途徑。

　　財團法人臺灣網路資訊中心（Taiwan Network Information Center, TWNIC）公布「2017臺灣寬頻網路使用調查」報告，推估全國12歲以上，上網人數達1,760萬人；全國上網人數，推估已達1,879萬，整體上網率達80%。值得注意的是，研究顯示，收發電子郵件、利用搜尋引擎收集資料（如網路地圖、天氣預報、健康資訊等）、線上購物等，是中老年銀網族常透過網路所進行的行為（Nielson, 2009；2010）。

　　以美國一個專門為老年人開設的網站──MatureMart.com為例，其出售保健和護理產品，市場價值估計就達150億美元；亦有漸增比例的銀網族（silver surfers），將網路視為重要的社交工具（Jones & Fox, 2009; Koppen, 2010）。工研院產業經濟與趨勢研究中心的調查發現，臺灣銀髮族遇到醫療問題時，除了求助醫師、家人，近一成四會先上網找答案（陳俐君，2011）。

　　再者，「ON世代」的定義是一天使用網路超過三個小時，並透過智慧型手機或平板電腦行動上網的族群。根據資策會創研所調查，55歲以上熟齡族中，超過六成是ON世代，其中八成天天滑智慧型手

機的App；有47.1%的熟齡族幾乎天天會以智慧型手機使用LINE、WeChat、WhatsApp、Skype等App跟親友互動，若是熟齡ON世代，數字更飆升至78.2%（蔡靜紋，2016）。可見，使用網路已是退休長者獲得各種資訊，與社會接軌的重要媒介。具備資訊素養並從事網路學習，自是退休休閒規劃的基本功。

六、新休閒觀——浸享獨處之美

獨處，是退休長者跳脫傳統恐懼晚年孤寂的良方。孤寂與獨處兩者乃截然不同的境界與超脫。前者，充滿消極、沮喪、無助、無奈；後者，則展布主動積極、奮勵、希望、活力的人生哲理，與古人勸誡的慎獨，相互輝映，燭照暗室，格調高雅。善於獨處可說是擁有快樂、灑脫、自由退休生活的一項要素。

印度諺語：「人在孤獨的時候成長最多」。老人要習慣獨處，有其正面而積極的意義，是面對人生的態度，也是堅持生命圓滿的體現。誠然，老年人除了要學會適當地安排休閒活動，更要學習享受孤獨，讓自己回到心靈世界，把零碎、分裂的生命回復完整。但切忌與沙發、冰箱與電視為伴。快樂幸福的退休族都很喜歡自己，唯有善於獨處的人才能享受閒暇的好處。

獨處是發現自我的必備條件。要瞭解自我、接納自我、認同自我，首應每天為自己安排獨處時光。只有能和自我對話的人，才能跟別人建立穩固、健康、長久的關係。習慣獨處是與自己保持良好關係唯一的方法，善用獨處就是要學會自得其樂。習慣獨處的人自然會接受自我，也更愛自己。

是的，要求退休長者能習慣獨處，與孤獨共伴、共舞，著實不易；大多長者皆自陷悽苦孤單。我們是持何種態度，面對漫長晚年期生活？請引入獨處的優質學習元素，品嘗獨處之美。

🦉 第四節　特殊議題

議題一　失智症人口攀升──啓發性休閒活動，亟待導入

伴隨人口老化趨勢明顯，罹患失智症病患日增；如何預防退化性的阿茲海默症，是老年期很重要的課題

失智症（dementia）是一種綜合症，體現在記憶、思考、行為和日常活動能力的衰退；有許多不同的原因造成，可概分為：退化性失智症與血管型失智症。雖然失智症主要影響老年人，但它並不是年老的正常情況。阿茲海默症（Alzheimer's Disease）是退化性失智症中最常見的，是一種持續性神經功能障礙，也是失智症中最普遍的成因，約占失智症的60～70%，在北歐及北美地區，更高達70～80%的比例。因此，阿茲海默症又常常被稱為老年失智症，或是老年癡呆症。

依據世界衛生組織統計，2016年全世界有4,750萬失智症患者，每年新增病例770萬；預測失智症患者總數2030年將達到7,560萬，2050年達1.355億，大部分可歸因於生活在低收入以及中等收入國家的失智症患者人數增加（WHO, 2016）。失智症對社會和經濟影響巨大，包括直接醫療成本、直接社會成本和非正式護理成本，也給患者家庭及其護理者帶來巨大壓力，包括身體、精神和經濟壓力。衛生、社會、財政和法律系統，需要為患者家庭和護理者提供支援。

通常，65歲以上平均5%，80歲以後20%的人會罹患失智症；問題是，無法預知什麼人會得到，可說是人人有機會，要如何避除此病症呢？研究顯示，啓發性休閒活動與預防失智症有關

阿茲海默症疾病的成因未明，目前沒有確診和有效治療方法。顯

著的病徵為健忘，從早期的短期記憶缺失，隨著病情加重，病人的語言能力、空間辨別能力、認知能力會逐步衰退，不能適應社會，最終癱瘓在床。在預防阿茲海默症方面，許多大規模前瞻性、觀察性的研究顯示，受教育、多動腦、多運動、多活動、清淡飲食、活躍的社交網絡等，均可降低罹患阿茲海默症的機率；也就是說，可由生活中著手，而不需靠藥物。

2009年9月美國《神經學誌期刊》（*Annals of Neurology*, 2009, 73: 854-61）一篇探討休閒活動與失智症的論文。取樣法國Dijon與Montpellier兩個城市的5,698位65歲以上且無失智症的居民，在1999～2001年間接受兩種問卷調查，一是問受試者每天花多少時間，在被動式休閒和體能活動；二是問受試者每個月有多少次的社交和啟發性休閒活動。

問卷內容載明，被動式休閒活動包括看電視、聽收音機和聽音樂（共三項）。體能活動指園藝工作、做零活、編織和走路（共四項）；社交活動包括邀請朋友、親戚、造訪朋友和親戚（共四項）。啟發性休閒活動（共五項）有參加機關團體或慈善活動、填字遊戲、玩紙牌、看戲或電影和從事藝術活動。根據每項活動的時間長短或發生頻率，各類活動會得到一個總分。再把每位參加者各類活動的總分歸屬於低、中、高三種程度。

所有參加者追蹤四年後，161位發生失智症，其中105位是阿茲海默症。綜合該項研究，結果發現相對於很少從事啟發性休閒活動者，中等或常常從事者（一星期至少有兩次的啟發性休閒活動），在四年後得到失智症及阿茲海默症的機會減少一半，而其他三類活動則無差別。此項研究不僅對個人有幫助，也可在社區中推動老年團體的啟發性休閒活動，以作為預防失智症最有效也最符合醫療經濟的方法（引自劉秀枝，2009）。

失智症是全世界老年人殘疾和依賴他人的主要原因之一，世界衛

生組織自2012年開始關注失智症並採取行動；個人防治可從增加大腦保護因子，導入啓發性休閒遊憩規劃下手，增加大腦的「腦力存款」和「知能存款」

　　世衛組織2012年發表「失智症：一項公共衛生重點」報告，旨在提供有關失智症的資訊，提升意識，並促使公共和私營部門改善對失智症患者及其照護者的保健和支持；2015年3月組織召開抗失智症全球行動首屆部長級會議；此外，正在開發iSupport這一電子衛生保健手段，爲失智症患者的護理人員提供基於證據的教育、技能培訓和社會支援，並正在建立全球癡呆症觀察站，其目的是爲決策者和研究人員提供一個國際監測平臺，促進並在將來能夠對失智症負擔、政策和計畫、資源及研究方面的戰略目標，作出計畫並開展監測。

　　伴隨高齡化趨勢，我國罹患失智症人口日增。根據國發會人口報告推估，臺灣2016年失智症人口已逾26萬人，約每100人就有1人罹患失智症。再過二十五年，恐增加到近67萬人，約每100人就有3人爲失智症所苦。造成阿茲海默症的病因仍是團謎，目前研究已找出與此病相關危險因子有年齡、家族史、唐氏症候群，以及仍有爭議的危險因子，包括鋁、抽菸、低教育水準、血脂蛋白ApoE4基因、頭部外傷、低甲狀腺及高齡生育母親及父親等。

　　一般而言，從30歲起，大腦神經細胞會逐漸減少，到90歲時大概減少20%，雖然大腦退化無法逆轉，但不見得失智；有人到老一直耳聰目明，智識敏銳，這可能取決於與大腦本身腦力存款（brain reserve）和知能存款（cognitive reserve）的儲存量。許多啓發性休閒活動乃是在增加大腦的「腦力存款」和「知能存款」。除了參加慈善活動、填字遊戲、玩紙牌、看戲或電影和從事藝術活動等，亦包括閱讀、寫作、打麻將等需要思考的活動，遠離失智症危險因子，三高（高血壓、高膽固醇、高血糖）、頭部外傷、抽菸及憂鬱。

　　啓發性休閒遊憩活動是預防失智症最有效、也最符合醫療經濟的

方法。想要不成為「被遺忘的時光」或「腦海中的橡皮擦」，及早展開啓發性休閒活動，尋回「來不及的愛」吧！

議題二　再現銀髮生命價值──不老圓夢　圓夢不老

「後青春，新人生」；「不老」不再是傳奇，夢想也不是年輕人的專利

新一代銀髮族呈現：教育高、有專業、經濟佳、富冒險、較長壽、肯花錢，尤其是喜學習的族群意象。令人亮眼的是，幾乎在全球諸多地區都看到他們活躍的身影；他們在退休後更積極地經營自己的生活，並且為自己而活，善待自己，願意消費以回饋自己。

迪瓦特（Maddy Dychtwald）的C型人生（Cycle Life）觀點強調：50歲以後，可以再創人生高峰，再學習，尋找年輕時的記憶、追求當時無法完成的夢想。渡邊彌榮司《我要活到125歲》：「夢想是生命力的根源。編織夢想的力量，實現夢想的力量，就是活下去的力量。夢想是自信與榮耀所孕育出來，這份自信與榮耀，讓你走向美好的人生。」知名作家薇薇夫人，退休第二天便迫不及待跑去找老友奚淞學畫，做了這輩子最想做的事，從搖筆桿的作家，變身為手執彩筆的新銳畫家，實現孩提的夢想。即時啓動圓夢第二人生，著實令人欽羨與激賞。

臺灣戰後嬰兒潮世代掌握全國逾六成財富；許多為銀髮族圓夢而精心籌辦的活動，正如雨後春筍般的蓬勃發展

一項由弘道老人福利基金會與日本企業JTI委託104市調中心進行「不老夢想大調查」結果顯示，在針對1,072位65歲以上的電話訪問，有24%的受訪者表示，現階段有希望完成的夢想，包括「與昔日同窗聚首」的比例占42%最高，其次是「舊地重遊」（30%）、「再年輕一次」、「騎重機車出遊」、「拍沙龍照」、「到遊樂園玩」（朱芳瑤，2011；謝文華，2011）。充分顯現銀髮族有自己需多夢想亟思圓夢。

弘道老人福利基金會自1995年成立以來,秉持共創友善、溫馨、樂活的高齡社會為宗旨,辦理許多適合長者身心、代間和諧方案,例如由JTI投入贊助的「不老夢想‧圓夢列車計畫」系列活動,為長輩記錄人生,留下精采的生命相簿。2012年推出的「不老騎士」紀錄片,持續捲動一股「不老夢想」的風潮,繼而有「不老騎士」、「騎遇福爾摩沙FORMOSA」、「900環島活動」、「不老明星夢」、「老仙角戰鼓隊」、「不老水手」、「不老名人模仿秀」、「不老技藝」、「不老婚紗夢」、「不老伸展臺」、「仙角百老匯」等(林依瑩,2015;張傳佳,2014),透過不老計畫,一圓長者一生夢想。

　　新銀髮族挾著其有錢、有閒、人數眾多的優勢,澈底展現休閒奢華品味,不老圓夢意象正吸引著龐大熟齡消費者的目光,勢將激起巨大火花,令人期待

　　由金馬導演楊力州執導的「春青啦啦隊」紀錄片,鼓舞有夢就去追,要活就要動;這群四十多位,平均超過70歲,年齡加起來超過三千歲的阿公阿嬤,經過四個月的集訓,登上高雄世運舞臺,影片中的阿公自嘲:「八十之齡,尚能粉墨登場」,還有88歲的阿嬤說,自己好像回到18歲,像辣妹一樣。

　　不老圓夢,圓夢不老。圓夢休閒遊憩列車正承載新銀髮族孩提以來的夢想,航向自我圓夢的遠方!

📖延伸閱讀

智樂活(為退休的您提供多元活動社群),http://www.funaging.com/3
教育部樂齡學習網,http://moe.senioredu.moe.gov.tw/
失智症關懷專線(限市話撥打):0800-474-580(失智時 我幫您)
全國失智症社會支持中心(社會支持網),http://www.tada2002.org.tw/
　Support.Tada2002.org.tw/default.aspx

Chapter 7

老年婚姻關係與經營

- 老年的婚姻關係
- 老年婚姻的型態
- 老年夫妻關係經營
- 特殊議題
- 延伸閱讀

「夫妻之間的愛在20歲時是純純的愛；30歲時是狂熱的愛；40歲時是相互投緣的愛；50歲時是愛之入骨的愛；60歲時是感謝的愛。」

　　婚姻是滿足人類社會基本需要的泉源，而夫妻關係更是人類關係中最親密的一種關係。什麼是老年夫妻的婚姻關係？有哪些類型？如何調適老年婚姻關係？這些問題，值得進一步思索。

　　所謂「少年夫妻老來伴」。如何能夠憐愛到老，持續維持夫妻親密關係，共享人生金齡歲月？伴隨老年夫妻婚姻生活，常會和家庭、親屬關係產生聯結，而有血親、親戚、結婚伴侶間的複雜關係。老年期的婚姻所涉及的複雜因素，較諸年輕夫婦的情形，有極大的差異。空巢期、退休震盪、性生活的調適、老年夫妻情感等，皆是婚姻面臨要克服的課題。依據內政部2016年「國民生活狀況意向調查報告」顯示，對「整體家庭生活」滿意度達91%，積極蓄積「婚姻資本」（marital capital）（婚姻之財務和情緒利得）應是老年期擁有良好婚姻關係的新觀念。

　　基於老年婚姻關係與經營是老年社會學關注的主題，本章首先針對影響老年婚姻關係因素進行分析；其次，釐清老年婚姻有哪些型態，藉以瞭解老年婚姻的整體意象；最後，提出老年夫妻關係經營之道，以供參考。另外，資料顯示，熟年離婚趨勢走強，為何多年夫妻輕易選擇離婚收場？值得關注的是，尋找老伴的熟齡「婚活」現象卻行情看漲，大談黃昏之戀。兩者之間產生極大的反差現象，著實令人好奇。將在本章特殊議題進行深入探討。

第一節　老年的婚姻關係

　　請容許以一份日本《President雜誌》出版的《恐怖的婚姻白皮書》別冊，所呈現的日本社會的夫妻關係，揭開本節的序幕。該資料是以匿名調查三千多位40歲以上夫妻的私密生活，揭露令人震驚的日本婚姻的真實面目：(1)原本七年之癢已經縮短爲四年；(2)已有三成沒有性生活；(3)有六成丈夫曾有過買春經驗（黃越綏等，2013）。的確，讓我們來看看有哪些影響老年婚姻干擾因素。

一、空巢期的適應

　　空巢期症候群是影響中老年婚姻關係的重要因素之一；研究顯示，適應良好有助中老年婚姻關係維繫與發展

　　在成人生命週期中，當子女長大且不住家裡，家中僅剩雙親兩人單獨居住時，被稱爲空巢期（empty nest）；通常好發在最年幼的子女離家後過渡期。Durall認爲從空巢期到退休，以至老年夫妻階段，約有逾二十年以上的時間（引自黃迺毓，1988）。

　　值得重視的是，此時期夫妻重新過兩人的生活，並且重新審視、定義婚姻對彼此的意義，既需要開始適應角色的轉變，又需面對家人互動方式的改變。種種的改變亦可能引起衝突、適應及情緒調適上的問題，即所謂「空巢期症候群」（empty nest syndrome）。美國俄亥俄州立大學的研究團隊，追蹤2,000名夫妻長達二十年，結果發現，夫妻衝突、爭吵的狀況並不會因結婚愈久而有所改變（李岳霞，2011）。黃心郁（1998）的研究結果亦支持本項觀點，夫妻感情原本就好的，在子女離家後更能培養感情；但原本感情欠佳者，仍然沒有改變。

行政院國家科學發展委員會高齡社會整合性計畫團隊，針對兩千多名65歲以上的高齡者及45～64歲中高齡者所進行的全國性調查發現，中高齡者的談心對象以配偶最多，占48.6%（林進修，2008）。「教育部100年樂齡家庭生活與學習調查」（周麗端，2011），在「傾述不高興、煩惱事情的對象」題項中，會向老伴傾訴的樂齡者有51.2%，比例最高。足見，「老伴」對高齡者而言，係極為重要的倚靠。

　　面對空巢期到老年階段婚姻關係的特質，需要積極妥適因應，藉以蓄積婚姻財務和情緒利得之「婚姻資本」

　　整體而言，空巢期症候群具體呈現在生活失落感增強，倍感空虛和寂寞；以子女為緩衝劑消失，婚姻關係有惡化的趨向；從養育子女責任中解放，可盡情進行婚姻交流和自己興趣，享受成熟愛情的喜悅。由於空巢期的適應良好，父母能對自己的角色做適度的轉換，與自己配偶關係更密切，發展兩性化特質，將有助老年婚姻關係維繫與發展，再次肯定生活的價值與意義。

二、退休震盪調適

　　退休經常為個人或家庭製造社會、心理或經濟問題，嚴重者會產生「退休震盪」（retirement shock）現象，甚或「退休症候群」（retirement syndrome），是老年婚姻關係經營的重要階段

　　退休（retirement）使得個人離開職場，停止從事專任有薪工作，等於從此失去常態收入；通常開始於55～65歲之間的生命歷程；勞動部2016年統計指出，我國2010～2015年實際退休年齡男性63.3歲、女性60.6歲。研究顯示，退休經常為個人或家庭製造社會、心理或經濟問題；它甚至對那些處理自由時間的人也是一個重要的轉變機會，亟可能引起衝突、適應及情緒調適上的問題。

對大部分的人來說，退休必須重建日常生活方式，可能會覺得孤單而失去方向，產生「退休震盪」現象。抑有甚者，罹患「退休症候群」，主訴是老年人由於離退休後不能適應新的社會角色、生活環境和生活方式的變化，而出現焦慮、抑鬱、悲哀、恐懼等消極情緒，或因此產生偏離常態的行為的一種適應性的心理障礙，這種心理障礙往往還會引發其他生理疾病，影響身體健康。

Atchley（1976）的研究指出，退休轉變的「典型的發展過程」（typical progression of processes）有下列五個階段：蜜月期（honeymoon phase）、抑鬱期（disenchantment phase）、重組期（reorientation phase）、穩定期（stability phase）與終結期（termination phase）等，這是退休者所要面對的各種可能過程。

當然，並非所有退休者皆會依序經歷上揭各階段，各階段時間長短也因人而異；但是，通常大概從退休的遠期（remote phase）以至退休近期（near phase）。研究顯示，對婚姻感到幸福的老年夫妻，較諸同齡的寡婦或已離婚者更長壽（Goldman, Korenman & Weinstein, 1995）其中，與配偶家人關係的適應問題，將影響老年婚姻滿意度。

合宜的調適退休過渡期及持續且和諧的性生活，有助老年夫妻婚姻關係的正向發展，非常重要

性生活有益老年婚姻。研究顯示，性活動及滿足感與老年人自身的價值觀、能力有關（Weg, 1996）。老年人因受社會觀感影響所及，壓抑、掩飾、隱藏本身的性需求，使老年人的性活動在堪用期間即提早結束。事實上，老年人有正常而持久的性生活是構成老年人精力充沛和生命活力十足的重要層面，只要有良好的隱蔽環境，與伴侶互動關係良好、穩定愉快的心理情緒、均衡的營養和持續的運動，老年人的性活動宜持續一生（朱芬郁，2011）。

整體而言，面對退休所產生在生活型態的重大變化，如何良性調適過渡期，可參考以下幾項原則：在離退休前／後要做好心理調適準

備工作；培養興趣充實離退休後的生活內容；持續保持社會支持互動系統；合宜的夫妻親密關係；堅持生活自律、身體保健，從而為老年夫妻生活注入幸福婚姻元素。

三、老年夫妻情感

老年期的夫妻情感由親愛、恩愛臻至憐愛，促進和諧婚姻關係，有益婚姻滿意度的提升

許多研究顯示，老年夫妻的感情呈現更多的欣賞、感激與關心。Troll（1971）指出老年夫妻間的互動比年輕夫妻間的互動，明顯減少熱情的表達與親密的溝通，但增加對彼此身體健康的關心。Rollins和Feldman（1970）探討成人各階段婚姻滿意情形，結果與Troll所持觀點相符，後父母時期的夫妻會感受到新的人生自由經驗，以及較平靜的、有安全感的婚姻關係，但缺乏夫妻間主動溝通與彼此表達熱情的婚姻行為。

利翠珊（1997）採取生活史（life history）的研究取向，探討中國夫妻之間的親密關係的形成與發展，發現中國夫妻的親密情感可以分為四類：感激之情、欣賞之情、親近之情與契合之情；年長夫妻間親密情感的表現多為感激之情與欣賞之情，這種情份往往並非透過語言的表達，而是經年累月所沉澱出的情感。李良哲（1999）探討國內已婚者維繫婚姻關係的要素是不是會隨著年齡的增長而有所差異，研究結論指出，老年人認為相互照顧、彼此感恩、男主外女主內在婚姻關係中扮演獨特較重要的角色。

作家劉墉嘗言：「隨著年齡的增長，夫妻之間的情感，由親愛，進入恩愛，步入憐愛。」王建煊在〈妻子的夢〉一文中寫到：「有人說：妻子是丈夫年輕時的戰鼓，年老時的手杖。」這正是心理學的「一杯水效應」，當你沒有力氣拿起暖壺倒一杯水時，誰能為你倒這

杯水，誰把這杯水送到你手裡，這個人對你來說就是最重要的。老年夫妻關係就是陪他一下，扶他一把，等他一下，聽他說，和他一起道從前、憶過往。

俗語云：「夫妻之間的愛在20歲時是純純的愛；30歲時是狂熱的愛；40歲時是相互投緣的愛；50歲時是愛之入骨的愛；60歲時是感謝的愛。」誠然，親密、相互依賴和歸屬感，正是老年夫妻彼此憐愛的寫照。

第二節　老年婚姻的型態

婚姻是人類社會普遍存在的社會組織形式，限定家庭關係中的角色、權利與義務。囿於平均餘命的延長，老年生活水平的逐年提高，以及鰥寡孤獨老人日增的事實，老年人的婚姻或情感的狀況，已是一個至值重視的社會問題。追求美滿幸福晚年是保護老年人的合法權益。老年婚姻或情感存在著一些新的問題及干擾因素。整體而言，老年婚姻或情感狀況，可概分為六大型態，分述如下。

一、已婚

本類型泛指已經結婚的老年人。研究指出，婚姻具有良好的作用，已婚者比未婚者平均壽命長五歲（Woodruff-Pak, 1988），其緣由除了家庭具有社會整合功能，有配偶的人，較有社會支持力量，生活習慣較有規律且穩定，經濟情況較佳，若婚姻生活美滿，更能得到生涯及精神上的滿足（朱芬郁，2001）。白頭偕老、金婚、銀婚、鑽石婚，均是對持久恩愛、相依相憐的老年婚姻的慶賀與肯定。

已婚者有更多從事性活動的機會，由於性激素旺盛，是延緩衰老

的物質基礎，性荷爾蒙的分泌量增加，會使其身體或性活動力提高，以增長壽命（黃富順，1995）。此外，女性通常為另一半的健康把關，是兩人的社交參謀。根據芝加哥大學2000年在美國社會學年會的報告，以三年時間對3,000對夫婦所做的調查發現：通常為人妻者會提醒另一半運動、服藥及看醫師，並安排兩人的社交活動。

年老的男性多半會結婚，並從婚姻關係中獲得相當大的支持，而老年女性則是透過婚姻關係從中獲得相互支持彼此依靠的特性。通常結過婚的人比離過婚或寡居的人更能滿足於每天的生活，且對每日的生活抱持更正面的態度。因此，婚姻有助於提高生活中的士氣（劉秀娟譯，1997）；而大部分的老年婚姻都相當幸福。

二、離婚

本類型是老年夫婦在配偶生存期間，依照法定手續解除婚姻關係。通常夫妻離婚的主因是基於某種感受不願再與配偶持續生活在一起，放棄經營婚姻關係所導致。社會性別平權觀念、更寬容地看待離婚現象，以及退休安全制度的經濟保障等，則提供離婚行為更多外在的支持因素。

有三種限制離婚的主張，有責主義離婚主張夫妻一方以對方違背特定過錯或罪責行為，據以提出離婚，此為採過錯主義；無責主義離婚是以客觀因素無法達到婚姻目的，直接影響夫妻同居生活，例如失蹤、惡疾、生理缺陷等；破裂主義離婚則是夫妻雙方婚姻關係破裂，無法持續維持共同生活，配偶一方或雙方均可發動，要求離婚。上揭三種主張各有其立論基礎，唯近年來有逐漸向無責主義和破裂主義離婚發展的趨勢，將之作為不幸福婚姻脫困的一種手段，有助老人積極主動追求晚年的需要與真愛。

從現實面觀察，在許多國家熟齡離婚率皆呈現成長的趨勢。依據

內政部統計處（2015）統計，我國離婚對數變動狀況分析，離婚對數2000～2015年之平均年增率為0.52%，以婚齡三十年以上之離婚者平均年增率5.66%幅度最大。傳統上所謂「少年夫妻老來伴」；如今，老來卻各尋枝頭的案例漸增。顯示當人生下半場鐘聲響起，老來分手的現象正在增溫，「受夠老伴」現象背後，究竟隱含什麼意義？值得進一步探討。

三、再婚

本類型則是指涉鰥寡長者原有婚姻效力消失，又再與他人結婚。自1980年代以降，伴隨人口結構老化趨勢嚴重，老齡人口日增，老年再婚被視為確保老年人權的重要內容之一。

老年再婚的原因，一般是因為他們在配偶死後感到非常寂寞；而再婚正顯示對老年人來說，伴侶關係是一項非常重要的需求。男性比女性容易接受結交新伴侶或再婚的想法。Cleveland和Gianturco（1976）分析寡居老年人再婚的可能性時發現，鰥夫的再婚率比寡婦高。相較於女性，男性在配偶死後似乎較難獨自生活，他們會覺得十分寂寞，而再婚是減輕這些感覺的方法（引自劉秀娟譯，1997）。

在老年再婚的發展脈絡而言，「黃昏戀」與「老少配」是頗值關注的焦點。在黃昏戀方面，黃昏之戀美在情感上的相知相惜；日本老人多數透過老年婚介機構尋找另一半，而且把相親活動說成「去喝茶」。「老年之愛」是東京的一家老年婚姻介紹機構，目前擁有300名50歲以上的客戶；日本婚介所有17%的客戶年齡超過50歲（中國新聞網，2013）。專為60歲以上長輩所設計的網路交友網站，例如Netsenior.fr、senior.proximeety.com、senior-rencontre.com等，也不斷湧進更多退休族群。老了仍然要戀愛，甚至結婚，在歐美銀髮族群，似乎成為一股新的潮流（蘇曉晴，2017）。

在老少配方面，楊振寧與翁帆兩人共譜婚姻，傳爲佳話。法國大作家雨果和大畫家畢卡索八十多歲還和十八歲的少女相戀，也爲人們津津樂道，浪漫雋永。老年再婚是長者追求晚年幸福的表徵，只要排除錢財、面子、兒女認同、稱謂改變、情感調適或照護責任的預設，那就放手享受晚春愛情滋潤吧！

四、喪偶

本類型係指在中老年時配偶死亡。俗語：「少年喪父，中年喪妻，老年喪子」，乃是人生最悲慟之事。中老年喪偶，是比空巢老人更弱勢的群體。

派佛（Mary Pipher）在《可以這樣老去》乙書，提及一對夫妻，是丈夫先離開，婦人每天醒來都必須承受丈夫不在的事實，世界還是繼續，她卻不知道她自己是否可以支撐下去。她說：我的人生重心，不在於我，也不在於他，而在於我們之間（黃芳田譯，2000）。在老年感情生活，喪偶是非常重要、值得特別關心的問題。

在經年累月的婚姻當中，配偶間的互賴可能會深化滲透到對方的角色及活動，亦即將自身的安全感與價值建立在配偶身分與角色成就上，配偶的離去就不僅僅只是一個個體的離去，老年喪偶者也許將部分自身認同隨過世配偶而逝。這種現象，女性會比男性更明顯（Atchley, 2000）。研究發現：老年女性喪偶者會透過非正式的社會網絡而增加與社會接觸，而男性喪偶者者卻僅與配偶過逝前有社會關係互動的人互動。

相關研究指出，照顧罹病配偶與加速自己死亡有關。《新英格蘭醫學期刊》2006年2月16日刊登美國哈佛大學醫學院與賓州大學的一項研究發現（由國家健康研究所贊助的這項研究，分析老人醫療保險中，518,240對老年夫婦長達九年的醫療紀錄），丈夫或妻子生病，

可能加速另一半的死亡；配偶生病時，會使另一半產生壓力及失去支柱、伴侶、實質協助、收入和其他支援，以致危害另一半健康。這種現象被稱爲「親友效應」或「照顧者負擔」（caregiver burden），而老人尤其容易受到「照顧者負擔」效應的打擊。

　　喪偶是影響老年生活身體健康的首要因素。研究顯示，喪偶後之個體免疫功能會下降到原來的十分之一，極易引發各種疾病或促使原有疾病加速惡化，通常一年之內死亡率升高5倍以上，主訴多是意外、自殺、病毒感染或舊疾復發等。如何協助喪偶者走出悲痛，面對新的生活節奏與內容，顯得特別重要。

五、非婚同居

　　本類型是無法律障礙的兩性長者，雙方居住一處，共同生活在一起。俗指中老年男女非法定的結合而生活在一起。非婚同居（cohabiting unmarried person of the opposite sex）的雙方，不能是已婚者，此與違法的同居是不同的。

　　非婚同居已是現今社會發展的特色之一，而越來越多中老年人的非婚同居，不讓年輕男女爲主的同居，專美於前。美國老人不婚，流行「只同居、不結婚」的情感模式。根據2002年美國人口統計局的資料顯示，同居的美國老人愈來愈多。歐洲流行一個名詞，稱爲「分開住的共同生活」（Living Apart Together，或簡稱爲L.A.T）關係，是許多老人家流行的親密關係型態，兩個人共組生活單位，但仍分居於自己的房子裡，有自己的私有時間及空間，卻又相互關心與承諾。呈現意象是：不結婚、不同居，寧可只當男女朋友。

　　再者，「同居」與「走婚」現象也在中國大陸漫延開來。掀起同居潮的主因，是因爲老年福利缺乏，老人家只得靠自己相互照應，又想規避結婚涉及的親族權利，同居是最簡便的方案。「走婚」，原是

雲南瀘沽湖納西族摩梭人的婚姻特點,也就是「男不娶,女不嫁;夜晚來,天明去」的阿夏走婚習俗。近幾年大陸北京、天津等城市流行「走婚」的婚姻形式,生活費用各出一半;將來一方如果生病,由各自的子女接回家照顧,比率大約在10%左右。

在愈來愈長壽的時代,老年人認為這種關係可以避免複雜的遺產問題。中老年非婚同居日增的現象,正為一般人理解的婚姻型態,尤其是在兩性關係的結合形式,導入更多元化的選擇。

六、獨身

本類型主要指單獨一個人,尚未結婚者。上野千鶴子在《一個人的老後》乙書提及:一個人生活的基本要點,就是必須耐得住寂寞。擅於過獨居生活者,不僅懂得享受獨處的樂趣,也能保有不錯的人際關係。

大約有4%的老年人沒有結婚。相對於一般社會孤單、孤立的印象,大部分未婚的老年人會與其他親戚建立互惠支援關係,特別是手足或是朋友和鄰居。透過社會網絡,相較於已婚者,獨身未婚者在社會上顯得較積極與擁有更多的資源,特別是和年輕人、朋友、鄰居和手足在一起時。

尤其是因為他們獨居,他們比其他人更可能向正式的服務求助。當需要協助時,比已婚者更可能求助於手足、朋友、鄰居和需要給付的協助者。相對於鰥寡者,會更滿意自己的生活和較自我依賴與更重視現在。習慣獨立的生活,他們不感到寂寞(林歐貴英,2001)。換言之,老年期想要擁有快樂生活的秘訣,就是要去結交朋友與其他人來往,特別是獨身未婚者,這樣可以讓自我的生活變得更充實與更易度過。

誠然,老年獨身未婚者有較高比率的抑鬱、孤單、社會隔離,以

及更可能使用正式的社會服務。但是，若能依自己的興趣，參與老年相關團體活動，增進知能並且活化身心，積極擴展社交生活圈，也可使晚年不孤單與寂寞，安享恬然活力的生活。

第三節　老年夫妻關係經營

老年期的婚姻所涉及的複雜因素，較諸年輕夫婦的情形，有極大的差異。如何擁有優質的老年夫妻關係？除了客觀社會環境因素，主觀的老年夫妻雙方，可以從以下六方面去共同努力：

一、涵泳情感的親密憐愛

憐愛，是老年夫妻生活的血脈，滋養並讓生活充滿生氣與活力。這也是經營老年夫妻婚姻關係的根荄與基礎。疼惜、柔情洋溢的憐愛，是老年夫婦生活的血脈，傳輸到兩人每一個細胞，滋養並讓生活充滿生氣與活力。所謂無憐愛的老年夫妻，是空的。應理性看待的是，不同階段的婚姻，自宜採取合適的相處之道。年輕夫妻以建立親密的關係為主；老年夫妻則在培養伴侶關係，重視的是「老來為伴」。老年人容易孤寂，也最怕寂寞，老年夫妻就是最好的同林鳥，值得珍惜。憐愛是老年夫妻至愛真情的體現，是婚姻關係維繫的關鍵，恩恩愛愛，憐愛一生，這是經營老年夫妻關係的首要。

二、培養共同嗜好與興趣

嗜好與興趣是老年夫妻晚年生活的潤滑劑與安全瓣。研究顯示，退休後增加時間在一起從事活動、拜訪朋友等，均對婚姻滿意度有正

面的影響（林歐貴英，2001）。今野信雄《退休前五年》：當一個人埋首熱衷於興趣嗜好時，他的心情是開朗的，沒有興趣、嗜好的丈夫，結果會很在意妻子的一舉一動。空巢期的家庭，夫妻相處、互動機會增加，也意謂著彼此磨擦的機會增多；宜培養彼此共同的興趣，重新規劃生活，發展雙方滿意的生活方式。共同的嗜好與興趣為老年生活內容提供潤滑的滋養，更重要的是，夫妻活動作息的節奏相契合，不但增進彼此一體感，也降低婚姻外遇出軌的風險。這些可透過退休生涯規劃來安排進行。

三、調適彼此角色與期望

「無角色的角色」（rolelessness）是老年退離職場後的特徵之一。此期極易為夫妻關係帶來巨大的衝擊，是老年婚姻的高風險時期。如何轉化「無角色的角色」成為具影響與需求力的「家庭生產者角色」，至為關鍵。夫妻必須在婚姻中學習調適改變角色與期望。其中，退休即是一種頗困難轉變，尤其是當配偶未能同時退休，或是婚姻的滿意度已在退休前降至最低。再者，對角色期待的商議失敗，如在退休後對家事分配意見不同，會導致爭論和意見不合。夫妻間面對角色的改變，應透過溝通調整彼此角色期待與分工，為良好婚姻關係作出具體積極性的努力與貢獻。

四、尊重雙方的生活空間

人雖是群聚的動物，但是無法否定是獨立個體的事實，各有其性格、習慣，以及期待獨自品嘗隱私與空間領域。今野信雄《退休前五年》：退休後丈夫的生活守則之一，就是不要侵犯太太的主權、地盤，否則後果堪慮。是的，老年夫妻在丈夫退休後，會出現角色互易

的現象，一家之主的權威角色式微，轉爲依賴妻子。因此，丈夫勿侵入「她們的家事地盤」。其次，老年夫妻給予對方獨處的空間，是重要的。懷舊、回憶，或徜徉在自我悠然的想像世界中。所謂生活空間是包括實體空間與心靈空間，無限寬廣的。尊重老年夫妻雙方的生活空間，是彼此親密憐愛感情婚姻活力的蓄積，也是老年夫妻婚姻的必修功課。

五、持恆成熟穩定的性趣

性，終生現役，已是老年夫妻性生活的新主張。表達性慾是維繫兩個人感情的一個基本要素，而性生活美滿的伴侶感情更有可能長久。性趣已突破性交層次，提升至親密感與溫馨溫暖的感覺，撫摸、愛撫和按摩，或一起共坐、躺在床上等，也是一種性的表達方式。相關研究指出，持續的性活動，有助生命延年益壽。健康的性生活能夠讓伴侶間更親密，感情更好。因此，若能擁有健康的性心理，持續的性趣維繫，享受美妙的性生活，終生都要性愛現役，不斷地爲老年婚姻營造優質元素，實是夫妻相處的基本功。

六、重溫往日甜蜜的時光

觸動老年夫妻彼此往日甜蜜歲月的懷舊思緒，樂道往事，追憶過往的事蹟，是重要的。懷舊是新銀髮族的整體特色之一。當從職場轉退，休閒時間增長，成長期的種種記憶，從內心深處浮現。老年夫妻不妨偶爾安排重遊往昔幸福片段時光的晚餐或電影，營造牽手散步、共享單獨相處和交談的機會，彼此深長的擁抱，是極富韻味的。尤其是一些具備懷舊元素的事蹟、照片、音樂、衣物、景點、小吃、親人、朋友、初戀約會的地方等，透過彼此親臨現場的身分，形成共同

的感受與話題，促進雙方珍惜現今種種，得之不易，要齊心呵護。重溫往日共度的時光主要是增進老年夫妻「老伴」的意象，幸福感的增強與提升，正是老年夫妻關係正向能量的體現。

第四節　特殊議題

議題一　我受夠你啦！熟年離婚潮 方興未艾

「婚姻」是一個非常普遍的社會制度；「受夠老伴」啦！為什麼有些老年夫妻將離婚視為不幸婚姻之下，可接受的選擇？

離婚是一種法律規定和個人行為。「熟年離婚」（late-life divorce）一詞來自日本，是指50歲以上在「熟年」範圍內的夫妻，由於種種原因而離婚的現象。為何更多熟年的人，將離婚視為一種不幸福婚姻的選項？熟年離婚率增長的趨勢，是否意味著中老年配偶之角色適應困難？抑或有其他更廣泛的因素涉及其中，因而撼動「愛」家庭的本質導致逐漸失溫呢？

廝守一生「沒電了」！根據俄亥俄州博林格林州立大學「全國家庭與婚姻研究中心」的統計，2014年，50歲以上（含50歲）的人離婚率是1990年的2倍，65歲以上者增幅更高。研究指出，熟年離婚增多的最大原因，可能是女性地位的改變。根據「美國退休人員協會」（AARP）的資料，40歲後離婚案例，60%是由女方提出。這並不意味男性不會厭倦婚姻，只是凸顯是女性採取決定性的一步。多數的夫婦在邁入55～60歲時，子女通常已經有自己的生活，覺得他們的夫妻關係不應再受子女支配；設若退休調適不佳，夫妻關係的裂縫擴大成為破口，感情距變得更明顯。

嚴肅且有趣的問題是，同樣誕生於戰後嬰兒潮熟年世代，何以有人能擁有良好品質的親密關係及扮演恰如其分的角色，有人卻身陷困頓苦情之境？甚而將家庭引入空前的風暴。人到老年，夫妻早已經過了婚姻的磨合期。當新鮮感消失，激情也已不在，我受夠你了！離婚成為個人情感困擾時最便捷的解脫選項。中高齡配偶之間的角色適應與互動關係是一個需要關注的議題。

的確，熟齡離婚升溫，離婚率的變動深刻地承載社會的風向與變遷；當然，也帶來單親家庭、問題子女、社會失衡等社會問題

根據美國國家健康中心的統計，從1981～1991的十年間，整體的離婚率減少1.4%，但是結婚三十年或更久後的離婚率卻增加16%（Arp & Arp, 2003; 2004）。林一芬（2012）「銀髮離婚革命」報告指出，2010年美國46～64歲的成年人口中，高達三分之一處於離婚、分居與從未進入婚姻的單身狀態，相較於年輕族群的結婚率降低，「熟年離婚」的社會趨勢將更明顯。

臺灣鄰近的日本、韓國，熟齡族離婚的情形也是急速升溫，愈演愈烈。據統計，日本截至2014年熟年離婚的人數，十年內增加1倍，結婚超過二十五年的夫婦出現「熟年離婚潮」（孫蓉萍，2014）；韓國近年來，結婚二十年以上的夫妻離婚率也快速提高，最高時占全國總離婚率四分之一，呈現高比例的熟年離婚率。

臺灣嬰兒潮世代熟年族約有480萬餘人，依據內政部統計處內政統計通報，我國離婚對數變動狀況分析，離婚對數2000～2015年之平均年增率為0.52%，以婚齡三十年以上之離婚者平均年增率5.66%幅度最大；同時，三十年以上離婚者所占比率較1999年多2.51個百分點。顯示熟齡離婚者升高情形已有明顯變化，因之所帶來的社會問題，獨身、老齡感情、單親家庭、問題子女、社會失衡、長期照顧等，自當妥適研擬因應方案。

值得進一步深度思考的是，「受夠老伴」現象將持續上升，熟齡

離婚嚴峻，如何降溫或想方設法解套呢？日本新近興起的老夫老妻，熟年「卒婚」，思考另闢蹊徑，企圖尋出新的出路

研究指出（林一芬，2012），2030年嬰兒潮世代皆逾65歲時，預測屆時老人的離婚率將增加，男性由5％升至9％；女性由5％升至15％。離婚數字未來會更高，顯示現代男女婚姻的未來十分悲觀。這種幾乎以倍數成長的熟年離婚「受夠老伴」現象背後，究竟隱含什麼意義？是否有其他可能的發展呢？

日本是相當成熟的高齡社會典範，從日本的社會流行趨勢，總是可以看到值得深思和參考的新觀念。杉山由美子在2004年《推薦卒婚》（卒婚のススメ）一書提出「卒婚」這個名詞，「卒」代表「完成」，亦即「畢業」的意思。「卒婚」可以解釋為，修完婚姻這門課的學分，從婚姻中畢業了之意。強調退休後彼此協議過著兩地夫妻的自由生活，精神上互相關心，生活上互不干擾，有別於因感情不睦而離婚或分居的意義。

對於彼此都認為無法再共同生活下去的老夫老妻而言，離婚不再是最便捷的解脫選項或唯一的出口。緣盡情未了，協議分居各自消遙，追尋未完成的夢想；依然認定彼此，距離美感，讓關係加溫。「卒婚」凸顯「彼此依舊認定對方為自己此生的終生伴侶」的深意。我們有理由相信，「卒婚」將為正陷於熟齡離婚浪潮的夫婦，燃起一盞航行定向的明燈。

議題二　熟齡婚活！年齡不是問題，心態才重要

人都有愛與被愛的渴求；孤獨死、下流老人等字眼在日本社會發燒，導致許多人深感不安，尋找老伴的熟齡「婚活」現象，正如火如荼流行中

為了結婚而舉辦的活動，日本稱「婚活」，這類結婚聯誼多半

是適婚年齡者才參加。根據日本婚友社一份調查顯示，參加熟齡婚活的人當中，50～59歲首次結婚的男人居然將近六成，比再婚人多出許多。反觀同齡女人則有七成以上都是再婚（林秀姿，2015）。日本來臺設立的聯誼公司Party Party，正瞄準超熟齡者的尋伴商機，為專屬於四、五年級生搭起交友的橋梁（陳雨鑫，2016）。熟齡婚活能在日本社會引發熟齡族群共鳴，離婚率越來越高是影響原因之一，尤其50歲以上離婚率，近二十年來增加3倍之多；另外，許多人「晚婚」也是一項重要的因素。

　　大前研一在《後五十歲的選擇》書中指出，50歲的人生要活在當下，如果有想做的事，就立刻去做。法國官方統計局（Insee）調查顯示，2006年介於60～65歲結婚的長輩，增加18.5％；2011年，則有2,600對超過70歲的銀髮佳偶結成連理。的確，誠如《越活越美麗：6位熟齡女人的智慧對話》（簡宛，2012）一書中，透過6位50～80歲熟齡女人的故事與智慧對話，讓我們看見在不同的領域隨心揮灑，創造出自己新的天空，並能越活越美麗，老得優雅而快樂。

　　尋找讓自己圓滿的對象不論年齡，對異性的戀慕之心，都能讓人充滿活力，發現未知的世界；老來伴儼然是生命最後一哩路的幸福關鍵

　　「愛情能使每一個器官發揮出雙倍的功能。」莎士比亞如是說。一項調查顯示，當喪偶者、失去婚姻的老人再婚或者談戀愛時，他們覺得自己「變年輕了」、「皮膚變光潔了」，甚至還有人說自己「不再受病魔折磨了」、「生活得更有意義了」等等（彭蕙仙，2006）。可見，戀愛對慢慢步入黃昏之齡的人而言，有其正向意義。

　　日本第一生命經濟研究所主任研究員小谷指出，與三十年前不同，老人談戀愛不再是「丟臉」的事，他們成年的小孩甚至感謝有人幫忙照顧自己的父母；老年結婚是值得日本政府獎勵的政策（雷光涵，2015）。更準確地說，老年結婚確實能降低輕度長照險的使用頻

老年社會學

率。沒伴侶的老人缺乏談話對象、不關心時事、不看新聞，升高罹患失智症風險。

浪漫，不是年輕人的專利；黃昏之戀是高齡社會新趨勢，只要有心，50歲的人一樣可以過著幸福的伴侶人生

在低欲望社會中，新世代「向內、向下、向後」，喪失成功欲，只在乎小確幸（駱香雅譯，2016）。當日本適婚年齡的男女出現「婚活倦怠」的「戀愛真麻煩症候群」已經泛濫到近半數，變成社會特質而非毛病（劉黎兒，2015）。熟齡渴求有一個特別的人能欣賞、看重、需要自己，或許熟齡之愛並無大起大落，卻展現著黃昏時薄暮霞天的千變萬化，以及行過大半人生後回甘的甜蜜與感懷；熟年「婚活」的談情說愛，正為老年伴侶生活注入激情活躍的快樂元素。

📖 延伸閱讀

陳冠貴（譯）（2017）。杉山由美子（著）。卒婚：不離婚的幸福選擇（卒婚のススメ）。臺北：時報出版。

李毓昭（譯）（2014）。吉澤久子（著）。一個人，不老的生活方式（達人吉沢久子老けない生き方、暮らし方）。臺北：太雅。

馥林文化編輯部（2013）。熟年婚姻白皮書：夫妻間不能說的祕密。臺北：馥林文化。

Chapter 8

老年的居住安排與長期照顧

- 老年的居住安排
- 老年居住的型態
- 老年居住安排與長期照顧選擇
- 特殊議題
- 延伸閱讀

「自己的家最舒服——也就是不管身在何處,讓自己覺得是
專屬的生活空間,住得慣、使用得慣,就是最好的住所。」

——上野千鶴子

　　您我都會變老,年老後,要住哪裡?您安排選擇哪種居住型態,
是跟配偶同住、子女同住或是獨居?當身衰體弱生活無法自理時,基
本醫療與居家生活的服務及支持系統在哪呢?這是你我早晚要共同面
對的問題。

　　當「長期照顧」已成為生、老、病、死之外,第五個無可迴避的
常態風險(normal-life risk)時,老年居住、在地老化與長期照顧三者
正烘托出老年生活的關鍵元素——友善老年的環境。沒錯,「在地老
化」揭露長者應在最熟悉、最放心的社區環境終老,「長期照顧」承
載老年「自主尊嚴」的發想,輸送普及、優質、平價,且具可及性與
適足性的長期照顧服務,兩者啟動老年居住安排選擇的利基。不論是
選擇三代同堂、與配偶同住或獨居,或住在安養機構,以及採取長宿
休閒(long stay)方式,老人之居住安排宜視自己的個性、習慣、喜
好、經濟能力和各種環境資源,選擇最適合自己居住的方式,以期老
年生活過得安適、尊嚴。

　　據此,本章首先著力於分析老年的居住問題、在地老化概念,以
及影響老年居住選擇因素;其次,說明國外與我國老年居住型態的情
形,藉以勾繪老年居住安排整體圖像;最後,從長期照顧視角,企圖
具體呈現老年居住、在地老化與長期照顧三者的關聯性,揭露友善老
年環境的可欲性。再者,近年因應在地客製化的需求,國內外發展出
許多極具特色的長期照顧服務模式,諸如:小規模多機能照顧模式、
走動式照顧服務模式(all in one)等,本章將深入探討。

 # 第一節 老年的居住安排

一、老年居住問題

　　老年人居住安排是**21世紀各國政府和家庭面對人口老化挑戰的重要議題；老齡人口比例逐漸增加，子女數相對減少，加上整體社會快速變遷，使得老人的居住問題所牽涉的因素，愈顯複雜，例如銀髮產業老人住宅的興起，長期照顧體系的建立，其背後即隱含著老人居住安排選擇的轉變，已邁入更多樣化的模態**

　　「生得少，老得快」現象是少子高齡化社會的寫照，老年居住問題面臨極為嚴峻的關鍵時刻。伴隨老年人口日增趨勢明顯，以及家庭結構型態轉變，使家庭原本功能產生變化，願意或能夠與子女同住的比例卻每況愈下，進而影響老年人的居住安排。西方社會的老人大多數屬於「獨居」或「僅與配偶同住」的居住安排；美國社會強調個人自由與隱私，一般老人較偏好與配偶同住或獨居，約有七成以上老人的居住安排屬於獨居，或僅與配偶同住（Wilmoth, 1998）。

　　就臺灣而言，早年受到傳統社會「養兒防老」觀念影響，年老的父母往往希望未來能與子女同住，這是東方社會與西方社會存在的差異，此種文化上的差異影響老人的居住安排選擇。現代化社會變遷衝擊傳統「養兒防老」機制，在經濟快速成長，國民所得提升，帶來社會急劇變遷，人口朝都市集中，大家庭結構逐漸解體，核心家庭制度代之而起，造成代間同住意願的差異，凸顯老人居住安排選擇將更趨於多元。

　　另外，值得重視的是，由於傳統結構對老人照護功能逐漸喪失，

影響老年居住安排的轉變，重新思考選擇理想養老居住方式，或強化老人福利機構的居住意願。當然，也揭露長期照顧體系的重要性。

老人因其特質受限於居住環境因素較大，是以在選擇住所、鄰居、社區的環境，比其他年齡族群更為嚴格；由於家戶組成規模縮小，老年居住安養方式趨向多元選擇，大體包括：在宅安養、社區安養、機構安養

一項研究指出，老人比其他族群如孩童或其他個人，更受限於其居住的環境中，因此，其住所、鄰居、社區的環境比其他年齡族群要求還要更嚴格；而老人所居住的環境也提供了學習、完成、競爭、互動和激勵的機會（Cox, 1993）。在平均餘命延長，退休離開職場後，還有將近三分之一的生命在第二人生中，此期的生活型態與居住環境，則成為人生晚年最重要的舞臺，從而襯托出老人居住安養的重要。

一般來說，提供老人居住方式約有三種，包括：在宅安養、社區安養、機構安養。在宅安養是接受子女扶養照護；機構安養則是依其生活自理程度，分別住在安養或養護機構，過著群居的生活型態；而社區安養是導源某種原因未與子女同住，而獨居或與配偶居住於社區之中，獨立料理生活。易言之，在社會與家庭組織型態快速變遷之下，老年居住安養將可擁有更多的選擇。

臺灣老人居住問題正快速浮上檯面，家戶組成之規模持續縮小，居住型態漸朝向「核心與小型化」，成年子女與父母同住的意願也逐漸降低。據統計，臺灣整體人口增加有限，但是戶數卻明顯增加，以「單人戶」、「夫妻戶」居多，前者有很多是獨居老人，後者老人的比例也增加得很快。此現象正顯示，老人居住安排問題已進入深水區，亟須導入更積極正面的優化元素。

二、在地老化

在地老化是老年居住安養的主流趨勢；這個概念起源於1960年代的北歐國家，主要目的是讓老年人能居住在自己所熟悉的環境自然老化，用在地的資源得到完整的照顧，增進他們獨立尊嚴的生活，儘量避免必須入住機構式的照護

「老化」是人生常態，這個過程應該在老人最熟悉、最放心的社區環境中進行，此已為目前已開發國家的共識，以及長期照顧改革的目標。目前全球的主流趨勢是「在家變老」。

「在地老化」（aging in place）的概念乃源自二十世紀中葉的北歐國家，從最初因照顧老人以機構為主，因缺乏隱私又生活拘束，不夠人性化，轉而興起回歸社區或家庭的做法，用在地的資源照顧老人，居住在自己所熟悉的環境自然老化，由在地人照顧在地人，讓長輩盡量延長健康年歲，延遲入住照護機構的時間。1990年被普遍接受，成為許多北歐福利先進國家老人照顧政策目標。

美國加州的「高齡資源網」（Seniorresource.com）認為「在地老化」係指：住在已居住多年的場所，或住在非健康照護的環境，使用產品、服務與便利性，而毋須搬家或改變環境；並提出六點在地老化的理由：(1)舒適的環境；(2)獨立的感覺；(3)方便取得服務；(4)熟悉感；(5)安全及有保護；(6)親近家人（Seniorresource.com, 2009）。

Davey（2006）指出，在地老化是老化政策及高齡者所喜愛的，擁有房子並住在家裡的高齡者，可透過自己的能力保持家裡的良好狀態、安全、合適及舒適。「原社區終老」、「社區化」或「在地化」，已是現今美、英、德、瑞典、日本、澳洲等國，因應高齡社會的共同指導策略。

我國為因應高齡化與少子女化的雙重衝擊，借鏡西方國家老人照

顧服務的經驗，在20世紀90年代開始逐步進行「在地老化法制化」行動，在老人居住安排選擇上，展現更穩固的安定力量

(一)社會福利政策綱領

行政院2004年2月13日修正核定的社會福利政策綱領，亦以落實在地服務讓老人以在家庭中受到照顧與保護為優先原則，機構式的照顧乃是在考量上述人口群的最佳利益之下的補救措施，各項服務之提供應以在地化、社區化、人性化、切合被服務者之個別需求為原則。

(二)家庭政策

2004年10月18日行政院社會福利推動委員會第八次會議通過「家庭政策」亦揭示應支持家庭照顧能力，分擔家庭照顧責任，同時提及應規劃長期照顧制度，支持有需求長期照顧老人之家庭，減輕其照顧負擔；也應培養本國籍到宅照顧人力，減輕家庭對外籍照顧人力的依賴。

(三)老人福利法修正案

2007年1月12日立法院審議三讀通過之老人福利法修正案，亦以老人照顧服務以全人照顧、在地老化、多元連續服務為規劃辦理原則，並充實居家式服務措施內涵，增訂社區式服務項目等。由是，未來老人住宅將以「社區化」為原則，不但讓子女方便就近照料，老人也不致斷絕社區的人際網絡。鼓勵老年回歸社區主流的居住模式，開啟老年居住安養「在地老化」、「在宅臨終」的雙贏勝局。

(四)「長期照顧服務法」

本法共七章66條，2017年正式上路。內容涵蓋長照服務內容、人員管理、機構管理、受照護者權益保障、服務發展獎勵措施五大要

素;為我國長照發展重要之根本大法,整合攸關國內七十多萬失能家庭的各類長照資源,使資源更全面,服務更有品質,失能者得到適當的照顧。尤其是將長期照顧結合在地終老的理念,將照顧輸送到家,讓長輩居住在熟悉的環境終老。

三、老年居住選擇影響因素

對老年人而言,居住安排是家庭生活與支持系統中最重要的基礎;問題是,哪些是老年居住選擇的影響因素?大體而言,可從人口結構因素、都市化因素、社經人口特質因素以及居住偏好因素四個向度加以瞭解

(一)人口結構因素

首先,就是人口結構因素決定老年父母與子女同居的最大可能性。人口組成變遷影響家戶組成,而改變了父母與子女代間共居的基本結構。人口結構變遷因素對居住安排的影響,主要是認為死亡率及生育率的變化,會影響長者的居住安排;當父母所擁有的成年子女數量不同時,共居傾向對老年居住安排的影響程度也不相同。是以,老年父母所擁有的子女數愈多,與子女同住的機會即愈大;反之,少子女化則造成與子女同住的機會即愈小,更遑論無子女者。

(二)都市化因素

研究顯示,都市化是影響家戶型態變遷原因之一;工業社會流動頻繁,大家庭不利於流動,轉向於某種形式的「夫妻」小家庭體系。從都市化程度觀察,居住於都市的長者較重視隱私與獨立,因而傾向獨居或僅與配偶同居;其次,就教育程度而言,教育程度愈高愈傾向選擇獨立自主的生活,形成不與成年子女或老年父母同住的生活型

態；再就年齡來說，不同年齡的人經歷的社會環境不同，因而對於居住的偏好與價值亦有差異；愈年輕者愈不傾向與父母或子女同住，故而形成較多的核心家戶。這些因素皆對老年居住安排產生影響。

(三)社經人口特質因素

社經人口特質因素包括：性別、婚姻狀況、所得、健康狀況等，亦可能會影響老年人與子女同住的機率。研究顯示，男女兩性平均餘命的差異，有可能影響獨居比例。已婚、離婚、喪偶或與配偶分居的長者，與子女同住則呈現不同的居住選擇。所得多寡會影響長者的居住選擇，高所得者有能力選擇偏好的居住型態，低所得者則不可能選擇獨居。當出現健康問題，需要他人協助生活時，其生活重心將由享受生活，轉移至延伸生命的目標，對於居住選擇側重完善的照顧環境以及照顧者本身。

(四)居住偏好因素

有關長者在居住偏好因素與居住選擇的關係，可從對子女的偏好和對原居地的偏好兩方面瞭解。相關研究顯示，「是否有子女」的確會影響長者居住安排；從子女身上所獲得的各種支持，皆是朋友、鄰居所不能全部替代的。其次，長者對原居地久居深富情感，不肯輕易遷徙；同時，原居地社會網絡關係的深具影響，長久建立的鄰居社群網絡，亦是維繫著長者能持續參與社會的方式之一。

第二節 老年居住的型態

一、國外老年居住型態舉隅

國外老年居住的基本型態：獨居、與配偶同住，以及與子女或孫子女同住三種；研究顯示，嬰兒潮世代對於退休生活品質要求較高，希望能住多元又有豐富生活機能的老人複合式住宅（Planned Elder Residential Complexes, PERCs），以符應對於退休生活的期待，先進國家行之多年，運作成熟，甚受長者喜愛

從老人居住安排之國際趨勢觀察，歐洲及北美洲國家的老人有七成爲獨居，或僅與配偶一起生活的獨立居住安排，只有四分之一與子女或孫子女同住，而獨居老人往往比那些與子女同住者，有較高的經濟社會地位（UN, 2005）；美國社會強調個人自由與隱私，一般老人較偏好與配偶同住或獨居。獨居、與配偶同住，以及與子女或孫子女同住三種爲基本居住型態。

據此，針對其獨居或與配偶共居爲主的特色，茲就近年甚受矚目且快速發展的各國老年複合式住宅推動情形，撮述其要。

(一)美國：大學連結退休社區

美國是退休社區之發源地，1980年代發展出「大學連結退休社區」（University-Linked Retirement Communities, ULRCs）之型態，是一種新型態的退休居住模式，主要在於針對成人學生大量進入校園，形成「灰色校園」（the graying of the campus）所採取的因應途徑之一。此一設置於校園中或校園附近的退休社區，能發揮校園環境的功

能，充分運用大學校園中，因E化學習之興起而空出的設施與空間，同時也能發展出一個有利於學習的環境。迄今，美國已有超過一百座與大學連結的退休社區，且數量仍在持續增加中。康芒斯（University Commons）與克洛斯（Holy Cross Village）兩座退休社區，運作規範可供參考（朱芬郁，2007）。

(二)日本：高齡者住宅

日本人口結構老化的程度，居世界之首，並於2005年進入超高齡社會（20.2%），每5人之中即有1位年滿65歲的老人。日本在老年居住規劃，展現非常多元的風貌，「在地老化」是主要特色，目前「小而廣」是高齡者住宅的主流，重視老年住宅的規模小，量體小，便於居民彼此熟悉且需要安全感，透過普遍設立，支持各地區老年人能社區終老，在地老化。這種高齡者住宅規劃類型，藉由「跨世代融合」的住居型態，讓老人住宅融入社區，使之活得更人性化，進而延長健康壽命，極富指標性意義，例如：愛知縣的「五點過後村」（5つの村の後）、神奈川縣的「長壽園」（長寿パーク），皆具代表性。

(三)瑞典：高齡者服務住宅

瑞典是全球人口結構老化程度較高的國家，預估在2030年，65歲人口數將占全國總人口數的23%，位居超高齡社會。興建不同需求的老人住宅、照護機構，落實「居家養老」，以及如何提供適足性的資源，能讓各種收入的老人，有條件的自由選擇居所，活得有尊嚴，是瑞典政府大力推動的重點政策。「社會福祉法」揭示：儘量排除機構化的居住，讓高齡者在宅終老是社會住宅政策的最終目標。瑞典實行的居住養老的型態有三種：高齡者服務住宅、養老院、居家養老。

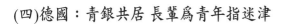

(四)德國：青銀共居 長輩爲青年指迷津

德國一間青銀共居住宅Geku-Haus，長者替年輕人找工作、估預算表，還會親手幫年輕人做提案模型（Prototype）（蔡佳安，2015），爲老人居住安排開啓世代融合的創新做法，值得引介。位於Essen的Geku-Haus，出租給長者與青年，長者多是擁有特殊工藝的職人，青年多是藝術家或從事廣告行銷。一樓是咖啡廳與跳蚤市場，二至五樓是公寓，六樓提供年輕人辦公，七樓則是長者與青年互動的交誼廳。

Geku-Haus文藝氣息濃厚，每層公寓的住戶都擁有一筆1,500歐元公基金，用來購買藝術品妝點公寓走廊，無論男女老少，都須參與這場會議，共同決定要採買哪些藝術品。在這棟大家庭內，青年忙於工作，長時間坐在電腦前，退休長者幫忙孩子們採購，買回來的食物、生活用品一一放進各房間門外的菜籃。一方面讓年輕人專心工作，也增加長者的成就感，讓他們有被需要的感覺。

(五)養老院的青銀共居新模式

◆荷蘭：Humanitas home養老院租房間給大學生

近幾年來，荷蘭的房價不停地上漲，租金越來越貴，年輕人只能望房興嘆。荷蘭每個大學生平均每月要承擔的租金超過400美元，是一筆不小的負擔。針對這種情況，Humanitas home養老院決定把院裡多餘的房間，租給當地大學生。大學生們的代價就是，要付出時間。他們每個月至少要花三十個小時，陪伴這裡的老人們。這段時間裡，學生們可以帶老人們出去散步、教他們用電腦、一起看電視，只需要付出一點點耐心和時間，就像對待自己的爺爺奶奶那樣。這種「代代溝通」的模式，受到大家的歡迎。隨著年輕人的入住，老人們臉上的笑容越來越多。

◆美國：養老院＋幼兒園

　　美國西雅圖（Seattle）的一個組織，將養老院和幼兒園開在一起，組成「代際學習中心」。顧名思義，就是跨代交流學習的中心，兩者碰撞出奇妙的化學反應！中心每星期向孩子們開放五天。孩子們走進養老院後，給老人們的生活帶來了翻天覆地的變化，這一個個小天使，為他們枯燥、孤獨的晚年生活帶去新的樂趣。孩子們在「代際學習中心」，會跟老人們一起吃飯、玩鬧，還會一起做活動。這種將養老院和幼兒園開在一起的模式，治癒了老人的孤獨感。這種模式越來越受歡迎，截至2015年，全美已有大約五百個養老院＋幼兒園聯辦場所。

二、臺灣老年居住型態現況

　　臺灣老年居住基本型態為：與子女同住、僅與配偶同住、獨居、親朋同住、安療養機構、其他等。在生育率急速下降及平均餘命延長雙重影響下，人口老化速率加劇，家庭組成結構產生極大變化，老年與子女同住為主的共居照顧形式，逐漸鬆動，銀髮老人住宅的興起，值得關注

　　臺灣地區老人居住型態，依據歷年行政院內政部臺灣地區老人狀況調查，採用的項目包括：與子女同住、僅與配偶同住、獨居、親朋同住、安療養機構、其他等。值得觀察的是，在老人居住型態「與子女同住」、「僅與配偶同住」、「獨居」的占比變化波動情形。2013年「與子女同住」64.3%，相較1986年70.24%，減少5.94%；「僅與配偶同住」增加6%；「獨居」則維持在11%左右，如**表8-1**。此變化趨勢透顯出逐漸向「核心與小型化」家庭挪移的現象。

表8-1　臺灣地區老人居住型態變化情形　　　　　　　　單位：%

年別	與子女同住	僅與配偶同住	獨居	親朋同住	安療養機構	其他
1986	70.24	14.01	11.58	3.03	0.78	0.36
2005	57.28	22.20	13.66	0.76	2.26	3.84
2013	64.3	20.6	11.1	0.6	3.4	

說明：子女同住（包含兩代家庭、三代家庭、四代家庭）。

資料來源：2013年「老人狀況調查報告」（衛福部，2014）。

　　張正明（1993）的研究發現，20～39歲之女性期望與丈夫父母同住的比率，從1973年56%下跌至1976年45%，顯示子女願意與父母同住的比例降低。Chattopadhyay和Marsh（1999）比較臺灣1963年與1991年間，老年居住選擇發現，子女與父母同住者明顯減少，更多的子女因為某些客觀的因素而無法與父母同住，但仍然會提供金錢上的資助，以盡照顧責任。薛承泰（2008）分析1990～2005年間老人的居住狀況指出，「與子女同住」為老人居住主要方式，「獨居老人」則要特別加以關注。上揭研究亦支持臺灣老人居住安排的主要型態，可能產生變化。

　　另外，依據2013年老人狀況調查報告（衛福部，2014）顯示，65歲以上老人未來理想居住方式，以「與子女同住」為最高，占65.7%，其次為「僅與配偶同住」之16.0%，「獨居」9.2%，如**表8-2**。與2007年比較，「與子女同住」者減少2.8%，「獨居」者增加2.3%。未來生活可自理65歲以上老人，一成四表示「願意」住進老人安養機構、老人公寓、老人住宅或社區安養堂，與2007年比較，減少3.6%。就教育程度別觀察，教育程度愈高者，表示「願意」之比率相對較高。

老年社會學

表8-2　臺灣老人理想居住方式調查（65歲以上）　　　　單位：%

居住方式 年別	與子女 同住	僅與配 偶同住	獨居	與親朋 同住	與安療 養機構 老人同 住	其他	很難說 或拒答
2009.06	68.5	15.6	6.9	1.3	2.6	0.2	5.1
2013.06	65.7	16	9.2	1.3	1.4	3.2	3.3

資料來源：2013年「老人狀況調查報告」（衛福部，2014）。

　　總括而言，「與子女同住」、「僅與配偶同住」的老年居住型態，在一定時間內仍將是臺灣老年居住方式的主流，這也為「在地老化」的安養理念，灌注更堅厚的需求力道。

　　由於教育程度提高、家庭結構及社會倫理價值觀改變，單身高齡者及高齡夫婦的數目增加，衍生龐大的居住及照護需求，預期未來願意住進老人住宅有漸增的趨勢，謹將臺灣目前銀髮住宅發展情形，梳理如下。

(一)各縣市興建老人公寓

　　內政部從1990年起特別制定規章，鼓勵並補助各縣市興建老人公寓以為因應。例如新北市立仁愛之家的「頤養園」、臺北市木柵區的「松柏廬」、「臺南市老人長青公寓」，以及高雄市採公設民營委託佛光山慈悲基金會管理的「崧鶴樓」、財團法人臺灣基督長老教會雙連教會附設新北市私立雙連安養中心等。

(二)民間團體及企業興建的各種銀髮養生住宅

　　民間團體及企業注意到未來銀髮族市場的潛在需求，多以中、高收入的老年族群需求為目標，紛紛投入興建各種銀髮養生住宅市場行列，使銀髮住宅產業儼然蔚為風潮。現今已開發完成或正在進行的知名銀髮住宅開發案，例如：

◆「潤福生活新象」與「潤福大臺北華城」兩社區

潤泰建設與日本中銀株式會社合作推出的高級銀髮住宅。1996年由潤泰集團推出，是銀髮族住宅最先成功的案例，在產品設計上，兼具生活照顧、健康管理、休閒養生以及專業諮詢四種服務。

◆「長庚養生文化村」

由長庚醫療體系出面投資的老人社區，強調全方位社區服務以及結合長庚醫院的醫療資源，是國內首創引用「連續性照護退休社區」（Continuing Care Retirement Community, CCRCs）模式建案。

◆「國寶聖恩休閒養生會館」

國寶人壽首創「旅居式休閒安養生活」，於苗栗西湖渡假村投資興建，採年金式繳費，50歲以後可以終生循環居住在各地會館。

◆「悠然山莊安養中心」

奇美集團於臺南縣關廟鄉投資興建財團法人樹河社會福利基金會附設安養中心，提供銀髮族一個休閒兼教育、生活照顧的活動場地，展現多元活潑、欣欣向榮的氣象。

◆「好好園館」

位於臺中沙鹿區，結合長者與年輕人共住的銀髮社區，並開闢文創園區、手作工坊和大學的長青課程，導入歐洲「青銀共好」的銀髮宅概念，80戶當中有50戶供長者入住，但每層都有青年套房，供年輕人打工換宿（趙容萱，2017）。除了日常的居家照顧、醫護服務等，平時有生活秘書幫忙打理工作事宜，從財產信託、預立遺囑，以及晚年轉住安養中心、身後事，也都代為規劃。

◆新北市「青銀共居」、「銀髮房東」方案

　　新北市2017年首度引進國外「青銀共居」生活模式，一同體驗跨世代共居的「共樂」、「共食」、「共作」分享舞臺。為因應高齡化趨勢，提供多元新型態之住宅供給模式，新北市政府嘗試推動青年族群及銀髮族群共居試驗，以三峽北大青年社會住宅其中3戶作為試驗舞臺，與社會企業玖樓共生公寓合作規劃（新北市政府城鄉發展局，2017）。本方案借鏡德國青銀共居住宅，以及荷蘭安養院採用青年以工換宿的成功案例。

　　另外，希望讓到外地求學的學生有家的感覺，新北市2017年首創招募「銀髮房東」，將家中空房間租給青年學生，讓銀髮族與青年共住。試辦區為三峽、淡水、新莊、泰山及板橋共五區。銀髮族將家內的空房出租，與學生青年生活在同一屋簷下，只要年滿60歲以上，家中有空房間想出租的長輩，可以向試辦區區公所、大專院校或是市府申請，就有機會成為銀髮房東（王敏旭，2017）。

　　承辦單位指出，捷運青年住宅租金補貼，也將新增青銀共居的申請項目，符合資格的青年可獲得每個月最高的2,400元補助，最長為期一年；而出租房間的銀髮房東，也可獲得最高1萬元的修繕補助。

　　整體而言，政府與民間業者共同努力，興建老人公寓或發展銀髮退休住宅、養生村等，以及晚近參考國外的「青銀共居」方案，提供老年人多元居住形式，則是臺灣地區老年居住安養的主要特點。

三、老年居住安排整體圖像

　　老年居住安排關注長者在生命晚期能獨立、尊嚴的走完人生全程；晚近以來在老年居住理念的發展，有非常多樣的居住方式適合不同需求者；整體而言，老年居住安排整體圖像，可從「與子女同

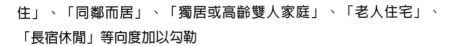

住」、「同鄉而居」、「獨居或高齡雙人家庭」、「老人住宅」、
「長宿休閒」等向度加以勾勒

(一)與子女同住

　　低生育的少子女化趨勢，以致形成「豆莢式家庭」（beanpole
family）或竹竿家庭（pole family），各代人數減少；老年人口則呈現
人類壽命的延長，家庭世代數增加，三代或四代的家庭成為可能。爰
於生命期的延長，多代之間的摩擦與衝突，時有所聞。因此，與子女
同住，也考驗三代同堂相處的智慧。「兒孫自有兒孫福」，身為祖父
母，尤應放下對孫子女的管教權，與下一代溝通管教關愛的責任與權
限；雖同住一個屋簷下，也要尊重彼此不同的生活作息，並擁有各自
的生活空間，才能創造餐桌上的話題，營造學習型家庭的氛圍。互利
互惠是同住推力，毋庸諱言的，在一個屋簷下同財共居，代間差異與
摩擦增多，有時親情反倒成為不可承受之重。這些皆是選擇「與子女
同住」所應理解與包容的。

(二)同鄉而居

　　「同鄉而居」（living nearby）是邇近頗受關注的老年居住形式。
主要是可兼容「奉養父母」與「幼兒托育」雙重優點；強調親子「同
鄉」的居住安排隱含是父族制之下妻子抗拒與公婆同住的一種折衷。
「三代同鄉」的居住方式，既可對於父母給予適度的照顧，亦可提供
彼此更自由的居住空間，呈現出一種折衷的居住方式。日本老人福利
學者就提出：父母與子女住多近？最好是「一碗熱湯距離」，指的就
是媳婦煮好了熱湯，端到樓下或隔街的公婆、父母家時，湯還沒冷
掉。

　　同鄉而居，既可提供照顧也可避免原本可能產生的居住摩擦，實
是現今社會頗值參考的老年居住形式。

(三)獨居或高齡雙人家庭

享受獨立、活躍的第二人生乃是本居住安養方式的優勢。「我想要留在家中安養天年」這是大多數長者的心願。長者大多希望能在自己熟悉的環境中度過晚年，所謂「金窩、銀窩都比不上自己的狗窩」，由於老人具有維持自主與獨立的心理需求，政府提供的居家照護，成為現在不可或缺的重要資源。持平而論，選擇獨居或高齡雙人家庭，是基於規劃老年居住分類上的概念，因為這種方式實與同鄰而居可同時兼顧，住在熟悉而感覺舒適安全的環境，充分享受個人或配偶二人世界，悠然獨立充滿活力的退休生活，又可顧及與親人、子女比鄰而居。

(四)老人住宅

本形式所謂老人住宅包括一般的養老院、銀髮退休住宅。為期有效解決高齡人口龐大的居住與照護需求，老人住宅建築如雨後春筍般的推出，可嗅出市場的商機無限。由於老人住宅具有針對高齡者內建的多元功能，值得注意。許多老人住宅強調具有「五星級」水準的設備，二十四小時醫療支援，以及全天候的生活服務。另外，養生村也普遍受到退休族關注，新型養老院包括：為健康老人設立的長壽社區、適合多代同堂的共居營、為熟稔科技老人設計的高科技複合住宅、為社交頻繁老人設計的俱樂部式的住宅、為充實文化素養者設計的都會型退休住宅，或為老頑童設計的享樂式住宅等。預估專門提供銀髮族居住的養生住宅、年金屋、養老院等各類型老人住宅需求將大增，正為退休高齡居住安養選擇，提供更多的產品。

(五)長宿休閒——新候鳥世代的探險

長宿休閒（long stay）在戰後嬰兒潮陸續屆退後，是高齡居住安養

方式的新亮點。由於新銀髮族多受到較完整的教育，具有專業知識與技能，年輕時辛勤工作，退休後能環遊世界，體驗不同生活方式，旅居各國是圓夢的好方去。他們充滿活力與冒險精神，喜愛求新求變，不願安於現狀，是候鳥居住族群的普遍特質。

例如長庚養生文化村內約有四成華僑，在美國、加拿大等地長住約二十多年，每年會短暫回臺探親、養老與度假一至兩個月，或是回臺短暫入住養老村，作為未來長住參考。像候鳥般持續往返，充滿新奇與冒險的長宿休閒居住安養方式，正誘發戰後嬰兒潮熟齡內心潛藏的悸動，並化為實踐行動中。

第三節　老年居住安排與長期照顧選擇

一、長期照顧的概念分析

(一)長期照顧的意義

長期照顧（long-term care）是晚近以來亟受重視的專有名詞；追溯其理念之實質內容，無論是中國或是西方遠古時期，舉凡有人、事、物的存在，大多隱含「照顧」（care）的問題以及需求

亙古以來，各種事物都可能出現或產生照顧的連結，自然形成相關照顧事務；若是將照顧情況聚焦在「人」時，則有些人可對一些人、事、物提供照顧服務，稱為照顧者（giver; provider）；有的人則是接受照顧服務，也就是照顧接受者（receiver; recipient）。可見，「人」永遠存在一定之生活暨健康照護的需求與需要，等待滿足；只要有人的存在即有生活、健康與安全問題，有生活、健康與安全問題

的存在，即有相關之照護問題。

　　長期照顧服務範圍十分廣泛，牽涉的人、事、物與環境非常複雜，囿於環境條件的不同，難有一致性的看法；重要學者專家對長期照顧的意義，有的重視以身心功能障礙者為服務對象之範圍提供照護服務（陳惠姿，2004；羅紀瓊、吳正儀，1995；Dziegielewski, 1998; Kane & Kane, 1987; McCall, 2000）；有的側重對慢性疾病或失能者提供家庭、社區或機構多元照護服務（李世代，2010b；陳晶瑩，2003；藍忠孚等，1993）。

　　OECD（2005）歸納各國長期照顧政策特性，定義如下：

1.長期照顧服務係以日常生活需要協助的人為對象。
2.服務內容以各項日常生活活動的協助為主，常與復健及醫療服務結合。
3.因高齡者處於長期慢性疾病的風險，造成身體障礙或失智狀態，致使長期照顧需求的比率最高。
4.長期照顧主要目的在「照顧」需協助者，急性醫療主要目的在「治癒」疾病。

　　我國「長期照顧服務法」第3條第一項揭明：

　　長期照顧：指對身心失能持續已達或預期達六個月以上，且狀況穩定者，依其需要所提供之生活照顧、醫事照護。

　　綜括而言，「長期照顧」的整體意象乃是：

　　一個涵蓋多元面向的概念，其目標在維持或改善失能者的身心功能，期望增進並延長獨立自主生活的時間，主要內容涉及提供包含診斷、預防、治療、復健、支持性及維護性的一系列長期性的生活照顧、醫事照護服務等事項。

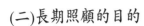

(二)長期照顧的目的

通常長照的照顧提供者可能是家人、配偶、朋友、鄰居、志工等，長期照顧工作壓力，會面臨情緒、財務、體力、護理、社會等多層面的問題。同時，還涉及人力端短缺與照顧品質的困擾。是以，如何能減少老人自己的負擔並增進生活品質，也期望能減少直接承擔老人長照責任的家人及子女負擔，使年輕人能專心工作，讓失能者得到妥善良好品質的照顧，皆有賴長期照顧的支持。

長期照顧是因應人口變遷而產生的需求，旨在維持或改善失能者的身心功能，期望增進並延長獨立自主生活的時間；其具有不同的照顧類型，但無論是採用何種型態，最終目的都是希望讓高齡者在晚年能獲得妥善的照料，安度晚年生活。具體而言，長期照顧的目約可歸納為下列四項：

1. 維護健康、延長生命（quantity of life）。
2. 改善、維持或減緩日常生活功能的喪失。
3. 增進生活品質（quality of life）。
4. 減緩機構化（institutionalization），儘量促進在地老化，並非要治癒疾病，而是以生活照顧為主，醫療照護為輔。

(三)長期照顧的特性與範圍

所有的年齡群民眾都有長期照顧的需求。長期照顧服務具有勞力密集的特性，其本質是團隊的整合性服務體系，服務對象是因先天或後天因素，致身體或心智功能受限制，持續至少六個月，且日常生活或身心機能需要他人協助維護者

陳晶瑩（2014）歸納長期照顧所具特性有六：

1. 服務內容是以身心功能異常程度為基準：對身心功能異常之程

度必須嚴謹評估，以確定長期照顧服務開始、停止期及提供服務內容增減的情形。

2.照顧服務大多數是由家庭所提供：當一個家庭成員有長期照顧需求時，多是由在其所生長的家庭提供照護。

3.具有勞力密集的特性：長期照顧服務是屬於相對的較非特殊專業的服務，是長期而密集的勞力工作，且具有公眾事務性質。

4.所有的年齡群民眾都有長期照顧的需求：通常老人是長期照顧的主要服務對象，尤其是80歲以上的人口群；實則服務包含了各種年齡層的人。

5.本質是團隊的整合性服務體系：長期照顧服務需要是跨專業醫療團隊服務、半專業與非專業人員參與合作參與；需要醫療保健專業人員，如醫師、護理人員、藥師、物理治療、職能治療、營養師以及社會福利團體的介入，也需要社會整體環境，如無障礙空間、社會價值觀等的配合。

6.生活照顧為主，醫療照護為輔：接受長期照顧者主要疾病診斷以腦部疾病、心臟血管疾病、骨骼系統疾病等慢性疾病為主。此類病人之照護，因主要為慢性疾病，病情皆處於穩定狀態，其醫療費用僅占總照顧費用的10～15%，其餘開支皆以生活照顧為主。

長期照顧範圍涉及健康、醫療、社會、心理以及環境等，眾多領域的需求與需要，包含：專業診斷與治療、生活照顧、居家無障礙環境修繕、輔具提供、住宅服務等

囿於服務對象身體功能、家庭功能、家庭照顧者的能力，以及疾病特性、個人人口學特性等的異質性，推動「以人為中心的」照護計畫，提供多元化、有彈性、能回應需求及具成本效益的服務，以滿足不同服務使用者的需求。邱啟潤（2014）提出理想的長期照顧體系，

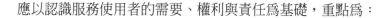

應以認識服務使用者的需要、權利與責任為基礎，重點為：

1.以服務使用者為導向。

2.符合所有服務使用者的需要。

3.認識個人獨特的需要。

4.尊重不同的文化與價值。

5.為服務使用者促進品質、尊嚴和自我改進。

6.平衡服務使用者的權利和責任。

7.使用者可選擇服務的提供者與輸送的方式。

二、臺灣長期照顧體系的發展

自1998年起，臺灣陸續推動「建構長期照護體系先導計畫」、「長期照顧十年計畫——大溫暖社會福利套案之旗艦計畫」、「長期照護服務網計畫」（第一期）等各項方案，以及「長期照顧服務法」、「長期照顧保險法」的立法工作，回應世界衛生組織（WHO）所提出之先進國家應積極建立全國普及式長照制度的訴求

臺灣自20世紀末開始發展老年長期照顧服務。早期多將照顧老人或失能者視為個人和家庭的責任，僅有少數的老人或身心障礙機構提供收容及安置服務；近幾年政府部門積極推動長期照護先導計畫、照護服務產業、長期照顧十年計畫，以及「長期照顧服務法」、「長期照顧保險法」等，使得長期照顧服務體系涵蓋的服務對象與服務項目愈加完整，無論在長期照顧政策舉措或未來發展進路，均呈現出明確的定向，令人喝彩與振奮。

梳理臺灣長期照顧制度的歷史發展脈絡，可從以下六大支柱勾繪：

1.為因應人口快速老化帶來大量長期照顧需求，行政院於2000年核

定「建構長期照護體系先導計畫」（2000年11月至2003年9月）。

2. 行政院於2007年3月核定訂頒「長期照顧十年計畫——大溫暖社
會福利套案之旗艦計畫」（2007年），旨在建構我國長照服務
基礎。

3. 2013～2016年「長期照護服務網計畫」（第一期），旨在普及
長照服務，建置普及式長照服務體系，均衡長照資源發展；提
升長照之在地老化及可近性，周全長照服務網路。

4. 我國長照發展重要之根本大法——「長期照顧服務法」（2015
年）；旨在為健全長期照顧服務體系之發展，確保服務品質，
保障接受長期照護者之權益。

5. 「長照服務量能提升計畫」（2015～2018年）：在各方條件皆
完備的情形下，建構使用者為核心的長照體系。

6. 「長照十年計畫2.0」（2016年）：建立我國社區整體照顧模
式，布建綿密照顧網。

三、老年居住、在地老化與長期照顧

長期照顧體系是在地老化理念的載體，老年居住安排則是以在地
老化為中心之長照體系的具體落實，三者互為表裡，相互為用；透過
三大服務體系：醫療服務體系、社會福利體系、榮民體系，將長照服
務輸送到社區，建構友善老年居住選擇的有利環境

我國長期照顧體系，以發展社區式及居家式長期照護體系為目
標（吳淑瓊，2004）。「在地老化」是老人照護的長期目標之一，除
了透過相關的醫療照護和健康服務外，也須利用家務服務、日常生活
照顧服務及身體照顧服務等社會照護服務項目來整合規劃（呂寶靜，
2002）。企圖讓高齡者能夠長期地住在家裡，處在熟悉的環境中安
養、維持其自主尊嚴的晚年生活，而不鼓勵所謂的機構式安養。

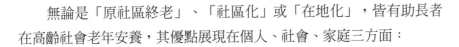

　　無論是「原社區終老」、「社區化」或「在地化」，皆有助長者在高齡社會老年安養，其優點展現在個人、社會、家庭三方面：

1.個人——擁有獨立性：高齡者能擁有個人的隱私及對環境的熟悉，並經由持續家事活動，由於身體仍保持活動，有助生理及心理上的健康。

2.社會——持續社會參與：社會支持是高齡者正向面對自己「無角色的角色」（rolelessness）極重要的力量。尤其是相識多年的社區鄰居與朋友，共同構築社會支持網路關係，持續參與社區活動，相互提供資源與經驗。

3.家庭——家的歸屬感：家與社區的關係是密不可分的，高齡者對長期居住的地方所產生的「地方依附感」，使他覺得生活更安全，對住家環境的熟悉感，產生信心，更能以正面的態度迎接老年的來臨。

　　長期照顧三大服務體系，包括：醫療服務體系、社會福利體系、榮民體系。

1.醫療服務體系：中央主管機關——衛生福利部；以慢性醫療與技術性護理服務為主（包含慢性醫院、護理之家、居家照護、日間照護等機構）。受醫療法、護理人員法、護理機構設置標準等法規規範。

2.社會福利體系：中央主管機關——內政部社會司；以日常生活照顧服務為主（包括安養機構、養護機構、長期照護機構、日間托老、在宅服務等）。受老人福利法、身心障礙者保護法等法規規範。

3.榮民體系：由行政院退除役官兵輔導委員會輔導；主要提供慢性病床、安養及養護服務。機構包括：榮民醫院、榮民之家、榮民醫院附設護理之家。

　　長期照顧的類型有家庭照顧或非正式照顧、居家照顧、日間照顧、機構式照顧、照顧住宅、社區支持服務等；服務方式則有居家式、社區式、機構收住式，可以支援老年居住型態的多樣化

　　老年居住型態有「與子女同住」、「同鄉而居」、「獨居或高齡雙人家庭」、「老人住宅」、「長宿休閒」等，非常多樣化。長期照顧的服務透過以下方式輸送至需要者（林萬億，2010），包括：

1. 家庭照顧（family care）或非正式照顧（informal care）：由家人或親朋、鄰里提供餵食、穿衣、盥洗、家事、購物、聯絡、陪伴就醫、休閒活動等服務。
2. 居家照顧（in home care）：包括在失能者家中提供醫療的居家服務，如居家醫療、居家護理；非醫療的社會照顧服務，如個人照顧、家事服務（home makers）。
3. 日間照顧（day care）：包括日間醫療照顧、成人日間託顧、臨託照顧等。
4. 機構式照顧（institutional care）：包括護理之家（nursing home）、住宿照顧（residential care）。
5. 照顧住宅：服務住宅（service housing）、團體之家（group home）。
6. 社區支持服務：社區友善環境、社區綜合型服務。

　　另外，長期照顧的服務方式，依據長期照顧服務法第9條，長照服務依其提供方式，區分如下：「一、居家式：到宅提供服務。二、社區式：於社區設置一定場所及設施，提供日間照顧、家庭托顧、臨時住宿、團體家屋、小規模多機能及其他整合性等服務。但不包括第三款之服務。三、機構住宿式：以受照顧者入住之方式，提供全時照顧或夜間住宿等之服務。四、家庭照顧者支持服務：為家庭照顧者所提供之定點、到宅等支持服務。五、其他經中央主管機關公告之服務方

式。」前項服務方式，長照機構得合併提供之，並據以建構臺灣長期照顧全方位服務體系。

展望未來，理想的長期醫療照顧政策，是以社區為基礎（community-based）、消費者為中心的照護模式（client-centered model）；以社區為中心的在地老化，關注長者能留在原來熟悉的家庭或社區中，自主選擇居住型態，持續享受晚年期的生活，且能擁有活躍老化

1970年代起，國際上開始出現「長照」一詞。「長期照顧」的推動與建立，是文明發展之最後一哩，涉及人、事、物、場域及體制建制等，諸多複雜因素；長照服務體系則框架：長照人員、長照機構、財務及相關資源之發展、管理、轉介機制等構成之網絡。

一個理想的老人長期照顧系統，應能促進個人的成長並儘量維持外在資源，如：居住環境、支持性及醫療系統的穩定性；並能依據個體身心疾病程度、家庭支持系統、經濟狀況與取得資源的難易，組成不同程度之照顧系統，以輸送資源至所有需要長期照顧之個案與家庭。這些皆有賴在地老化的長期照顧之具體落實，並據以支持老年居住安排選擇。

👀 第四節　特殊議題

議題一　長期照顧新選擇：小規模多機能照顧模式

留在家裡終老是大部分長輩的心願；小規模多機能服務機構是日本長照的新趨勢，旨在提供長者個別化照顧服務，減輕家屬照顧負擔，值得關注

近年來許多國際組織及人口老化嚴重且長期照顧發展先進的國家，積極提倡健康老化的觀念，共認：生命不只是要活得久，更求活得健康、活得好、活得有尊嚴，應將終活前的生病階段減至最短，盡可能達到「老得慢、活得好、病得輕」。北歐、日本都不開放外籍看護工來照顧家中長輩，而是將「居家無障礙環境改善」、「居家生活輔具使用」、「普及的老人日間照顧」，搭配短時數重點式的居家服務，就能讓長輩得以在家中生活終老（財團法人彭婉如文教基金會，2015）。

日本很有特色的「小規模多機能事業所」，它是日本介護保險發展出的社區型照顧模式。「小規模」，顧名思義就是服務人數少，限定在25人以下；「多機能」就是結合居家服務、日間照顧與住宿（限5～7床）等多項服務，且由同一群工作人員來提供這些服務。小規模多機能事業所大多以「中學學區」為單位設立，在社區裡的老人可以選擇自己想要的服務（財團法人彭婉如文教基金會，2015）。

小規模多機能的限制較少。例如，以居家服務為例，服務員並未限制必須具備何種資格，且能陪長輩散步或陪診；另外，小規模多機能除了失智症外，生病或需要照顧的長輩也能入住家屋。同時，小規模多機能服務的人數雖少，但因法律限制較少，提供的服務可以儘量符合長輩期待。如果白天不想出門來照顧中心活動，小規模多機能也能提供居家服務，到家裡協助洗澡、送餐、打掃。「RAKU」（輕鬆）的老人快樂屋，即是日本非常成功的案例。

我國衛生福利部社會及家庭署於2015年提出多元照顧中心（小規模多機能）服務計畫；推展小規模多機能居家照護模式，主要是為發展社區整體照顧體系，強化老人社區生活，提供連續性及全方位之照顧服務

依據「老人福利法」第16條規定，老人照顧服務應依全人照顧、在地老化及多元連續服務原則。衛生福利部社會及家庭署於2015年度

推動小規模多機能服務，以日間照顧中心為基礎，擴充辦理居家服務、臨時住宿等多元項目，由固定照顧團隊提供長輩安適、自在之照顧，滿足長者照顧需求，落實在地老化。

亦即透過社會福利設施或機構，整合長照及社區照顧資源，擴大提供相關服務，並發揮長期照顧管理中心（照管中心）功能，以滿足社區老人多元個別之照顧需求，提升生活品質及獨立生活之能力，使其安心終老，落實在地老化政策目標（衛生福利部社會及家庭署，2015）。

小規模多機能服務居家照顧模式，包括：服務特色、服務對象、服務類型；服務更普及、更多元，值得在地深耕。

1. 服務特色：(1)以提供全人、多元、連續性以及整合性之服務為原則；(2)提供各式服務，轉換服務之間不中斷，不同需求一次滿足；(3)不需找不同機構、費心來回聯繫，一個中心即可滿足您不同需求。

2. 服務對象：以長照計畫服務對象失能老人為原則，包括：65歲以上老人；55歲以上山地原住民；50歲以上之身心障礙者；僅IADLs（工具性日常生活活動功能量表）失能且獨居之老人；以及神經科、精神科等專科醫師診斷為失智症者或CDR（臨床失智評分量表）1分以上者。

3. 服務類型：日間照顧服務（生活照顧、生活自立訓練、健康促進、文康休閒活動、提供或連結交通服務、家屬教育及諮詢服務、護理服務、復健服務、備餐服務）；居家服務（身體照顧、家務及日常生活照顧）；臨時住宿服務（最多服務4人，一週不可住宿超過三日）、其他社區照顧服務（餐飲服務、交通接送、沐浴服務）。

議題二　時間彈性、多元服務：走動式照顧服務輸送到家

少子高齡化社會，由於疾病的困擾再加上年齡增長引起的自然老化，越來越多人面臨長期照顧需求；主要照顧者涉及的問題，極其複雜而艱困，尤其是照顧老人，必須面對身體衰老甚至生命逝去的課題，造成沉重的負擔、挫折與無助

　　長期照顧需求者通常可採取的選擇很有限。一是申請外籍看護，受限許多資格條件，以及要面對管理風險、語言文化適應等問題；另一是申請國內居家照顧服務員，高額的費用負擔讓人卻步。在無計可施之下，蠻多人只有轉而默默承受起龐大的照顧重擔，但是涉及對照顧者角色內容的期望、賦予的意義與照顧技巧與知識的準備度等因素。在照顧的相關知識、技巧不足，常因承受不住長期的照顧壓力，導致照顧者個人罹患身心疾病，最後誘發各類社會悲劇，令人扼腕。

　　弘道基金會試辦的「all in one走動式服務」，採取彈性的「定點、多次」服務，被視為未來可能推廣的照顧模式

　　自從「在地老化」政策目標被提出後，各國開始重視社區與居家服務的發展，透過各項服務方案的提供，讓老人盡可能留在社區內生活。2013年弘道老人福利基金會導入丹麥、日本等國家走動式長照服務，依不同老人需求提供客製化服務。

　　以社區及居家服務經驗為基礎，在多個縣市推展新型態的「走動式」照顧服務。受過專業訓練的照顧秘書／助理，在有需求的長輩及身障者家中提供「短時間、多次數」的客製化服務，服務內容可彈性依照每個家庭的不同需求進行調配，透過「巡迴走動」的方式讓長輩可以在熟悉的居家環境中，接受最適切的服務（弘道老人福利基金會，2016）。

　　目前服務區域，包括新北市、臺中市、彰化縣、高雄市、屏東

縣；服務對象：不限對象，只要有照顧需求皆可申請；服務時間從星期一至星期日，一天服務時數無限制，實際服務依諮詢後而訂。

　　走動式照顧服務，結合本國照顧服務員與外籍看護工的服務，緊扣「短時間、多次數」適地化的特色；可緩解管理風險及語言文化適應困境，在「病─服務」之間，建構優質雙贏的平臺，值得持續關注其發展

　　走動式服務，不受時間和內容限制，是以案主為中心。弘道基金會辦理「走動式照顧服務」，只要具備外籍看護工的聘僱資格就能申請，最大特色是「定點、彈性」，有本勞也有外勞（黃旭昇，2014）。外勞不必住家裡，外籍看護與本國照顧秘書彈性搭配，計時或按次到宅服務。只要老人家有需要，沒有什麼不能做。

　　整體而言，「走動式照顧服務」跳脫舊式的封閉、時薪制模式，提供在地性、多元彈性，適合居服員多次走動（許家榮，2016），對許多偏鄉社區長期照顧需求者有實質的助力。服務項目包括：陪伴型照顧服務、身體型照顧服務、全家型照顧服務、健促型照顧服務、照顧指導服務、CALL服務等。收費標準如**表8-3**（弘道老人福利基金會，2016）。

表8-3　ALL IN ONE提供的服務內容及收費方式

服務種類	費用	服務內容
身體照護	140元／30分鐘	翻身／備餐／拍背／就診／剪指甲等，與個人照顧相關的服務。另為失智症患者提供「認知學習訓練」
全家型家務	300元／60分鐘	家庭所需的家務整理

資料來源：弘道老人福利基金會（2016）。

延伸閱讀

行政院衛生署「我國長期照顧十年」專區，http://www.doh.gov.tw/CHT2006/
　　DM/DM2.aspx?now_fod_list_no=10578&class_no=211&level_no=1

愛長照，http://www.ilong-termcare.com/

長期照護幫您專線：412-8080（幫您幫您）或手機撥打02-412-8080

家庭照顧者關懷專線：0800-50-7272（臺語：有你，真好真好）

家庭照顧者心理支持中心諮詢專線：0800-580-097（我幫您 您休息）

新北市家庭照顧者關懷協會（老人托顧服務）：02-2541-7094

社團法人臺灣失智症協會：0800-474-580（失智時 我幫您）

莊雅琇（譯）（2017）。島田洋七（著）。老媽，這次換我照顧你（洋七‧
　　おかんのがばい介護日記）。臺北：時報出版。

羅淑慧（譯）（2017）。和氣美枝（著）。照護爸媽，我得離職嗎？（介護
　　離職しない、させない）。臺北：大是文化。

賈可笛（譯）（2017）。Barry J. Jacobs與Julia L. Mayer（著）。面對久病家
　　人的勇氣：如何處理自己的情緒、提升正面心靈、克服難題？（*AARP
　　Meditations for Caregivers: Practical, Emotional, and Spiritual Support for
　　You and Your Family*）。臺北：三采。

吳若權（2016）。換我照顧您：陪伴爸媽老後的21堂課。臺北：遠流。

康哲偉（2015）。當爸媽過了65歲：你一定要知道的醫療、長照、財務、法
　　律知識。臺北：先覺。

吳書榆（譯）（2014）。Miriam K. Aronson與Marcella Bakur Weiner（著）。
　　父母老了，我也老了：如何陪父母好好度過人生下半場（*Aging Parents,
　　Aging Children: How to Stay Sane and Survive*）。臺北：經濟新潮社。

Chapter 9

生命休止與老年終活

- 生命休止與死亡教育
- 老年臨終的相關研究
- 終活必要做的六件事
- 特殊議題
- 延伸閱讀

「死亡就是我加上這個世界，然後再減去我。」

——義大利作家Italo Calvino

　　當人們邁入晚年期以後，生理狀況明顯走下坡，角色及輩分也轉變；疾病、死亡，親人離逝，到最後，自己也要準備接受瀕死的降臨，要如何面對呢？

　　死亡話題，大部分的人總是避諱不談，尤其是家中有長輩，更是深怕觸霉頭，「你詛咒我快點死嗎？」在傳統社會這是禁忌。在日本，「終活」（準備臨終事宜的活動）是可以公開討論的話題。其實，當人生發展至生命光譜卷軸的末端，預期自己死亡的終將來臨，生命現象的侷限，已是不爭的事實；我們會用什麼態度面對死亡？是中性接受、趨近導向的死亡接受，或是逃離導向的接受？研究發現，當年齡增長、導入宗教信仰、提升教育程度、重要他人的支持、死亡焦慮舒緩等元素介入時，有助老年死亡態度的改善；亦即從理解生命休止、生命任務與死亡的教育，重新審視老後終活的生涯經營。所謂意識到死亡是肯定生命意義的開始，死亡意識即是尋找生命意義的契機。

　　本章針對生命休止與老年終活進行探討，以期開展一個生命邁向永恆優雅的身影。首先，分析生命休止與死亡教育的關聯性，其次，探討老年終活的相關研究，藉以瞭解面對死亡有哪些探索的成果；最後，歸結相關資訊，揭露終活必要做的六件事。當然，在特殊議題部分將觸及：「斷捨離」、「老前生活整理」以及「超越老化」等，晚近被熱烈討論的主題。

👀 第一節　生命休止與死亡教育

一、生命休止的意義

生命概念可由生理的或精神的角度解釋；死亡的發生不僅是生理事件，也涉及社會、心理層面的意義，伴隨科技的發展，新的醫學知識及維生設備的研發，其定義也有所不同

生物學觀點對「生命」（life）的看法，認為生命現象表現於植物的萌芽、生長、開花、結果；表現於動物的出生、成長、繁衍、老化。這種觀點是以細胞、器官、基因（DNA）、蛋白質、血液等組成呼吸、循環、消化、運動等作用，以至生命終了（無生命現象）等生物概念解釋生命（林永豐，2000）。簡言之，生命就是生物現象；任何有生命的物體終有生命的盡頭。

從生命哲學而言，德國哲學家狄爾泰（W. Dilthey, 1833-1911）與法國哲學家柏格森（H. Bergson, 1859-1941）對生命的觀點具代表性。狄爾泰認為哲學的中心問題是生命，透過個人「生活的體驗」（Erlebnis）和對生命同情的「理解」（Verstehen），就可認識到文化或歷史即生命的體現；揭露——生命是由一連串的體驗所組成。柏格森則認為，一切生物內，皆有一股生命的奮進力，是所有有機進化的內在指導原則；生命是一無盡的長流，永遠的繼續，所以生命有其不斷的變異性與繼續性。

「人是向死的存在（being towards death）；逃避死亡的話題，只會使自己更遠離生命本質的真相」德國哲學家海德格（Martin Heidegger, 1889-1976）在其著作《存在與時間》（*Being and Time*）如

是說。個體的發展從成胎到死亡的歷程，這是人之初與人之終的生死兩極。瑞士心理學家榮格（Carl Gustav Jung, 1875-1961）認為，生命是一個能量過程（energy process），不可迴轉，卻直向終極目標──死亡走去。死亡是一個生命的問題，且是一個生命自我意識的問題，不僅要有生命還要有自我意識，才會發生這樣的問題。

1968年WHO國際醫學科學委員會規定，死亡的標準為：對環境失去一切反應、完全沒有反射和肌肉張力、停止自發性的呼吸、動脈壓陡降和腦波平直。1985年日本厚生省腦死研究所判定腦死的五條標準為：深沉的昏睡；自發性呼吸消失；瞳孔固定；光反射、角膜反射、毛樣脊椎反射、眼球投反射、前庭反射、頭反射等反射動作消失；腦電波圖（EEG）平坦（陶在樸，2000）。我國醫師公會1984年10月則發表「腦死即死亡」的聲明。

有人將人生旅程譬喻為音樂的樂章，終有休止的時刻。死亡的宿命使得個體生命的本體終有衰敗、死亡、腐朽的一天。因此，生物都具有生殖的本能，這個本能便是一種生存的本能。佛洛依德（Sigmund Freud, 1856-1939）認為，每個人都有想死的潛意識，死亡是人格和情緒發展的趨力。生與死是一體兩面，死亡雖然是結束，但是意識到死亡卻是肯定生命意義的開始，死亡意識即是尋找生命意義的契機。

理解死亡意義，宜將生命意義觀的內涵同時探討，較能具體透顯死亡意義的完整性

「生死互滲」是人生的一種實存狀態。張淑美（2006）提出五種生死關係：花開花謝，日出日落；一體兩面，如影隨形；生死無常，惜緣惜福；哭著來世，笑著離塵；死死生生，生生不息。生命的意義唯有透過對死亡議題的反思，才能連貫與完整呈現。死亡是生命本質的一部分，是任誰也逃避不了的，唯有正視死亡的不可規避性，才能真正翻轉死亡，進而呈現生命優雅的身影。

二、生命任務的定位

預期自己死亡的終將來臨，生命現象的侷限，已是不爭的事實；不同學派對老年期生命任務提出見解

首先應認識的是，生命意義是全部生活經驗所能成就的某個特殊目標。德哲尼采（Friedrich Wilhelm Nietzsche, 1844-1900）嘗言：「人唯有找到生存的理由才能承受任何的境遇」（He who has a why to live for can bear almost any how.）。的確，每個人在一生中都不斷地扮演著各式各樣的「角色」，每一個角色各有其特定的「任務」。這種認知具體投射在全人生，尤其聚焦在老年期的長者，更有深刻的意義。

身處老年階段，機能老化明顯。社會學家用三種理論闡釋成功變老的過程：(1)活動理論（Activity Theory）：由Havighurst（1963）及其同儕提出，不主張減少活動、興趣及參與；(2)脫離理論（Disengagement Theory）：E. Cumming和W. E. Henry在1961年所提出，主張減少職業性和社交性的活動；(3)持續理論（Continuity Theory）：持續參與活動，讓自己擁有自信、活力以及身體健康。

其次，艾瑞克森（Erik H. Erikson, 1902-1994）1963年提出心理社會發展論（Psychosocial Developmental Theory），依照人生危機性質的不同，把人的一生劃分為八個階段，每個階段均有其衝突存在，而所謂的成長，便是克服這些衝突的過程。其中，第八階段是50歲至生命終點（成年晚期－老年期），此期發展任務與危機主要是「統合（integrity）vs.失望（despair）」，發展順利的特徵是「自制和智慧」，發展障礙者特徵則是「悔恨舊事，徒呼負負」。

舒波（D. E. Super）認為，在個人發展歷程中，隨著年齡的增長而扮演不同的角色，提出生涯彩虹圖（life-career rainbow）及生涯發展的環節模式（Segment Model of Career Development），將角色概念與

生涯發展階段相聯，由各階段所扮演的各種角色來瞭解其生涯發展狀況（Super, 1980）。老年期逐步適應退休的來臨，探尋適當的活動以補充退休後空閒的時間，以及盡可能維持自足的能力。

綜括而言，從理解死亡與生命兩者的關係，可定位全人生不同時期的生命任務；老年期的生命任務有其特殊性

當年華老去，老年期的長者發展至生命光譜卷軸的末端，逐漸從工作崗位上退下來；預期自己死亡的終將來臨，更應有正向的理解，表現出個人獨特的自我風格。一般而言，老年期的生命任務，首要的就是自我統整，其次則是：退休後的生活適應、探尋適當的活動、自制和智慧、隨心所欲，以及安享餘年和接納死亡。

三、面對死亡的教育

晚年期以後，生理狀況明顯走下坡，角色及輩分也轉變；面對疾病、死亡，親人離逝，到最後，也要準備接受自己瀕死的降臨，要如何面對呢？

美國存在主義心理學家羅洛‧梅（Rollo May, 1909-1994）1981年《自由與命運》（*Freedom and destiny*）書中指出：「生命與死亡相互對立，假如我們要思索生命的意義，思考死亡便成為必要。」的確，準備接受自己瀕死是晚年期生命任務，藉以統整生命意義。問題是，要如何面對自己一步步接近死亡呢？令人惶恐的是「死亡」，這卻是過往歲月人生中從沒有過的經驗。

俄國哲學家托爾斯泰（Leo Nikolayevich Tolstoy, 1828-1910）在1886年中篇小說《伊凡‧伊里奇之死》（*Смерть Ивана Ильича*）中細緻描述死亡的心理變化、最後掙扎、終極關懷等，是文學中的經典。主角伊凡在與死亡面對面的對話過程中，自我意識逐步覺醒，開始對生活的思索和生命意義的追問，在參透「向死

存在」實存狀態的眞理後，終於從「沉淪」中解脫出來；並在領悟人生的意義，在於對他人之愛的終極關懷中，保持了生命的尊嚴，因而獲得精神的重生。

有關對死亡的接納，美國臨床精神醫師庫伯勒—羅絲（E. Kübler-Ross）1969年《論死亡與臨終》（*On Death and Dying*）書中的「庫伯勒—羅絲模型」（Kübler-Ross model），描述人對待哀傷與災難過程中的五個獨立階段：否認（denial）、憤怒（anger）、討價還價（bargaining）、沮喪（depression）、接受（acceptance）；亦被稱作「哀傷的五個階段」（Five Stages of Grief）。此書問世後，掀起死亡學的革命浪潮，使臨終關懷、臨終病人的心理受到注意。

導入死亡教育可以幫助長者，面對並掌握正確死亡的相關知識；進而欣賞生命，促進個人的成長，提升處理生活、死亡及瀕死過程的能力

死亡教育的課程，以美國發展最早。美國學者班司理（Bensley）於1975年指出，死亡教育是一種探討生與死的關係之教學歷程，此歷程包括文化和宗教對死亡及瀕死的瞭解，並希望透過對死亡的研究而能使學習者更加欣賞生命，且將這種態度表現在行為中（陳瑞珠、黃富順，2000）。簡言之，即是探討各種與死亡（dead）相關主題的教育，或稱為有關死亡、瀕死與哀慟的教育。

更精準地說，死亡教育的眞正意義是在深入理解生命與死亡的關係，旨在探討「生命的教育」（education for life）而非僅關注「死的教育」（education for death）。Kübler-Ross 2004年死亡前最後代表巨作——《當綠葉緩緩落下》（*On Grief and Grieving*），所謂：「醉人黃昏清風送，隨緣安享夕陽紅；死亡是生命的最後成長階段，個人唯有覺知生命的有限性，並坦然面對之，才能有所成長。」頗值得品味再三。

死亡教育對老年期的長者而言，面對疾病、親人離逝、自己瀕

死，觸及的生命事件至少包括：生命的意義、死亡的意義、危機及其因應方式、瀕死者的心理反應與需求、安寧照護、器官捐贈與器官移植、個人的生死觀、老人心理學、自殺及自我毀滅的行為、喪葬儀式等。

第二節　老年臨終的相關研究

一、老人之死亡態度

死亡態度涉及任何對死亡有關之看法與情緒反應等，頗為複雜；老人之死亡態度的研究上發現，其死亡接受比死亡焦慮更顯著

可曾想過，你會用什麼態度面對死亡？有關死亡態度的探討可溯源於1936年Middleton的一項對學生死亡態度的研究；嗣後，大約在20世紀50年代中葉，心理學及相關領域才開始就人們對瀕死的情緒與態度反應等，進行科學性的研究（Conte, Weiner & Plutchik, 1982）。

研究顯示，死亡態度會影響人們生命中相關的行為；存在主義的觀點認為，死亡態度與生命意義的探詢有關。死亡態度不只是對死亡較負向的「恐懼」，或「焦慮」的層面，也包括正向的態度，如「接受」等。Wong、Reker和Gesser（1994）將死亡態度分為四項：害怕死亡、瀕死的死亡態度；趨向導向的死亡態度；逃離導向的死亡態度；接受死亡自然性的死亡態度等。

心理學學者認為死亡態度內涵，是面對死亡的「恐懼與焦慮」和對死亡的「逃避與接受」（張淑美，1996），這也是人類對抗無常的兩種方式。Gesser、Wong和Reker（1987-88）的研究發現，老人死亡接受比死亡焦慮更顯著，提出死亡接受的三成分理論：中性

接受（neutral acceptance）、趨近導向的死亡接受（approach-oriented death acceptance）、逃離導向的死亡接受（escape-oriented death acceptance）。

要接受死亡對生命有正面的貢獻，並不容易；老年人的死亡態度尤其重要

2011年如星辰般殞落的蘋果電腦創辦人賈伯斯（Steven Paul Jobs, 1955-2011），2005年到加州史丹福大學畢業典禮演講：「死亡很可能是生命獨一無二的最棒發明，它是生命更替變化的媒介，它清除老一代的生命，為新一代開道。」「如果今天是我人生的最後一天，我會想做我今天要做的事嗎？」直接揭露從接近死神，到瞭解死亡。

美國知名醫師兼暢銷作家葛文德醫師（Atul Gawande），在《凝視死亡：一位外科醫師對衰老與死亡的思索》（*Being Mortal: Medicine and What Matters in the End*）書中，探討每個人遲早都必須面對的衰老與死亡議題，強調人生的終極目標是——好好活，有尊嚴地活到最後一分鐘（廖月娟譯，2015）。

一項臺北市社會局針對全市29區松年大學、老人會，65～95歲長者問卷調查，「希望家人主動跟自己討論身後事嗎？」高達64%受訪者回答「是」。許多銀髮族認為晚年與身後事情很重要，但實際付諸行動的長者比例偏低，臺灣又受到傳統觀念影響，較忌諱談論身後事（王敏旭，2017）。

的確，若人們能認識到死亡是不可避免的，就會規劃一些優先順序並安排生活的內容與節奏。人本主義對死亡的看法是不再能自我實現。存在主義則抱持人有尋求意義的動機，意義可以克服存在的虛無感並找到生命的意義。艾瑞克森提出統整（integrity）是老年期的發展任務，相信人生是有價值、有意義的，且能自我統整，較不懼怕面對死亡。凡此，可謂引領我們進入理解生死更深層豐厚的底蘊。

二、中西方的死亡觀

面對終將到來的死亡時刻，中西方的死亡觀為何？由於環境差異、文化元素不同，以及社會文化過程的影響，也產生出大異其趣的看法

在傳統中華民族，源遠流長，由於所處時代互異，有豐富而多元的主張

儒家倡慎終追遠，避談神鬼，「敬鬼神而遠之」，不相信人死後仍有生命；孟子的「知命」保身，「盡其道而死者，正命也；桎梏死者，非正命也。」；莊子「萬物一府，死生同狀」，「人之生，氣之聚也；聚則爲生，散則爲死」，同於儒家觀點；至於提倡鬼神之說，相信來生的則屬墨子，並批判儒家既主張祭祀，相信鬼神；荀子注重死亡時的「葬」、「祭」，體現「禮」的堅持。待基督教、佛教傳入，有關死後生命的看法，更趨多元發展。

至於西方人的死亡觀而言，相信死亡後有生命占較多數

古希臘羅馬民族相信死後尚有第二世界。柏拉圖（Plato，約427-347B.C.）認爲：「哲學是死亡的練習」；托馬斯‧阿奎那（St. Thomas Aquinas, 1225-1274）「人在塵世生活之後還有另外的命運」；斯多噶主義（Stoicism）的倫理學主要內容，在教人如何追求幸福（但昭偉，2000），主張死亡是「通往自由之路」，可無憂無懼；文藝復興時期，笛卡兒（Descartes, 1596-1650）「我思故我在」；啓蒙時代的伏爾泰（Voltaire, 1694-1778）「人根本沒有一個非物質的不死靈魂」，是對不死信仰的理性否定。

以至當代，叔本華（Arthur Schopenhauer, 1788-1860）「沒有死亡，人類就不會作哲學思索」；尼采（Friedrich Wilhelm Nietzsche, 1844-1900）「生存是不斷從我們身上排除驅向死亡的東西」；海德

格（Martin Heidegger, 1889-1976）「人是向死存有的」，當人意識到自己終將一死時，會深刻反思自己生命的意義，「從實存來看生與死」，死是一切存有（beings）的否定。義大利作家伊塔羅‧卡爾維諾（Italo Calvino, 1923-1985）「死亡，就是我加上這世界，然後再減去我。」他用這公式警示：當我們離開人世時，有沒有給這個世界留下一些光彩與溫暖？

　　總之，傳統中國各家死亡觀融入中國社會，蔚為一種沉潛內斂的風貌；西方則從中古世紀、文藝復興、人文主義以降，不同時代呈現多元特色

　　由於傳統中國各家死亡觀融入社會，糾合儒家、孟子、老莊、墨家、荀子等看法，融鑄成豐富深厚內斂文化底蘊的生命哲學，具體基本精神呈現在生命不死與倫理精神；在西方世界，則從中古世紀「惡生存、戀死亡」的死亡渴望，文藝復興時期興起自我保存的「漠視死亡」，以迄當代的人文主義，側重「死亡不是生命簡單的終結」，充分顯現死亡觀在不同時代有著互異的認知與影響，表現出多元色彩的風貌。

三、晚近的研究發現

　　對死亡的恐懼與無助，是人類自古以來即存在的；晚近以來老人死亡態度的相關研究，獲得許多新的發現，提供人們對死亡新的體認與因應

　　Bengeston、Cuellar和Ragan在1977年調查發現，隨年齡的增加，會減低對死亡的恐懼，尤其是70～74歲長者，對死亡的恐懼與焦慮最低。Devins（1979）研究86名年輕人及62名老年人的死亡態度，發現重要他人（significant others）的影響非常顯著。Aronow等人（1980）的研究亦顯示，死亡焦慮與自我接受、幸福感、自尊有負相關。當

然，導因於現代醫療技術的進步，在延長生命的同時，也延長了瀕死的過程。

Wong等人（1994）的研究發現老人（60～90歲）對死亡的中性接受明顯高於年輕人（18～29歲），且老人（60～90歲）對死亡的逃離接受明顯高於年輕人（18～29歲）與中年人（30～59歲）。鍾思嘉（1986）也發現，不識字的老人其死亡焦慮顯著高於受過高等教育的老人。Templer與Reimer（1995）發現教育程度與死亡焦慮（death anxiety）、死亡沮喪（death depression）、死亡苦惱（death distress）及死亡不安（death discomfort）之間，有負相關存在。

有較多研究發現，宗教信仰可使人降低對死亡的焦慮（Feifel & Branscomb, 1973; Lester, 1970）；而較積極參與宗教活動、信仰虔誠度較高者，對死亡的恐懼與焦慮較低（Templer, 1972）。Wrightsman（1988）分析宗教信仰影響對死亡的態度發現，有宗教信仰者也許比較相信有來生、有輪迴，認為生命是永恆不滅的，對來世還有希望，故較不恐懼；而無宗教信仰者則關心此生一結束就沒有了，因而產生焦慮。

死亡態度是個體對死亡的種種情緒喜惡之傾向，不同的死亡態度，的確會影響個人對死亡的焦慮；當年齡增長、導入宗教信仰、提升教育程度、重要他人的支持、死亡焦慮舒緩等元素介入時，有助老年死亡態度的改善

上揭相關研究結果，一方面支持長者對死亡應有正向的態度與深入的理解，包括：各種對死亡的恐懼、焦慮、威脅、否認、逃避、關切、接受，乃至好奇與關心、無所謂等等；另方面亦突顯邁入老年期，宜採取臨終規劃措施，俾便了然面對生命休止的來臨。

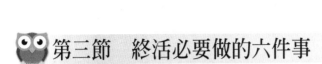

第三節　終活必要做的六件事

　　人生舞臺謝幕的方式與下臺的背影，由自己決定；研究顯示，「身後事」，是多數老年長者與子女都難以啟齒的話題，主要原因是不知如何談論或要談什麼

　　一項以「當人生將走向最後一哩路，最擔心什麼？」為題的調查顯示，33%表示尚有未完成的夢想，25%擔心臨終醫療不符個人期待，16%擔心子女因家產不合或互不往來，6%擔心葬禮不符合自己期待，只有15%表示不擔心（王敏旭，2017）。

　　美國非營利組織「尊嚴老去」（Aging With Dignity）機構，曾推廣「五個願望」，包括：樂音必須播放不輟，直到最後一刻；在病床旁張貼心愛人的相片；讓家庭成員曉得他們被原諒了；在疼痛難熬時，即時給予止痛藥；若成植物人時，請拔掉生命維繫器等，並鼓勵簽署者選擇「健康照應代理人」，以防個人無法作醫療決定時，有可資信賴的專人代勞。

　　好好活，好好走，「終活」就是盡可能地在生命結束時，保有自己的尊嚴，具體規劃人生的謝幕曲；對於人生的最後，究竟要準備哪些？事先規劃好自己人生最後一哩路，要做好六件事。

一、預立遺囑，主導終活優雅身影

　　「遺囑」主要是交代遺物、遺產等物質項目，待死後始生效；「生預囑」則是大限來臨時的關鍵媒介物

　　「生預囑」（living will）是交代自己願意的醫療照顧，立囑人在世時便已生效，包括：臨終照顧場所、希望受到什麼樣的醫療照顧，

還有醫療代理人的預先選擇，即「預立安寧緩和醫療意願書」、「預立不施行心肺復甦術意願書」，還可以「預立醫療委任代理人委任書」；要不要捐出器官，交代財產、寵物、創作作品等如何處理，自己的遺願、遺體處理方式，希望火葬、樹葬或灑在海裡，告別式如何進行、後人紀念方式等，都可以清楚交代。美國加州率先在1976年通過「自然死法案」，推行「生預囑」。

「預立醫囑」（advance care planning）是病患諮詢醫護人員、家庭成員及其他重要人士等意見，對自己將來接受的醫療照護方式，預作決定。我國2015年12月18日通過「病人自主權利法」，這是亞洲第一部病人自主權利專法，年滿二十歲民眾即可「預立醫療決定」。為了希望臨終好走，2016年，國內已有近四十萬民眾在健保IC卡上註記「預立安寧緩和醫療」，在臨終前不再接受「死亡套餐」的折磨，插管、電擊、心臟按摩、心肺復甦等急救措施，希望有尊嚴地走完人生。

二、安排葬禮，快樂的道別說再見

根據哀傷輔導理論，當親人好友過世後，一個說再見的告別機會，對尚存者是重要的；喪禮是最典型的儀式，晚近發展許多嶄新的方式、葬法

生死是人生大事，儘管各國習俗禮儀不同，但各式葬禮都能讓人充分感受到對死者的尊重及對家屬的體諒。基於禮儀環保的觀念，有人採海葬、花葬、灑葬、樹葬及壁葬等方式。「零葬」、「生命晶石」最近引起廣泛關注，前者，源自日本，不要葬禮、不留骨灰，也不需墓地與祭拜，讓人生的終點歸於零（嚴敏捷譯，2016）；後者，源自美國，是將親人的骨灰高壓濃縮製成寶石，隨身攜帶在身旁紀念（聯合報大陸新聞中心，2016）。

近年來政商名流「六星級」精品喪禮市場，完全打破傳統的喪禮非黑即白的印象與形式。配合個性化喪禮多元化發展，喪禮也可以像婚禮、Party或作品發表會等蔚為流行趨勢，生前契約更是蔚為風潮。另有業者推出的「禮體淨身服務」、「追思回憶錄」等，皆可依自身特質、喜好、需要、宗教信仰等量身打造，使個人對自我生命更有掌控感。快樂的告別說再見，「葬禮」，如何讓「逝存兩安」？確實是將逝者與尚存者，要共同商議的重要事件。

三、臨終照顧，遵醫囑宜妥適安排

當生命終點的悄然乍到，「誰來照顧自己」的問題浮上檯面；接受照護，意謂被動與依賴，需要無比的勇氣與智慧，有多樣化供給方式可供選擇

你想在哪裡嚥下最後一口氣？WHO高齡議題諮詢專家、歐盟老年醫學前理事長Jean-Pierre Michel公布一項有趣的統計，日本有七成八老年人死在醫院，臺灣則有五成八老年人在家裡死亡，至於挪威，則大部分老年人選在醫院或是長照機構死亡，但長照機構缺乏緊急醫療能力，僅百分之五能安詳地離開人世（李樹人，2017）。

趙可式在2014「豐富生命系列講座」，闡述單國璽樞機讓人生成為「傳愛之旅」，提出「三三四四生生世世」喻安寧療護，第一個「三」是善終、善生、善別；第二個「三」是身體平安、心理平安、靈性平安；第一個「四」是全人照顧、全程照顧、全家照顧、全隊照顧；第二個「四」是道謝、道歉、道愛、道別。對在妥適安排臨終照顧時，極有參考價值。

的確，現代社會照顧系統日趨完善，無論是選擇社區照顧、機構照顧或在宅照顧，甚或臨終照護地點的選擇，例如醫院安寧病房、居家臨終或「連續性照護退休社區」（Continuing Care Retirement

Community, CCRCs）等，需視自己的健康、體能、財務、喜好、家庭支持系統等，審慎評估考量。

四、生命回顧，撰寫自傳或回憶錄

老後探索生命意義，綻放出圓熟淳厚恬淡的韻味，令人激賞；撰寫自傳或回憶錄對長者維持生活的價值感與意義感，是非常重要的

Butler（1963）提出生命回顧觀點，用以探討老人喜愛回憶來作爲臨終關懷之治療；協助老人從懊悔、不滿意的生活經驗中，轉從正向的角度去詮釋舊經驗，重新再出發。生命回顧通常有四項功能：重整秩序、發現或重新詮釋「意義」、釋放衝突或不滿、放下。

老人在晚年會從心理層面產生回顧過往與追憶的現象，與親友、晚輩談論往事、懷念童年的家鄉情景與生活，或對於身體老化而改變的樣貌產生感慨，以及撰寫回憶錄。其中，撰寫自傳或回憶錄，在回憶過程中重整生活經驗並找到生存意義，把過去的經驗、現在的狀況以及未來的展望連接起來，如此可以協助病人及家屬，在面對生命的結束時，將死亡視爲一個生命的完成。

五、信仰宗教，追求精神超脫聖境

老年人在各式各樣團體參與的選擇中，最普遍的就是加入宗教的組織；信仰宗教對老年期整體生活品質提升，展現極大助力

研究發現，有宗教信仰的人較能顯出生命意義，而且宗教信仰能幫助個人尋找其生命意義（Soderstorm & Wright, 1977）；無論任何宗教，比起那些信仰較不虔誠的人，信仰虔誠者通常比較不會恐懼死亡，也比較能堅強面對慢性疾病的長期煎熬，且較少感到沮喪和寂寞（Leifer, 1996）；當死亡接近時，精神超脫對於面對疾病、傷殘和痛

苦，愈顯重要（Burke, 1999）。

　　許多傳統信仰都強調，「靜默」在體驗精神超脫上的重要性，並以靜坐或祈禱來幫助精神超脫的達成。老年人從宗教信仰的活動，去探尋生命意義的價值，進而透過精神超脫，臻於心靈的恬適平靜。至此，了悟生死，豁然開朗，登入天人合一，物我一體的境界，為人生旅程寫下完美的註腳。參與宗教信仰活動，透過精神層次理念的誠信依靠，可減輕老年期面臨的各種體衰病痛、死亡逼近恐懼的不利困境。這是老後終活必要做的事，不可偏廢。

六、掌握餘生，盤點生平欲圓之夢

　　如何讓生命剩下的時間活出精彩、過得更優雅、更有品質？細數生平自孩提以來的夢想，盡可能落實圓夢計畫，以求了卻心願，死得安然

　　單國璽樞機主教2006年發現罹患肺腺癌，把病當成是「小天使」，提醒自己：「賽跑要到終點了，你要衝刺，分秒都用來幫助人超越死亡。」他以自己為證，展開「生命告別之旅」全臺巡迴演講，向大眾傳散播愛的種子，克服死亡幽懼陰影，堪為生命典範。

　　規劃剩餘生活內容，既是個人心願的延續，亦為安慰親人的最好方式。可仔細盤點生命中的未竟之事或夢想。例如想看誰？想去哪些地方？想吃些什麼？想做些什麼事？也可利用錄音（影）機，把想和家人說的話錄下來或寫下來（例如有無想分享的經驗、給子孫的忠告、勉勵等）（家傳語錄）。這些在老後生涯經營時，是重要的。

第四節　特殊議題

議題一　老人版斷捨離——健康時的老前生活整理

囤積最常出現在熟年階段；斷捨離是用「減法」的方式，讓我們透過物品，「找尋自我」的解決法，是一種生活方式和哲學，有助熟齡老前生活整理

　　美國精神醫學學會新版《精神疾病診斷與統計手冊》第五版（DSM-5）首次將「囤積症」（Compulsive Hoarding）診斷標準獨立出來，而五、六十歲正是它好發的時期。此期熟齡者面臨子女逐漸離家的空巢階段，復因捨不得丟棄、無意識地累積物件，下半生成為被雜物綁架的混亂人生，更遑論能擁有優雅的老後終活。

　　囤積症是一種強迫行為，這種人難以丟棄物品，而且會過度購買或蒐集，導致家中堆滿雜物，而且這些人往往缺乏自覺，不覺得囤積是有問題的；主要具有四大行為特徵：難以丟棄、住處充滿雜物、過度獲取、缺乏自覺（Phyllis, 2015）。英國知名囤積者華勒斯（Richard Wallace），東西堆到從Google Earth就能看見漫出的雜物（曾沛瑜，2015），他最知名的事跡是囤積三十四年的每日郵報，疊到門框僅剩30～50公分的高度，每天光爬到大門就要花45分鐘！

　　斷捨離（日語：だんしゃり），被選為2010年度日本的流行語，由日本山下英子提出，也是註冊商標「斷捨離」的擁有者。斷捨離是「斷行」、「捨行」、「離行」三個字的縮寫，意謂「斷絕不需要的東西；捨去多餘的事物；脫離對物品的執著」（羊恩嫚譯，2011）；只留下自己「需要、適合、舒服」的東西，果斷地捨棄現在自己不需

要的物品和情緒，藉由捨棄、整理物品，將心中的無用之物也整理得乾淨俐落（李建銓譯，2016），讓人生變得愉快，使得心靈與身體都變得清爽。

當身邊全是有利用價值的物品，才是最極致的簡單生活；五十歲以後，現在用不到的東西，有九成「再也不會用到」，想要有尊嚴的老年生活，在身體健康時就得「老前整理」，預作準備

斷捨離主張：人們應該對一切不需要、不適合、不愉快的人事物，都斷絕離捨。若晚年想過著優雅、有品質生活，在家裡終老，度過舒適愉快的老年生活，一定要先養成的好習慣。「老前整理」概念的倡導者坂岡洋子，從事室內空間規劃，親眼見到許多老年人家裡被雜物淹沒，後來實際到照護現場，發現許多人其實很想整理，卻因體力每況愈下而力不從心。

坂岡洋子在《老前生活整理 預約優雅後青春》（吳虹儀譯，2014）一書提到，「五、六十歲前就要開始進行老前整理」，最好在仍有體力、有精神、也有時間的階段，一一將所有物品進行整理，才有機會安心養老，迎接優雅的後青春。經由整理，從「看得見的世界」走向「看不見的世界」，所謂的「老前生活整理」不只是收拾物品而已，還包括預先整理好人際、伴侶關係、金錢、時間、情感等等，透過此一過程同時也重整自己的頭腦與心靈，傾聽內心深處的聲音，找到自己接下來「真正想做的事」。

老前整理是老後終活的基礎，老後終活是老前整理的理想；「老前生活整理」是所有人都必須具備的觀念，側重協助中高年齡層輕鬆生活，是導入老後優雅終活的積極作為，值得進一步深入探討

「整理頭腦與心靈」是老前整理的核心觀念，整理物品就是整理心靈，能夠讓心靈與生活更輕鬆。鼓勵熟齡長者在人生某個階段清理自己的腦袋及物品，必須學會取捨能力，選出真正必要的東西，讓自己今後的人生更充實快樂。如何輕鬆完成老前整理？可參考以下原

則：(1)不必一次全部做完；(2)一開始不必追求完美；(3)家人的東西不要亂碰；(4)開始動手整理前先別急著購買收納用具；(5)「會用到」和「還能用」不同。若能從練習整理內心開始，進而促使空間產生變化，老後優雅終活必將夢想成眞。

議題二　翻轉黑色死亡——超越老化觀的乘勢崛起

「老化」對老年人的身、心、靈造成極大的影響；如何能超越老化，獲得生命的永生與不朽？

人的老化經常伴隨衰弱、疾病與智能退化；發生在個體身上的老化速度不一，而每一個體對老化的定義皆不相同，即使是年齡相仿的老年人，在身體功能、行爲、人格特質和態度上，都可能有很大的差異。通常，社會上認爲老人代表著沒有生產力、較依賴；甚至被認爲老就是一種病態，邁進死亡的象徵等形象，如何突破這些不正確的觀念及刻板印象？進而迎向活力元氣的樂齡人生？這是值得思索的好問題。

伴隨對老年健康促進的重視，「超越老化」繼「健康老化」、「活躍老化」之後，受到高度重視；相較「活動理論」及「脫離理論」能更有效解釋老人面對「老化」的困難

超越老化（Gerotranscendence）源於Reed自我超越理論（Theory of Self-Transcendence）（林沄萱等，2010；陳嘉彌，2015）。Reed（1991）將個人視爲宇宙中的一份子，能跳脫身體與心靈、時間與空間的限制，使人趨向於更成熟且更具智慧，最終能創造生命的意義；自我超越亦與晚年生活的心理安適狀態有關，當面臨生命終點時，更易使人趨向於自我超越。

超越老化理論由瑞典學者Lars Tornstam於1994年所提出，強調老人進入超越老化階段的改變及發展；超越老化是老人對事件的看法，從唯物現實面昇華爲宇宙廣闊面的一種整體的觀感，並伴隨著生活滿

意度的提升（Tornstam, 1997）。老人轉換看待事物的觀點，而能重新體悟現實生活的一切，進而改變舊有對老化負向的看法，最終能以開闊的視野來看待老化的過程（Tornstam, 1996）。

進一步而言，老年人成功的老化，應奠基於自我的圓融智慧和成熟的人格特質，他既不應受活動理論的限制，也不應被脫離理論撩撥，而是能從老化過程中，找到自己所期待的生命意義和自我價值，這才是超越老化的目的。

變老是個自然過程，「超越老化」是優化老年期處遇可資選擇的主題；能引導老人更成熟、更智慧，以較正向的觀點看待老化過程

研究顯示，老年人持續學習、追求智慧、參與人際活動、展現及實踐個人的創造力，便能達到超越年紀的境界（Nuland, 2007）。老是一個自然的過程，當老人揮別以往，重新去體會生活中的一切，而能以更廣闊的觀點重新來看待變老這件事時，此即進入超越老化的階段，這時的老人會變得更加成熟且充滿智慧。

超越老化導入老人再現圓熟智慧，進而對社會做出具體的回饋與貢獻，順利結束一生的旅途；更積極的意義應是，對自我期許超越老化的終極意象。

📖 延伸閱讀

中國「選擇與尊嚴」網站，http://www.xzyzy.com/XZYZYNewWap/NewMobileDefault.aspx

衛福部國民健康署健康九九網站，http://health99.hpa.gov.tw/EducZone/edu_detail.aspx?CatId=21854）

安寧照顧基金會（2016）。「預立醫療自主計畫」練習冊。臺北：財團法人中華民國（臺灣）安寧照顧基金會。

嚴敏捷（譯）（2016）。島田裕巳（著）。讓人生的終點歸零（0葬——あっ

さり死ぬ）。臺北：商周。

李俊增（譯）（2016）。轡田隆史（著）。**60歲以後的人生整理學：從此開始的42種放棄與提升**。臺北：凱特文化。

高詹燦（2015）。矢作直樹（著）。**給活著的我們・致逝去的他們：東大急診醫師的人生思辨與生死手記**（おかげさまで生きる）。臺北：經濟新潮社。

廖月娟（2015）。Atul Gawande（著）。**凝視死亡：一位外科醫師對衰老與死亡的思索**（*Being Mortal: Medicine and What Matters in the End*）。臺北：天下文化。

王聖棻、魏婉琪（譯）（2015）。Thomas Lynch（著）。**死亡大事**（*The Undertaking: Life Studies from the Dismal Trade*）。臺北：好讀。

延金芝（2015）。**五分之二就夠了，擦亮人生回憶與資產整理術**。臺北：太雅出版社。

黃琪雯（譯）（2015）。Emmanuèle Bernheim（著）。**天堂計劃：陪父親走向安樂死的一段路**（*Tout s'est bien passé*）。臺北：寶瓶文化。

中村伸一（2014）。**為告別作準備：兩位醫師對善終的深度對談**。臺北：佳魁資訊。

吳虹儀（譯）（2014）。坂岡洋子（著）。**老前生活整理 預約優雅後青春**。臺北：麥浩斯。

蔡宏斌（2014）。**好命到終老：預立醫囑、安寧緩和、遺物遺產，善終指引完全指南**（貼心附贈「以防萬一筆記本」）（*A Beginner's Guide to Master Reflections on Lifetime Journey: Chinese Blessings of a Peaceful End*）。臺北：貓頭鷹。

劉格安（譯）（2013）。長尾和弘（Nagao Kazuhiro）（著）。**善終，最美的祝福：預約圓滿終點的10個條件**。臺北：高寶。

張曉卉（2013）。**牽爸媽的手，自在到老的待辦事項**。臺北：天下生活。

楊明綺（譯）（2013）。保坂隆（著）。**理想的老後：讓你到老更幸福的人生整理術**（人生の整理術）。臺北：如果。

梁永安（譯）（2013）。Philip Gould（著）。**我將死去：一個神聖旅程的總結**（*When I Die: Lessons from the Death Zone*）。臺北：早安財經。

Part 3

趨勢篇

◎趨勢——

是時勢的傾向；也是尋找未來出路的指標。本篇側重「老年—社會」辯證關係的診斷與發想，企圖在全球化背景下，順利迎接具創造性意涵的友善老年社會環境。具體內容包括：

◆退休、老年經濟與人力資源運用

◆銀髮產業

◆健康暨高齡友善城市

Chapter 10

退休、老年經濟與人力資源運用

- 退休與老年經濟
- 老人就業與人力資源運用
- 他山之石：先進國家做了什麼？
- 特殊議題
- 延伸閱讀

「擁有一個養得起的老年退休生活」，這個美景將越來越模糊。

　　沒錯，當工作數十年進入退休的倒數計時之際，赫然發現離開職場後迎接你的，不只是「下流老人」，更可能將成為「過勞老人」？彼得・杜拉克（Peter F. Drucker, 1909-2005）即曾預言，未來勞動力的組成是60歲以下和60歲以上勞工共同承擔，而人生的第二生涯、第二春或退而不休、繼續工作的情形將越來越普及的日子，已然來臨。

　　推估2050年全球人口將增至98億，其中60歲以上人口將達21億（United Nations, 2017）。的確，面對全球少子高齡化現象迅速漫延，老齡人口持續增加，以及未來總人口將出現負成長的背景之下，老年人的經濟生活將如何？國家經濟要如何獲得可持續性？又如何能讓長者擁有一個養得起的老年退休生活，進而迎接健康正向的老化？已然成為最具急迫性與未來性的經濟與社會議題。我們關心的是：國際社會，特別是已開發國家，為期能夠持續供給適足性的勞動力（sustainability of labor supply），進而激發老年族群積極參與社會，持續就業或貢獻於社會，既能填補人力缺口，提高產業動能，又能擁有一個養得起的老年退休生活，它們做了什麼因應政策？是否有新思維導入，啟發老年人有意願投入有酬或無酬的生產性勞動與服務？對老年人力資源的運用情形如何？

　　據此，本章首先描述變遷中的新「退休」觀與老年經濟狀況，其次，說明老人再就業與人力資源發展的關係，並企圖提出生產老化觀點，揭露老人投入生產性活動的積極意義，最後，則徵引主要國家在老年經濟與人力資源運用上做了哪些舉措，以供借鏡參考。在特殊議題方面，則聚焦在：高齡者就業是否會搶了年輕人的資源，以及優化

銀色人力該怎麼做，進行深入探討。

 第一節　退休與老年經濟

一、變遷之中的「退休」意象

由於整體環境的劇烈變動，對退休的看法正在改變之中；退休是一種彈性的過程，也是多樣的選擇

一般將退休（retirement）視為個體不再從事一項全時有薪的工作，而接受過去工作的退職金作為某些收入的人；或指正式工作的結束與全新生活角色的開始，包括對行為的期待與對自我的重新定義（Turner & Helms, 1989）。

其實，退休不是人生趨於結束，而是另一階段的開始。退休代表個人生命歷程中一個重要的地位推移（status passage），如同結婚、畢業、工作或失業一般。任何一次的地位推移，意味著個人將開啟某一地位，並結束另一個。同時，地位推移也意味著個人可能失去或獲得權力、特權和聲望等，個人的自我意識、認同以及行為亦產生改變（Cockerham, 1991）。

老年寄宿所（Elderhostel）的創辦人諾頓（Marty Knowlton）認為，退休不代表撤出有意義的活動，人的晚年應該被視為享受新挑戰的時期；美國退休人員協會（AARP）指涉退休是：「面對一個嶄新且有活力的生活層面，充滿新鮮的機會、擴大的興趣範圍、新朋友以及內心深處的滿足。」龍恩與卡蒙斯（Long & Commons）統攝各家觀點，將退休分為幾種不同層面以窺探其義：(1)退休代表一種身分；(2)是一種角色；(3)是一種歷程；(4)是一種選擇（黃富順、陳如山、黃

慈，2003）。

更寬廣的觀察，退休是一種工作賺來的報酬，是過去勞動的一種結果，是原有工作的結束，也是一種新生活的開始，可視爲角色的變遷與二度人生之開展。

提早退休、延退或退而不休，可以是老年人多樣的身分、角色、選擇的彈性過程，有更寬廣的想像空間

摩根資產管理於2016年調查顯示，歐美國家民眾在規劃退休生活時，已不流行「宅退」，取而代之的是追求實現興趣、創業、學習新知或投入志工等第二人生，退休後有目標的人，能活得更健康長壽；臺灣工作環境壓力大，逾54%民眾希望退休後能過著悠閒自在的生活。但時間拉長來看，假使退休之後都沒有任何第二人生目標，很容易變成「宅退人生」。

其次，「就業間隙」（bridge employment）概念（Weckerle & Shultz, 1999）受到廣泛的重視。該概念主要是針對部分的退休現象，說明較年長員工在替代階段的投入及離開職場的情況，尤其是60歲以上員工，實際完全脫離職場者甚微。選擇不退休的年長員工的原因，包括未對退休作明確的規劃、需要有所貢獻、受到器重以及希望有所作爲。這種現象，對「退休」賦予新的意涵，將較年長員工視爲留任（remaining）、退休（retiring from）、重返職場（Stein, 2000）。

綜合上述，「新退休觀」泛指：個體從全職的工作崗位撤退下來，並以退休金或社會福利金作爲部分收入來源，是生活型態改變的一種彈性過程，也是個人生命中重要的轉捩點。更積極的說法則是，退休代表的是第二次的人生機會，一段嶄新的生活，人生方向的思索與重新定位，可視爲角色的轉換與第二生涯的開啓。

二、聯合國老人經濟狀況報告

依據聯合國經濟與社會事務部（United Nations Department of Economic and Social Affairs, UN-DESA）發布《全球老年人社會處境、福利、參與權和發展權現狀》（2011）報告，其中有關全球老年人就業、收入、消費和貧窮等經濟狀況，相關資訊摘要揭露如下：

(一)就業

1. 勞動力參與：2008年，全球65歲以上人口中，約有30%的男子和12%的婦女從事經濟活動。由於許多發展中國家的社會保障有限，不少老年人出於經濟需要而工作。
2. 工作環境：老年勞動者比年輕勞動者更可能在農業和非正式部門工作，或從事兼職工作。這通常意味著工資低、工作沒有保障、升遷機會少、沒有退休福利。
3. 就業方面的年齡歧視：老年人往往在僱用、晉升、職業培訓等方面受到歧視。經合組織的調查發現，幾乎在所有國家，大部分雇主都對老年工人持有成見，雇主對老年工人能力和生產力的負面看法影響他們的僱傭和留任。
4. 失業：在大多數經合組織（OECD）國家中，長期失業的發生率較高。特別是55歲以上的求職者，長期失業率平均為31.3%。
5. 退休：多數國家有法定退休年齡，體制內的勞動者在達到該年齡後有權領取養老金和享受其他退休福利。2009年，各國法定退休年齡從50歲到67歲不等，但發展中國家普遍低於發達國家。

(二)收入

1. 收入來源：在多數國家，65歲以上人口的可支配收入包括公共部門提供與薪資有關的養老金，以及通過基本計畫、以資源貧富為依據的計畫和最低收入計畫等得到的補助。但各項收入來源因國家而異。

2. 養老金制度和覆蓋率：雖然有近40%的勞動力人口居住在有養老金計畫的國家，但實際上只有25%的人有資格參加養老金體系繳款或享有養老金權利。大多數非經合組織國家的養老金制度所覆蓋的勞動力比例相對較低。

3. 金融和信貸服務的可及性：多項報告顯示，老年人無法獲得金融和信貸服務，尤其是在中低收入國家。除了年齡因素外，老年人被拒服務的原因也可能是被假定無力償還貸款。

4. 代際轉移：沒有養老金的老年人，在無力養活自己的情況下，一般以家庭為依靠。發達國家和發展中國家的情況一樣，家庭間淨經濟轉移，主要是從老年成員轉到年輕成員。

(三)消費

老年人的收入通常花費在住房、社會服務和能源方面。在發展中國家，老年人的人均消費水準往往與年輕人大抵相同或稍低。而在一些較發達的國家，退休後的個人消費明顯減少。然而，如果考慮到健康、長期護理和其他社會服務的公共開支，較富裕國家的老年人人均消費則趨於上升，特別是80歲以上老人。

(四)老年貧困和收入保障

2005年左右，經濟合作暨發展組織（OECD）國家中，平均13.3%的65歲以上老人為貧困人群。老年「安全網」計畫提供的福利水準和

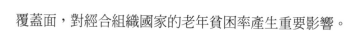

覆蓋面，對經合組織國家的老年貧困率產生重要影響。

三、臺灣老年人經濟安全情形

(一)調降公共年金給付水準，老年生活所需將趨於緊縮

平均壽命延長及出生率下降是臺灣人口結構老化主因，老年人口的增加伴隨青壯年人口的減少，使得青壯年人口的老人扶養負擔逐漸增加；持續降低退休世代的公共年金給付水準，將使得未來老年人口陷入貧窮的風險

臺灣1993年邁入高齡化社會（7%），2017年高齡社會（14%），預估2025年進入超高齡社會（20%），從高齡化社會達到高齡社會，僅用二十四年，所用時間之短，領先許多老化先進國家。少子女化與平均壽命延長共同造成之老年扶養比（old-age dependency ratio）的增加，使得萎縮之工作世代的財務負擔將日益沉重，此現象呈現在老化指數與撫養比之間的變化情形，特別是對老人經濟安全體系穩定，產生極其深遠的影響。

所謂老化指數是衡量一地區人口老化程度之指標（65歲以上人口數／0-14歲人口數×100）。臺灣自2006年55.17開始一路爬升，2016年達98.86，2017年2月飆破100.18，開啓老年人口大於幼年人口時代；所謂扶養比是依賴人口對工作年齡人口扶養負擔的一種簡略測度（〔（0-14歲人口數＋65歲以上人口數）／15-64歲人口數〕×100）。1993年每12.5 個青壯人口扶養1個老人，2010年時每6.9個青壯人口扶養1個老人，2016年扶養比36.13，預估2060年，每1個老人將只受到1.2個青壯人口扶養。

沒錯，各種人口預測指出，老年人口扶養比的增加，導致公共年金、健康、長期照顧等福利支出擴張，成為不利於國家整體財政健全

發展的因素之一。臺灣自20世紀90年代開始密集化之緊縮性公共年金體系的改革，降低老年人退休的公共年金給付水準，影響經濟安全生活，涉及層面包括：

1. 基礎老年經濟安全體系：旨在提供給已經退出勞動市場之高齡者持續性現金給付（中低收入戶老人生活津貼、老年農民福利津貼、敬老福利生活津貼）。
2. 職業相關老年經濟安全制度：包括軍公教人員退休（撫卹）制度、勞工退休金制度、勞工保險老年一次給付。
3. 國民年金制度：主要為失業者、家庭主婦、學生及身心障礙者。

(二)老人生活狀況呈現在生活費用需求、經濟來源、經濟負擔三方面

◆生活費用需求

　　調查顯示，2013年65歲以上平均每月「可使用」的生活費用為12,875元；退休前職業為軍公教者，認為生活費足夠的超過七成，2017年高達353,000名退休勞工，每月年金在15,000元以下，落在「貧窮線」以下

　　依據2013年「老人生活狀況調查報告」（衛福部，2014）顯示，就主要經濟來源別觀察，以經濟來源為「自己的退休金、撫卹金或保險給付」者，平均每月可使用的生活費用18,708元最高；其次為「自己的儲蓄、利息或租金或投資所得」之15,903元。就經濟狀況觀察，「大致夠用」者之平均每月可使用生活費用為12,447元。

　　同時，65歲以上老人平均每月可使用的生活費用以「6,000元～11,999元」占28.5%最多；其次為「5,999元及以下」占23.3%，平均每

月可使用的生活費用為12,875元。「中華民國105年國民生活狀況意向調查報告」顯示,「個人財務狀況」為66.1%,普遍趨於偏低(內政部統計處,2016)。

另一項調查顯示(高宜凡,2014),退休後的生活費夠不夠?12.3%表示「夠,很充裕」,45%認為「夠,差不多剛好」,兩者合計近六成,「非常不夠」的只有13.3%。交叉分析發現,退休前職業為軍公教者,認為生活費足夠的超過七成,有兼職的人也有三分之二認為足夠,是兩種財務狀況最好的退休族。

衛福部統計,2017年全臺各地最低生活費範圍為10,290元至15,554元。勞動部2017年2月公布的勞保老年給付級距顯示,全臺高達353,000名退休勞工,每月年金在15,000元以下,其中約13萬人月領年金不到10,000元。若只靠年金生活,他們落在「貧窮線」以下,銀髮族須重返職場,出賣勞力才能活下去。根據主計總處2015年「家庭收支調查報告」,家戶所得最低20%,約166萬戶中,65歲以上人口占88萬戶。

◆經濟來源

調查顯示,55～64歲者以「工作或營業收入」為最重要經濟來源,超過四成目前為有酬工作者;65歲以上者以「子女或孫子女奉養」及「政府救助或津貼」為最重要來源,僅有一成為有酬工作者;年紀愈大的退休者,愈仰賴子女跟老人年金,近半數貧窮家庭「主要經濟來源」是65歲以上的老人,2017年年金改革定案實施後,整體經濟來源更加趨於保守

一項以國人退休生活大調查顯示(高宜凡,2014),最主要的三項生活費來源是什麼?45.1%的退休族表示以「職業退休金」(含勞保、勞退金)為主;其次為「自己儲蓄」(37.5%)與「子女」(26.3%),「政府老人年金」(含國民年金)超過兩成。

衛福部（2014）調查顯示，就主要經濟來源別觀察，以經濟來源為「自己的退休金、撫卹金或保險給付」者，平均每月可使用的生活費用18,708元最高；其次為「自己的儲蓄、利息或租金或投資所得」之15,903元。就經濟狀況觀察，「大致夠用」者之平均每月可使用生活費用為12,447元。

另外，55～64歲者之經濟來源以來自「自己工作或營業收入」重要度39.6為最高，其次為「子女或孫子女奉養」之23.3；目前從事有酬工作者占43.2%，工作之原因以「負擔家計」的重要度66.5最高，「經濟獨立自主」居次；65歲以上目前從事有酬工作者占10.3%，工作原因以「負擔家計」的重要度51.0為最高，「打發時間」居次，並以「子女或孫子女奉養」及「政府救助或津貼」為最重要經濟來源（衛福部，2014）。

依據主計總處2012年「五等分最低所得級距」統計顯示，最低所得級距（最貧窮家庭）裡，47.6%是由「老人養家」，近半數貧窮家庭「主要經濟來源」是65歲以上的老人。「每戶平均就業人數」也透露「窮老人獨撐家計」的景況，最窮家庭平均就業人數0.51人，中等家庭為1.52人，最有錢的人家就業人數最多，達2.28人。

◆經濟負擔

「政府養不起你、家人養不起你、退休後自己也養不起自己」，受少子女化、高齡化衝擊，愈來愈多臺灣老人，可能被迫重返職場；65歲老人勞動參與率已趨近9％，創新高，中高齡持續留在職場將成重要選項

調查顯示，55～64歲者有近二成六需提供父母經濟支援，65歲以上需支援父母者占4.6%；其次，提供子女或孫子女經濟支援情形：55～64歲及65歲以上者需要提供子女或孫子女經濟支援比率，分別為二成五與一成（衛福部，2014）；詢問受訪者覺得影響退休後生活

費的三個因素爲何？前三名依序爲：通貨膨脹（36.3%）、醫療支出（24.9%）、國家財政破產（20.6%）（林上祚，2014）。

在勞動力參與率方面，中高齡持續留在職場趨於明顯（勞動力參與率指勞動力占15歲以上民間人口之比率，公式：勞動力÷15歲以上民間人口×100）。依據2014年主計總處統計，65歲以上老人勞動參與率逐年走高，2014年3月底爲止爲8.6%，創新高；2017年1～6月平均8.6%，顯示愈來愈多老人「退而不休」或者「退而不能休」。至於中高齡勞動情況，45歲以上中老年人的勞參率達58.4%，顯示國內近六成中老年人仍留在職場上、持續工作。

從主計總處針對45～64歲中老年人的退休準備調查發現，高達72.98%的受訪者決定「自謀生路」，以「固定經濟來源」例如保險年金、投資儲蓄或收租等方式度過餘生；其次是「本人及配偶的退休金」，所占比例爲29.58%；只有0.98%希望由子女供養，華人社會所謂「養兒防老」的傳統，在臺灣已然破滅。

(三)整體觀察

未來工作人口將又老又少，老後生活岌岌可危，恐從「下流老人」推擠至「過勞老人」之列

想要擁有一個過得起的老年生活，那美好的景象似乎更遙遠了。「下流老人」（かりゅうろうじん）一詞是日本藤田孝典於其2015年著作《下流総老後崩壊の沖撃》中所提出的。「下流老人」指無法正常度日、被迫過「下流（中下階層）」貧困生活的高齡者，日本未來可能出現「1億人的老後崩壞」，目前「下流老人」約六百萬到七百萬人。

的確，當通貨膨脹、醫療支出、國家財政破產成爲臺灣長者擔憂退休後生活費前三名時，伴隨年金制度將崩壞、長期照顧缺乏人力、高齡醫療缺乏品質、照護條件日益提高、老人居住困難，而且未來會

只增不減，「下流老人」似乎已然不遠。藤田孝典的中文版《續‧下流老人》（2017年），討論日本銀髮族年金過少、工作過勞，未來不僅是「下流老人」，還被迫成為工作到生命最後一刻的「過勞老人」（陳宛茜、呂思逸，2017）。

展望臺灣公共老年經濟安全制度，面對政府縮減年金，加上物價、房價高漲，儲蓄不敷使用，中老年的勞動參與率持續增加的事實，許多銀髮族退休後被迫再找工作，卻因遭年齡歧視、老年就業市場不夠多元，而再度就業也只能從事體力勞動。沒錯，要認清的一項事實就是，社會銀髮化被視為一種新社會風險，當人類第三個生命階段──「退休」來到，「延後退休」、「延長工作年數」、「使人們延長處於就業情況」成為常態，不只是「下流老人」，也已拿到「過勞老人」門票。

第二節　老人就業與人力資源運用

一、臺灣勞動人力運用情形

人口紅利期消退，2026年將關閉人口機會視窗，然後進入到勞動力下滑的人口負債結構，工作人口將又老又少

「人口紅利」（demographic dividend）係指國內工作年齡（15～64歲）人口達總人口66.7%以上、扶養比（14歲以下幼年人口及65歲以上老年人口占15～64歲工作年齡人口之比率）則在50%以下的狀態；因人口年輕化帶來勞動力增加、儲蓄和投資增長、人力投資增加和婦女就業機會增加等，從而對社會經濟發展有利。據國家發展委員會（2015）人口推計，未來十年工作人口將減少180萬；而平均工作

年齡，十五年後，將從現在的35～44歲轉遞爲55～64歲爲主要勞動人口。

我國工作年齡人口於2006年約占總人口之66.9%，隨後即會下滑，扶養比將高於50%；「人口紅利期」約自1990年開始，2010～2014年是臺灣人口紅利的巔峰，嗣後，數十多年來人口紅利優勢豐厚程度將會逐漸減退耗盡，然後進入到勞動力下滑的人口負債結構，出現由勞動力無限供給轉爲勞動力短缺階段的劉易斯轉折點（Lewis Turning Point），並在2026年關閉人口機會視窗。

經濟合作暨發展組織2013年發表「高齡者就業率的世界性比較」指出，法國爲2%、德國爲5%、英國是9%，日本高達20%。根據勞動部公布的「65歲以上就業者概況」，臺灣高齡就業人口，從2011年的197,000人，攀升到2016年的258,000人，高達8.61%；而55～64歲者占可工作人口的比重將逐年提高，推估2040年時爲368.9萬人，占比27.6%，已超過四分之一，直到2060年，占比都將超過二成六。

臺灣自2026年人口紅利期結束，2033年進入人口負債期僅需七年，意味著勞動力供給緊縮，社會負擔相對較重，屆時工作人口將又老又少。更值得關注的是，高齡就業人口攀升呈現的意義是：有更多長者投入工作，追尋「第二人生」的意義；另外是有相當數量銀髮族爲生活所迫，爲了活下去而「不得不」繼續工作，成爲做到死的「過勞老人」。

銀流席捲而來，少子女現象推升老化急又快；在老人經濟安全體系改革調整後，受整體大環境生活日蹙影響，老年勞動力參與率被迫推升，中高齡過早離開勞動市場的現象，將逐漸趨緩

研究表明，近年出生率迅速降低，是造成國內人口老化逐年加劇的重要因素（張志強、吳玟澐，2012）；史無前例的，日本於2013年已率先步入人口負債階段（少年兒童和老年人口快速增長，人口總扶養比例超過60%則稱之爲「人口負債」），臺灣人口負債期平均老化

指數高達331.24，反映未來人口結構老化問題將最為嚴重，高齡人口將是幼年人口的3.3倍。

據統計，臺灣出生人數以一年平均減少一萬人的速度下降。2009年臺灣出生率已降到8.29‰；每位婦女一生生育的子女數只有一人，全世界最低；相較於香港的1.3人、日本的1.4人還低。因為出生率跌幅高於預期，人口負成長的時間比原先預估提早十年發生，臺灣2017年開始出現人口負成長，未來老齡人口比率快速上升，人口、經濟結構都將有激烈改變。

臺灣中高齡過早離開勞動市場情形，2015年國人平均餘命達80.2歲，勞動部2016年統計指出，我國男女平均退休年齡分別為62.8歲、60.7歲，2010～2015年實際退休年齡，男性63.3歲、女性60.6歲。均較法定退休年齡65歲提早；同時，行政院主計總處調查亦發現，該年平均廣義賦閒人口有101萬人，創歷年新高。

一項調查顯示（高宜凡，2014），從事服務業與傳產製造業退休的中高齡員工，重回職場的成功率較高；65歲（法定退休年齡）是否繼續工作，贊成（40.5%）與不贊成（44.6%）的比率幾乎均等，軍公教（55.4%）跟50～59歲（51.3%）的早退族，最不贊成。的確，在退休後仍有逾二十年可資妥適安排運用空間，過早離開勞動市場，實已導入人力浪費與政府財政負荷雙重艱困之境。但是，未來在公共年金緊縮實施後，此現象勢將改變，老年再投入勞動人力情形，值得進一步觀察。

二、老人再就業與身心健康

老年再就業是社會參與的方式之一；「社會參與」是個人在社會團體中的參與，包括：一般性的社區參與、與工作有關或無關的社會網絡活動，內容相當廣泛

再就業意指退休者在退出就業市場後，又再次以各種動機，因應個人的需要，再回到就業市場；通常，再次就業必須是有酬性質的工作（游鴻智，2000）。對一些老人來說，工作可以是一種新的歷程，也是之前工作的延續，或是一種學習新技巧、建立友誼的方法。同時，研究顯示（Hsu, 2007），有持續工作者（有薪職）其社會參與率愈高；而老年人不管是具有薪職或是有社會參與，其死亡率及認知功能的損傷都相對較低。

許多研究顯示，老年再就業與個人身心健康狀況有關；透過社會參與有助老人繼續保有喜愛及習慣的生活方式，符應社會老年學「持續理論」與「活動理論」強調：老年人應持續參與社會論點

一項針對57歲以上長者研究顯示（汪珮琪，2000），工作對中老年人心理支持影響甚大，不再工作通常就會失去在職身分地位、社會角色，對個人之身心狀況產生巨大衝擊，與身心健康有顯著相關；持續無工作者憂鬱情況是持續有工作者的1.76倍。在老年期仍然持續工作的人，由於與工作夥伴新建立的人際網絡，因而呈現士氣較高、愉快、適應良好並且比較長壽（Mon-Barak & Tynan, 1993）。

2015年法國國家醫療衛生研究院（INSERM）研究也指出，持續工作、延後退休、維持社會參與，可能降低罹患失智症風險。研究人員分析了429,000名退休人員的健康保險紀錄，結果發現每延後退休一年，罹病機率就降低3.2%（陳亮恭，2015）。此外，日本每100名就業人口中，就有10名是65歲以上老人，且數量還在繼續增加；有五十幾萬老人透過政府補助的「國家銀髮人力資源中心協會」找工作，求職原因各異，大多是為了保持身心健康（陳韻涵，2016）。

2013年英國經濟事務研究所（British Institute of Economic Affairs）研究報告指出，退休後有40%的人自覺健康狀況下降，40%出現憂鬱症，60%至少出現一項身體功能缺損，60%退休後會吃一項慢性病藥物。因此，研究機構做出「工作久一點，健康好一點」的結論；另

外，法國國家健康與醫療研究所（French National Institute of Medical and Health）調查顯示，過了退休年齡，每多工作一年，失智症風險就相對下降。

相關研究顯示退休再就業需求包括：經濟性需求、健康因素、心靈寄託、自我實現、回饋社會等面向，有助身心健康正向發展；嬰兒潮世代退休後的再就業傾向，值得關注

老人透過再就業或志願服務等社會參與的方式，使生活經常保持活躍狀態，對生命具有潤滑、鍛鍊的保護作用；再者，老人繼續參與社會活動，可獲得愛與被愛、尊重、自我實現等較高層次的需求滿足，進而發揮「退而不休」的精神，達到「老有所用」的境界（朱芬郁，2012），真正成為一位有生產力的老年人。

美國退休人員協會（AARP）2003年一項針對嬰兒潮世代進行調查（謝依純，2012），在1,200位中高齡者的受訪中，表示退休後仍要繼續工作的原因：(1)87%的人是為了維持心理活動；(2)85%的人是要維持生理繼續活動；(3)77%的人是為了保有生產性或是工作能力；(4)66%的人為了保有健康照顧福利；(5)54%認為是因為生活需要必須工作賺錢。以德國為例，由於高齡者的勞參率偏低，已將法定退休年齡延後至67歲，並在未來希望能延長到70歲，以擴大勞動力的數量，增加國家競爭力，同時並能緩和嬰兒潮世代退休潮的財政壓力（吳惠林，2014）。

戰後嬰兒潮世代已陸續邁入退休，在十年內進入高峰期。美國國家老化委員會（The National Council on the Aging）2005年針對年齡40～58歲嬰兒潮世代（樣本數3,448人）調查報告「梅瑞爾・林屈新退休調查：從嬰兒潮世代觀點」（The Merrill Lynch New Retirement Survey: A Perspective from Baby Boomer Generation）顯示，嬰兒潮世代寧可把退休看作是循環週期中的一段「休假期」，而不願視為傳統的「退休」。

「含飴弄孫」不應成為退休長者的唯一最終目標；嬰兒潮世代退休後的再就業傾向偏高，投入原因在賺錢、熱愛工作、心理的滿足與生活品質，有許多的選擇並傳遞核心優質價值；是可積極開拓的人力資源

一項研究指出（周玟琪，2011），工作或就業對於長者個人，將可獲得有形與無形報酬，包括個人的薪資與心理的滿足與生活品質；銀髮人力再運用可傳遞五項核心價值：促進健康、提高社會參與、回饋與貢獻、改善貧窮、促進經濟所得安全等。

2016年美國勞工部勞動統計局（Bureau of Labor Statistics）數據顯示，近五分之一的65歲以上老人仍舊在工作，創五十年來新高，需要賺錢是重要原因；泛美退休研究中心（Pan American Center for Retirement Studies）的調查顯示，60%延退的原因之一是要賺錢；65歲有36%是仍舊熱愛工作。

皮尤研究中心（Pew Research Center）分析顯示，老人從事管理、法律、社會服務、教育培訓等職業的比例較高，而從事建築、餐飲、計算機等職業的比例較低。波士頓學院退休研究中心（Boston College Retirement Research Center）指出，50歲以上的人「吸金」能力較二十五年前更強，而50歲以下的人「吸金」能力在下降。

綜括而言，中高齡者可能因某些不利因素，被迫提早退出勞動市場，造成勞動參與率下降。美國退休人員協會的研究顯示，80%嬰兒潮世代的人表示打算在退休時從事打工（AARP, 2000）。嬰兒潮世代退而不休或延退，已成為新銀髮族的重要選項，蓄積充沛龐大的人力資源，有待開發。

三、老年人力資源新思維——生產老化

20世紀末，國際組織及世界各國面對人口老化的趨勢，紛紛致力

於透過國際行動、研究計畫，試圖協助老人適應老化的過程並能安享愉悅晚年；生產老化（productive aging）是國際社會自1990年代以降積極推動的新理念，側重運用老年人力資源，導入老人享有尊嚴與價值並扮演貢獻者角色

老化一般泛指每個人都會經歷且不可逆轉的自然現象（朱芬郁，2015）；容或有著不同的觀點，不論用詞為何，大體可以歸結出共同的要素，包括：強調健康的重要性、重視經濟安全的保障、鼓勵老人從事社會參與、延後工作退休時間、在心理上重視其對生活的感受及與他人更密切的互動（石泱，2010）。這些觀點都突破了多數人對老人的刻板印象，有助於長者思考要過何種晚年生活。

聯合國1992年老年權益宣言強調老年對社會的貢獻而非負擔，鼓勵老人社會參與，促使個人為自己的晚年做好準備。鑒於人口老化帶來的挑戰是勞動力老化與減少、勞工短缺、年金成本升高與稅收減少、退休期間長與生活期待高等（Mayhew, 2005）。自1980年代開始，在延緩老化的研究中，以老人為主體的理論開始出現成功老化、健康老化、生產老化、活躍老化等觀點（詳如本書第3章，請參閱）；希冀破除人們對老人的刻板印象，其中，「生產老化」理念在老年人力資源發展上，特別值得深入探討。

生產性老化理念，一方面基於生命歷程觀點（life course perspective），認同「人終其一生都應享有尊嚴與價值」的信念；另一方面則受到全球性的平均壽命延長，以及健康高齡者人數的持續攀升的推力，使得老人福利與服務領域的工作者，繼「健康老化」、「成功老化」、「活躍老化」之後，發展出更具體運用老年人力資源，持續做出對個人、家庭、社區、國家與人類全體可能的貢獻。

善用老年人力資源，無論是從事有酬的工作、志願服務、教育、運動、休閒旅遊、政治參與或倡導活動，都是一種生產力活動；長者在老化過程中，因為擁有足夠的個人及社會資源，且能以健康的身

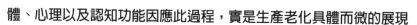

體、心理以及認知功能因應此過程，實是生產老化具體而微的展現

　　哪些是具有生產力的活動？通常可概分為六類，包括：(1)市場性
的經濟活動；(2)非市場性但有價值的活動；(3)正式部門的社會與公民
投入；(4)非正式社會支持與協助；(5)社會關係與社會活動；(6)自我
提升（Sherraden, Morrow-Howell, Hinterlong & Rozario, 2001）。換言
之，持續參與社會、經濟、文化、心靈與公共事物，以及擁有生理的
活力或成為勞動力，都是一種生產老化。

　　許多研究顯示，有意義的生產性就業、社會活動參與、志願工
作，都可以創造活力的老齡歲月。據此，當全球老化趨勢日趨嚴峻，
老人經濟安全日蹙，「生產老化」的新思維，不但為人力資源發展掘
啟源頭活水，也為老年退休生涯內容注入更多的討論元素，後續力道
值得期待。

第三節　他山之石：先進國家做了什麼？

一、日本

**老齡化嚴峻，政府採設置相關部門與研訂政策並行做法，民間團
體推動中高齡就業力道渾厚**

　　日本2017年7月的人口126,300,469人（2014年1億1,329萬人），人
口呈現負增長；2013年，勞動人口首度跌破八千萬，成為亞洲第一個
人口減少國；高齡人口比例，在2006年已達20.4%，有2,560萬人創歷
史新高，成為超高齡國家，2015年達到26%，預估2055年老年人口將
達40.5%。因應中高齡者的激增具體做法有：

　　政府組織部門設置「高齡者對策部」，為日本全國管理高齡工作

的最高領導與決策機構

　　由厚生勞動省職業安定局內設立「高齡者對策部」。1985年裁撤高齡者對策部，另立「長壽社會對策關係閣僚會議」，爲全日制定老人方針政策的最高機關。1986年公布「長壽社會對策大綱」，1989年「高齡者保健福利推進10年戰略」（即著名的「黃金計畫」），2004年6月修正延長屆齡退休至65歲。日本高齡化綜合研究中心——以研究人口問題爲主要工作，成立於1984年。隸屬於日本總務省之下，是由內閣總理大臣許可批准的法人機構（許瓊文、楊雅婷，2007）。

　　中高齡就業促進的有關重要基本政策：提高退休年齡、實施續僱制度，以及保障高齡勞工就業意願與機會等三者

　　日本是亞洲推動銀髮勞動力的先驅。爲確保高齡者的僱用、足夠的就業機會或場所，公布的法令有「高齡者僱用安定法」、「高齡者勞動派遣特例」、「企業勤務延長制度」、「再僱用制度」、「各種高齡者僱用關係助成金」等。1980年後期以來主要的高齡化對策，「黃金計畫」（1989～1999）、「新黃金計畫」（1995～1999）、「黃金計畫21」（2000～2004）及「公共介護保險制度」（2000～）；90年代公布「高齡社會對策基本法」（1995年），是爲日本其後開展全面性的措施與制度確立基本方針與對策。2008年推出「中高齡者共同就業機會創造獎勵金」，並以獎勵性的「僱用多數高齡者獎金」取代強制性的「高齡者僱用率制度」（陳宛茜，2016）。

　　諸如：「高齡社會對策大綱」（1996年）透過高齡人才中心提供臨時及短期就業機會；修改「高齡者僱用安定法」（2004年）將退休年齡和年金給付提高至65歲，並且導入「繼續僱用制度」，而企業徵才若有年齡限制，必須說明理由；「繼續僱用制度」（2004年）規定勤務延長制度與再僱用制，前者，讓65歲以上者繼續在原來職務上服務；後者，由政府提供協助金，幫助高齡者退休後轉職到其他企業服務。

當然，日本民間是推動中高齡就業一股大力量，例如：公益社團法人全國銀髮人才中心事業協會，自1984年推動至今已超過1,300個資源中心，會員逾70萬，主要是提供就業情報、推廣工作、研修課程；考量長者的體能，工作應盡量具彈性，每月不超過十天，每週工時不超過二十小時，提供可讓高齡者快樂、有成就感的工作，安享有意義的老年生活。

二、南韓

全面啟動，強力落實促進企業僱用高齡者六大計畫，側重薪資遞減制度及強制聘僱措施

2017年7月南韓總人口數50,808,590人。依據南韓國家統計廳推估，60歲以上的老年人口比例逐年上升，2050年老年人口比例將達到38.9%，不但是進入老齡化社會最快的國家之一，也將成為世界上人口減少最快的國家；65歲以上的人口將占到國內總人口的38.2%，而世界平均比例是16.2%，南韓將成為世界最「老」的國家之一。

因應老齡化急速轉變趨勢，南韓的具體做法有：

2008年修訂施行反年齡歧視立法，2011年適用到僱用300人以上企業，2012年擴充至100人以上企業；2006年開始訂定每年11月第三週為老年就業週，倡議「能力比年齡更重要」，並表揚僱用銀髮員工績優廠商；2005年改革年資薪給制度，適用於僱用100人以上企業，2011年以後薪資補助由六年延長至十年；2008年實施就業獎助（OECD，2013a）。2012年，推動「跨世代工作分享」，三千企業提供中高齡員工重返職場機會，讓他們擔任年輕員工的導師與教練，前者提供經驗，後者帶來新知（陳宛茜，2016）。

再者，2012～2016年推動「第二期高齡者僱用促進基本計畫」，包括六大政策（郭振昌，2014）：(1)加強支持世代間工作分享；(2)擴

大支持中高齡者繼續留在主要工作職務；(3)加強退休準備和技能開發等協助；(4)擴大支持爲提前再就業作準備；(5)促進中高齡者對社會之貢獻及技能分享；(6)完善制度和基礎設施，以因應高齡社會的來臨。其目的在於創造更多的中高齡者工作更長久的條件與機會。同時，將中高齡就業培訓中心命名爲「人生二次收成支援中心」，讓人人都能擁有「第二次收成」的機會。

總之，南韓側重薪資遞減制度及強制聘僱，勞資雙方協議退休前逐年減少薪資、縮短工時，政府給予補助提升雇主繼續僱用意願；另外，高齡就業促進法中，針對300人以上企業，有強制聘僱一定比例的中高齡者，中高齡員工因體力等因素，讓50歲以上的中高年齡員工，可要求縮短工時。極具參考價值。

三、新加坡

友善樂齡，勞資政三方共同努力創造更好的就業機會；活躍樂齡理事會鼓勵樂齡人士融入社會，影響至鉅

新加坡爲亞洲快速老化國家之一。2017年7月總人口數5,837,518人；2014年人口年齡中位數爲39.3歲，其中65歲及以上爲431,600人，由2002年占總人口7.8%增至11.2%，將於2030年達到19%，邁入超高齡社會，2050年之前，38%國民將達60歲以上（CAI, 2006）。

基於人口結構趨向老化的預見，2012年公布《我們未來的人口方案：可持續的人口，朝氣蓬勃的新加坡》人口白皮書（*A Sustainable Population for a Dynamic Singapore Population White Paper 2012*），揭示著重人口數目、人口組成、工作人口組成等元素，並主張要輸入更多外地人口來照顧長者，作爲對老人晚年生活的重點關注。

面對快速老齡化政府與企業界等勞資政三方，共同爲高齡社會積極準備的具體做法有：

2012年啓動退休與重新僱用法（Retirement and Re-employment Act, RRA），確保年長員工繼續聘用至滿65歲，爲僱傭雙方提供更彈性靈活的條件。2013年WorkPro三年計畫，是由人力部（MOM）、勞動力發展局（WDA）、全國職工總會（NTUC）和新加坡全國雇主聯合會（SNEF）等勞資政三方共同努力聯合推出。

該計畫旨在支持成熟員工就業，採行一站式方案，鼓勵企業僱用年長員工／年齡管理工具包（包括：公平就業、再就業、職務再設計、彈性工作安排、績效管理、員工福利計畫、多世代員工管理）／教育訓練：勞動力發展局——使勞工皆能終身學習並提升技能，推出多項繼續教育訓練方案（CET）、成人學習中心（IAL）推動繼續教育訓練方案（CET），提供成人受訓者職涯發展的訓練歷程，並給予專業技能或證書，以及持續技能提升獎（TCA）現金獎勵。另外，提供補貼政策，企業僱用中高齡員工，可獲得補助（陳宛茜，2016）。

新加坡活躍樂齡理事會（Council for Third Age）（C3A, 2013）揭明，鼓勵樂齡人士融入社會，無論是熱衷於社會公益還是持續工作，過豐盛的生活；朋友和家人的支持，僱主對年長雇員的正面評價和看法，有助於樂齡人士持續融合社會；無論支持樂齡人士持續活躍於職場還是當義工，對社會和個人也是利多弊少。此說正爲臺灣提供更深度的思考。

四、英國

多管齊下，去除年齡與性別歧視落實僱用多世代員工，著力頗深

2017年7月英國總人口數65,566,299人，2050年將成爲歐洲人口最多的國家。推估2037年80歲及以上的人的數目將增加到600萬的水平，百歲老人的數字更將是現在的8倍。在2012年，英國人口平均年齡爲39.7歲，2022年平均年齡將上升到40.6歲，2037年更上升到42.8歲。

面對人口結構老齡化趨勢，具體做法有：

施行反年齡歧視立法（Anti-Age Discrimination Legislation, 2006）、持續實施促進彈性工時、漸進退休、取消強制退休、發行多世代就業管理手冊及企業實施模式案例、2011年工作經驗計畫（由針對青年擴充至老齡再就業），實施新企業津貼（The New Enterprise Allowance）、鼓勵創業等方面等（OECD, 2013b）。同時，英國研究不同世代「工作分享」的好處。報告發現，全英國麥當勞總員工近萬人，其中有千位員工屬中高年齡。那些僱用中高齡員工與年輕員工工作的點，其業績與顧客滿意度，比其他分店高了兩成（陳宛茜，2016）。

此外，工作與年金部（DWP）2014年「更豐富的工作生活：一個行動框架」（Fuller Working Lives: A Framework for Action）指出，如何導入50～60歲領國家養老金者，仍能持續工作；並引用財政研究所（Institute for Fiscal Studies）2013年報告的結論，強調沒有證據顯示年齡較大的工人，長期從勞動力市場會排擠出年輕人；宣導僱用多世代員工，無論是對中高齡勞工增加就業機會，建立勞工市場支持就業系統，以及對其健康與社會照顧需求的措施，特別是在去除年齡與性別歧視的議題，令人印象深刻。

第四節　特殊議題

議題一　高齡者就業搶了年輕人的資源？

人口結構老化和少子女化趨勢明顯，年輕階層勞動力萎縮將成為長期走勢。再加上扶養負擔加重，且家庭結構轉型成員數減少，老年

人口的照顧及扶養，已難全然由家庭承擔，將影響國家經濟成長動力及加重社會安全經費之負擔。

面對勞動市場人力短缺及老化問題，許多國家窮盡一切手段，啟動諸多方案，鼓勵生育並營造友善老年工作環境以資因應，例如：延遲法定強制退休年齡，鼓勵退休後仍留在職場，或激發老年人力再就業進入職場。這些已是許多老化國家所採取的主要做法之一。

問題是：高齡者再就業進入職場，是否影響青年就業，或衝擊中高齡者就業，彼此產生競合關係？

相關研究表明，經濟合作暨發展組織成員國，2010年20～24歲青年勞動者與55～59歲高齡勞動者的就業率相關係數為0.53；顯示老年就業機會的增加與是否影響青年就業，兩者之間彼此並不存在必然關係。換言之，從國際組織角度觀察，鼓勵老年再進入職場，並不會影響青年就業，或衝擊中高齡者就業，反而是與青年勞動力友善連接的有效途徑。

進一步要問的是：企業是否有意願增加僱用老年工作者呢？

一項研究顯示，高齡者就業遭遇障礙，不利於高齡者勞動參與率，包括：退休制度鼓勵提早退休、產業結構不利於高齡者就業、職場環境不友善、社會觀念對於長者外出工作存有負面觀感，以及個人觀念與家人反對等種種複雜因素等（范蓓怡，2007）。依據行政院主計總處2000年「臺灣地區事業人力僱用狀況調查報告」指出，約78%企業表示當缺工時，不願意僱用中高齡勞工。毋庸諱言，中高齡者因年齡限制，在體力、反應，以及因年資、職位使得薪水較高等因素下，僱主考量整體生產力與成本效益，僱用意願相對較低，已為不爭的事實。

臺灣中高齡者較早退休且勞動力參與率偏低；有多元再就業的方式

相較歐美國家，以及鄰近的日、韓，臺灣勞工「早退」約十年。

依勞動部2013年國際勞動統計資料顯示（衛生福利部，2014），我國平均退休年齡為61歲（男62.3歲；女59.7歲），低於韓國70.45歲（男71.1歲；女69.8歲）、日本67.9歲（男69.1歲；女66.7歲）及美國65歲（男65歲；女65歲）。

同時，根據相關統計數據顯示，我國50～60歲勞參率不到七成，55～59歲及60～64歲的勞動力參與率，分別為53.2%及33.4%；而韓、日、美等國相對應年齡組的勞動力參與率則分別在70%及55%以上（衛生福利部，2014），我國高齡者的勞動力參與率與國際比較，明顯偏低。

研究顯示（黃昭勇，2015），臺灣退休族最想從事的是「旅遊」及「當志工」；55～64歲對未來老年有生涯規劃者中，有意願繼續工作者占14%（衛福部，2014），再就業的方式則有：職涯轉換、延後退休年限、階段性退休、創業（朱芬郁，2011）。中高齡者容或有持續就業的需求或熱情，但大多在尋職過程中，頻頻遭遇困難與被婉拒門外，無法達成願望。如何增加中高齡者聘用率，似乎已是企業雇主、政府與中高齡者三方面，要共同努力的課題。

青銀共創新思維：青年出路與老年依靠連接

究竟應如何將青壯勞動人力與老年人力有效並和諧的加以融合，藉由強化就業媒合，使高齡勞動者工作權益與工作條件，受到較佳保障？我國人口政策綱領（行政院，2014）揭露：開發及運用中高齡及高齡者勞動力，並鼓勵「青銀共創」，促進世代融合與經驗傳承，以充分運用人力資源，營造友善職場，研議漸進式及適齡退休制度，使中高齡在職延長，藉以保障勞動權益及擴大參與。

2015年《高齡社會白皮書》（行政院，2015）以建構「健康、幸福、活力、友善」高齡社會新圖像為願景，在「幸福家庭」、「活力社會」項中，持續宣示「青銀共創」理念，並提出促進家庭、社區世代的融合，提升整體幸福感；以促進高齡者多元參與、提高自我價值

作為行動理念，積極促進高齡人力再運用，設計多元形式的社會參與機制，提倡世代智慧共享，規劃青銀共創，鼓勵高齡者將智慧經驗回饋社會、實踐夢想，達到老有所為、活力老化的目標。

隨著平均壽命的延長、老年教育及健康水準提升，老齡再就業已經成為一種趨勢或選擇。青銀共創——建構老有所為、智慧傳承及世代平衡的勞動環境；將青年出路與老年依靠巧妙連接，當有論者質疑高齡者就業搶了年輕人的資源時，青銀共創正為勞動人力的永續發展提出一個新活路。

議題二　優化銀色人力，該怎麼做？

「人」是組織最重要的資產，也是能否維持競爭力最主要的關鍵因素。當勞動力供給將持續萎縮成為未來趨勢時，除了積極獎助生育、鼓勵婦女投入職場，以及建立友善環境延後老年退休或促進再就業之外，還能做什麼？的確，進一步探討出路，如何運作策略性高齡人力資源發展，藉以優化現職老年人力素質，有效挹注勞動力，提高量能，誠然是頗值關注的議題。

20世紀80年代以來，人力資源被認為是組織或企業能持續維持競爭力最主要的關鍵；人力資源發展的內涵包含：訓練、教育、發展等三部分

人力資源（human resources），它具有「能創造價值」、「難以取代性」、「不易模仿性」等功能。人力資源發展是從人力資源管理所衍生出來的專業；「人力資源發展」（Human Resource Development, HRD）一詞是Leonard Nadler在美國訓練與發展學會（ASTD）1969年在美國佛羅里達州（Florida）邁阿密（Miami）所召開的年會上所提出的。其後，相關專業人員不斷地在探討如何透過訓練與發展，來提高對個人與組織績效的影響；1980年代中期以後快速擴增興盛，且愈來

愈顯現其重要性。

　　Nadler和Nadler（1989）認爲人力資源發展是：由僱主所提供有組織的學習經驗，在某一特定的時間內，產生績效改進或個人成長的可能性；其內涵涉及訓練、教育、發展等三部分。聯合國發展計畫署（UNDP）認爲人力資源發展「乃是一種政策、方案，它能提供與支持公平的機會，使得技術和知識得以持續的獲得和應用，並且進而提升個人的自主性以及個人、社區和所處環境的相互利益」（Rao,1996）。

　　Nadler和Nadler（1989）將人力資源發展的範圍區分爲三個活動領域：(1)訓練（training）；(2)教育（education）；(3)發展（development）。其中，「發展」之目的側重在獲得新的視野、科技和觀點，同時也重視個人的發展，培養繼續學習的意願，具備自我發展的能力等。

　　「策略性人力資源發展」（SHRD）概念在回應環境的快速變遷；策略性高齡人力資源發展旨在優化銀色人力素質，是一種以中高齡人士所進行的訓練、教育及發展的活動

　　「策略」是一種組織定位（positioning），組織達成任務的指引；「人力資源發展」是組織中有系統地學習活動。「策略性人力資源發展」概念的出現，在回應環境的快速變遷，是基於新經濟的需求，以及因應科技發展所帶來快速的改變（Grieves, 2003）。McCracken和Wallace（2000）定義爲學習文化的創造，在此文化中的訓練發展及學習策略，皆能配合組織的策略；相對的，也幫助策略的形成。

　　現代國家無不注重人力資源的培育、開發與運用，減少人力閒置造成資源浪費；而人力資源強弱的標準不能以數量的多寡、年齡的大小或運用的時間的長短來論斷。職是，人力在本質上是活的、能動的資源，可以透過「執行力的加值循環」（李明譯，2003），建構人力資源再生或再造。

　　策略性高齡人力資源發展乃是一種以中高齡人士所進行的訓練、教育及發展的活動；它是一種學習的過程，亦即一種為增進個人工作知識、技能，改變工作態度、觀念以提高工作績效的學習過程，優化銀色人力正是其核心職能。

　　優化銀色人力──策略性高齡人力資源發展：「選才、用才、育才、留才」策略，透過訓練、教育及發展的活動，達成挖掘「潛人才」使其成為「顯人才」，訂做「好人才」的目的

　　老年人力是多元人力的內涵之一，也是組織的資產，甄補並留住有價值的人才，利用員工的多元性，激發整體競爭優勢，正是抓緊組織或企業利基之所在。

1.選才策略：針對目標市場未來人力的需求，使之適才適所，甄選召募中高齡適當之「潛人才」。依據工作需要，進行工作分析與人力規劃，考量未來市場的發展需要，召募甄選合宜的潛人才，使之適才適所。

2.用才策略：依適才適所原則，將人才擔任合宜工作，充分發揮潛力，達成目標。依據個人的特長，安置至方案規劃職位，使人盡其才，得以充分發揮其活力，並可透過職能考評，作為晉用與升遷參考，以及擬訂績效改善之培訓計畫，充權成員的職能。

3.育才策略：分析目前與未來人力的需求，規劃實施教育訓練與進修之課程，培育優秀人才。主要是衡酌未來市場發展趨勢，落實人力資源規劃之平衡與持續發展。

4.留才策略：培育的人才與組織相結合，使之學有所用，藉以維持充足優秀的人力。如何使得人才安於其位，並全力投入，通常，可透過薪酬或福利的激勵制度（reward system），以及實施紀律管理，將組織發展與人才培育結合一致，使成員在適當的

規範下運作，留用優秀的人力。

📖延伸閱讀

勞動部「銀髮人才資源中心」（新北市／高雄市），http://swd.wda.gov.tw/ 微型創業鳳凰，https://beboss.wda.gov.tw/cht/index.php

uko（譯）（2017）。保坂隆（著）。上流老人：不爲金錢所困的**75**個老後生活提案（精神科医が教える 一生お金に困らない老後の生活術）。臺北：聯經。

賴皇伶（譯）（2017）。Barbara Bradley Hagerty（著）。重新定義人生下半場：新中年世代的生活宣言（*Life Reimagined: The Sicence, Art, and Opportunity of Midlife*）。臺北：馬可孛羅。

吳海青（譯）（2017）。藤田孝典（著）。續・下流老人：政府養不起你、家人養不起你、你也養不起你自己，除非，**我們能夠轉變**（続・下流老人 一億総疲弊社会の到来）。臺北：如果。

吳怡文（譯）（2016）。藤田孝典（著）。下流老人：即使月薪**5萬**，我們**仍將又老又窮又孤獨**（下流老人: 一億総老後崩壊の衝撃）。臺北：如果。

謝承翰（譯）（2016）。NHKスペシャル取材班（著）。老後破産：名爲長壽的惡夢（老後破産 長寿という悪夢）。臺北：大牌出版。

范瑋倫（譯）（2014）。Marci Alboher（著）。安可職涯：**40到70**，熟齡世代打造最熱血的工作指南（*The Encore Career Handbook: How to Make a Living and a Difference in the Second Half of Life*）。臺北：好人出版。

吳書榆（譯）（2014）。Milton Ezrati（著）。晚退休時代：**轉型超高齡社會未來關鍵30年，我們如何工作，怎麼生活？**（*Thirty Tomorrows: The Next Three Decades of Globalization, Demographics and How We Will Live*）。臺北：三采。

Chapter 11

銀髮產業

- 銀髮產業與老年生活
- 銀髮產業的概念分析
- 銀髮產業的商機診斷
- 特殊議題
- 延伸閱讀

「當燕子捎來春天的訊息，生氣盎然的大地景徵已然不遠。」

　　銀髮產業是老年賦權增能理念的載體，以老年人為目標客群，具有福利與微利的特徵；它的崛起、興盛與發展，為老年新經濟商業型態帶來挑戰。除了激發龐大的經濟量能，活絡市場，在其背後也隱含對「老年人權」的尊重，正為建立一個人人共享社會的進程，灌注渾厚的力道。

　　要誠實面對的是，高齡社會是以老年族群為主，長者由原來小眾將逐漸成為大眾，他們擁有較佳的經濟消費實力，但也帶來一系列社會問題，包括社會經濟活力、生活保障、醫療照護、老人服務和養老方式等。囿於國情、理念和價值觀的不同，銀髮產業的發展在歐陸是社會經濟取向；在美國是市場經濟取向；鄰近的日本則係產業發展取向。21世紀是熟齡族群主導市場的時代，老年社會學關心全球化下，老年生活與社會連結情形。銀髮產業商機無限，如何掌握繼第四波「網路革命」之後的「第五波財富」？整體而論，大多涉及老年人的消費權益與生活質量的衣、食、住、行、康復保健、高齡學習、娛樂、休閒、理財和保險等內涵，以至在商品設計、科技應用、消費方式、服務模式等，值得有意者密切關注其未來發展。

　　據此，本章首先分析銀髮產業與老年生活的關聯性；其次，進行銀髮產業的概念分析，藉以瞭解其意義、特性、範疇與內涵，從而掌握論述基本立場；最後，則對銀髮產業市場進行商機診斷，企圖揭露哪些是亮點商機。當然，正在快速發展中的智慧養老、逆向房貸等嶄新議題，充滿話題性與未來性，亦將深入探討。

第一節　銀髮產業與老年生活

一、全球人口老齡化催動銀髮產業發展

老年人口持續增加，人數龐大的嬰兒潮世代多元化與獨特性的生活消費需求，誘發銀髮產業快速發展；銀色經濟的開發，迎接史上最龐大的消費群體

人口結構老化意味著一個新社會型態的到來，當然，未來人口結構老化現象難以逆轉，已對全球經濟、社會及政治產生重大衝擊、改變。其中，催化銀髮產業的飆速發展，潛力無窮，極其亮眼。

戰後嬰兒潮世代（1946～1964年）自2011年正式步入熟年階段陸續屆退，推估在2050年老年人口數將超過全球青年的數量（Powell & Cook, 2009）；根據聯合國統計資料，1950年65歲以上的老人為1.3億人，2000年為4.2億人，預測2030年有10億人口超過65歲，2050年更增為14.6億人。世界衛生組織推估，2025年全球65歲以上銀髮族可望將近有6.9億人。

資料顯示，2002年亞洲60歲以上者有3億3,800萬人，占全球52.97%，預測至2050年將占全球62.51%。屆時全球有超過七成的老年人口居住在亞洲，是灰色人潮海嘯，也是銀色商機無限。WTO推測未來銀髮族可概分為兩類，一是非常或比較健康的，人數較多；另一類是需要特別的養護或照顧，人數較少，屬於長期照顧範圍，生活需求服務供給產品，有其特殊性。

人數較多且非常或比較健康的銀髮族，該族群整體呈現的特性在於：擁有自由時間，講究休閒；有錢、會花錢、捨得花錢；凍齡、抗

衰不老，追求年輕化；勇於築夢、圓夢，是活力充沛、老當益壯的族群；退而不休，積極汲取知識，興趣廣泛（朱芬郁，2016），並以此衍生設計出諸如休閒娛樂、旅遊、教育、住宅、養生、美顏、照護及醫療等相關方面的多樣化產品與服務。因之產生的銀色市場商機，正激發無限想像空間。

的確，為期迎接史上最龐大的消費群體（含嬰兒潮後期的世代，現齡40～60歲），展現整體族群為自主性較高，不喜歡倚靠子女，比較期望能自立生活的服務。為滿足其各項需求，改善老年人生活質量，銀色經濟的崛起，已將日益增長的老年消費市場規模，逐漸帶入深水區。

二、銀髮服務產業興起是人類歷史大事

銀髮服務產業興起並快速發展，是關注老年人權的體現；銀髮產業的服務供給，回應並滿足老年生活各項需求，營造自主行動、自尊生活的晚年

銀髮產業是晚近亟受重視的專有名詞，旨在指涉以老年人為目標客戶群的產業。然而，追溯其理念之實質內容，則是人類歷史大事。以往，無論是中國或是西方有關對老年人的關注，大多固著於對老病殘的刻板印象，不願給予大量的資源投入。

現今，則從健康促進角度出發，企圖協助長者活躍老化，擁有活力尊嚴的歲月。WHO於2002年倡導「活躍老化」的概念，以提升民眾老年期的生活品質，重視協助高齡族群達到最適宜的健康、社會參與及安全的過程；2015年9月針對「健康老化」賦以新義，將它視為一個持續性的過程目標，強調要持續參與社會及工作，並以提升維持最佳身心功能為方法。

2016年1月WHO公布《老化和健康全球戰略和行動計劃》（*WHO*

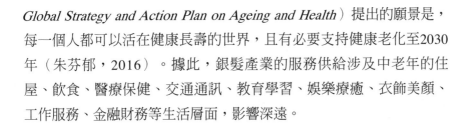

Global Strategy and Action Plan on Ageing and Health）提出的願景是，每一個人都可以活在健康長壽的世界，且有必要支持健康老化至2030年（朱芬郁，2016）。據此，銀髮產業的服務供給涉及中老年的住屋、飲食、醫療保健、交通通訊、教育學習、娛樂療癒、衣飾美顏、工作服務、金融財務等生活層面，影響深遠。

三、銀髮產業導入高齡社會的經濟動態

銀髮產業整體市場規模龐大，是21世紀最具發展潛力的五大產業之一；在經濟發展中具有「動力產業」的性質，創造相當大的產值與就業

日本產經省調查，2025年全球銀髮產業市場規模將達37.38兆美元；根據中國國家民政部社會福利和慈善事業促進司的資料顯示，2010年老年人口消費規模超過1.4兆元，預計到2030年將達13兆元（高楓，2015）。工研院服務業科技應用中心指出，我國2015年銀髮族產業商機市場規模超過1,000億美元，預計2025年時將可達新臺幣3兆5,937億元，較2001年成長4.4倍。

服務業是全球經濟發展的主要動力，內容相當多元，不同特質的服務業其附加價值也不同。銀髮產業是「銀色GDP」（Gross Domestic Product，國內生產毛額）的體現，同時兼具製造與服務性質；呈現中高齡長者有生產力，持續投入生產行列，又能突顯在消費行為所造成的經濟量能，激化銀髮族相關產品不斷地推陳出新，能形成消費流，產生商業價值，它帶動的生產、消費、僱傭，形成良性循環，對GDP形成貢獻，發揮「動力產業」的關鍵角色。

銀色經濟不僅是關於疾病醫療、失能照護等有關的產業，它可以是關於增進健康與活躍老化的廣大產業（邱淑媞，2016）。福利與微利是銀髮產業顯著特徵，它的社會功能、社會責任相對於其他產業更

重，它的健康發展有利於營造和諧社會；它正逐步影響未來的消費行
為、商業模式與產業發展方向。

 ## 第二節　銀髮產業的概念分析

一、銀髮產業的意義

「銀髮產業」的指涉為何？伴隨高齡社會環境劇烈變遷，銀髮產
業的日益現代化、專業化，其意涵尚未取得共識；但是，銀髮產業觸
及滿足老年人口生活基本需求的所有產品及服務，則為大家所認同

　　產業（industry）是一群類似企業組織的集合；一定要有兩項要
素：一是穩定的產業鏈（穩定的供應者或製造者、販售通路或經銷
商、消費市場）；二是穩定的獲利模式，也就是要有創造財富與就業
機會的潛力（陳超明，2015）。由於未來將會是更加注重個人化醫療
照護與服務的世界，國際社會意識到老年人口消費需求與供給問題，
投入大量研究工作，企圖更精準地導入銀髮產業的發展。

　　銀髮產業（silver industry），大陸內地稱為老齡產業或養老產
業。「產業」作為經濟學概念，其內涵與外延有其複雜性。值得辨明
的是，隨著年齡增長，銀髮族面臨變動不居的老化現象，導致其需求
有其特殊性。是以，基於對產業一詞的理解，源自銀髮族需求所符應
的銀髮產品和服務之特質也迥異。

　　有關銀髮產業的意涵，專家學者從不同的角度提出看法。曾怡禎
（2007）提出銀髮產業是指提供與高齡者有關的商品或勞務的一群經
濟主體，包括營利事業（私部門）、非營利事業（第三部門）和各級
政府（公部門）。李宗派（2008）則著眼於銀髮族群的民生需要為基

底，認為是泛指許多產業群體與服務機構針對銀髮族群的民生需要，包括最基本的食衣住行育樂，以及特殊需要醫療保健、休閒旅遊、善終歸宿、永生安排，所設計並提供適切合宜，迎合時代需要的經濟市場與老人生活服務。

王章華、黃麗群（2010）認為是由老年市場需求增長帶動而形成的產業，包括所有有關滿足老年人特殊需求的生產、經營、服務的經濟活動和設施。陳淑嬌（2013）則提出銀髮產業是：「由營利事業、非營利組織及政府，提供與高齡者有關的服務或商品的各經濟群集合。」此說可謂呼應曾怡禎（2007）、李宗派（2008）等人的看法。

綜括上揭各家有關銀髮產業定義，泰多從老年的食、衣、住、行等生活各個層面的需求以及供給，加以析論。據此，銀髮產業是指涉：

以老年人為目標客群，是一個相對獨立，能夠產生巨大的社會和經濟效益的產業，具有福利與微利的特徵；由完整的生產、流通、消費、服務等產業鏈構成的產業板塊。其產業範圍包括衣、食、住、行、教育娛樂、安養保健等，任何滿足高齡者需求的產品及服務。服務提供者包含營利事業、非營利事業及各級政府部門。

二、銀髮產業特性與範疇

銀髮產業具有不同於一般產業的特性；其範圍包括老年人生活各個層面，服務提供之主體，涵蓋多樣的產業群體及服務機構

釐清銀髮產業的性質有助未來具體落實以及良性發展。目前對銀髮產業可歸納為三種主流觀點：以市場營利為主導；以福利性為主導；社會福利與營利並行。

首先，就公共性／福利性而言，銀髮產業是以老年人為對象，政府基於保障老人基本需求責任，因為老人收入相對減少，不應當市場

化；但是企業也要有穩定的獲利模式，能創造財富與就業機會，得以生存。易言之，政府以輔導與監督角色，協助老人產業的開發，透過與民間合作的力量，使得老年人生活能獲得舒適、便利、安全以及更有尊嚴。準此，肇因政府角色的導入，使得銀髮產業呈現社會福利與營利並行的雙軌色彩。

其次，就銀髮產業與其他產業的主要區別而言，福利與微利是銀髮產業顯著特徵。銀髮產業在社會化的過程中，必須強調社會責任。由於社會福利是銀髮產業的基本元素，藉以保障老人基本生活權，從企業社會責任（Corporate social responsibility, CSR）立場觀察，企業必須超越把「利潤」作為唯一目標的傳統理念，在生產過程中關注「人」的價值，以及對環境、消費者、社會的貢獻，這是企業的社會責任。銀髮產業的社會功能、社會責任，相對於其他產業更顯吃重，它的健康發展不僅有利於經濟的發展，更是營造和諧社會的基礎。

另外，產業經濟學（Industrial Economics）是專門以產業自己作為研究對象，重視產業應具有自己特定的內涵與外延。從產業經濟學角度分析，可將銀髮產業概分為三種類型：(1)公共品——由政府提供，以保障老人基本需求的產品；(2)準公共品——與老人密切關聯，由企業生產或提供，由政府進行補助，使得其價格低於市場價格；(3)私人品——即是通常所謂的商品，產品的獲得是完全市場化。銀髮產業因其特殊性，兼具社會福利與營利並行、福利與微利等特徵，應列於「準公共品」（福利型事業，經濟型運作）類型，介於公共品與私人品之間，此種看法則獲得多數所認同。

由於銀髮產業涵蓋老年人生活各個層面，服務提供非僅靠單一主體即能達成相關事務，必須藉由政府與民間的相互合作，涉及營利事業、非營利事業及各級政府部門，其理由可歸納為下列四項：

1.從長者立場來看：隨著生活與教育水準的提高，以及社會環境

多樣化，高齡者對福利品質的要求逐漸提高，服務需求亦趨多樣化，單由政府所提供的老人福利服務，已經不足以滿足其需求。

2.從政府立場來看：在老年扶養比日增的趨勢下，傳統由稅收支應老人福利的方式，將面臨「生之者寡，食之者眾」的危機。因此，有必要引導民間資金投入老人福利產業，改以一般性、自費性的方式，提供老人福利服務，將老人福利服務重新包裝，可活絡經濟的產業市場，同時提升服務品質與數量，以維護老人的權益。

3.從企業立場來看：老人人口數在可預見的五十年內將倍增，加上老年年金制度的成熟，老年經濟自主性提高，老人福利產業市場的潛力驚人。

4.從全球化趨勢來看：世界貿易組織（WTO）以服務業貿易總協定（General Agreement on Trade in Services, GATS）規範成員國遵守協議，去除貿易障礙，包括：醫療保健及照顧服務等公共服務業，開放全球自由貿易與自由市場。未來公共服務產業不僅是國內市場的競爭，更將開放為全球市場的競爭。

三、銀髮產業的主要內涵

由於銀髮產業以老年為服務目標客群，涉及的面向極廣，難以用單一產業內容來概括；可從老年人生活的基本需求端與服務供給端，勾繪其大體輪廓

一個正受到高度關注的現象：銀色GDP

所謂「銀色GDP」蘊含兩層意義，一是對中高齡者有生產力（productivity）的重視，他們因少子女化現象投入勞動人力缺口的事實；另一個則是突顯在他們消費行為所造成的經濟量能，激化銀髮族

老年社會學

相關產品的不斷地推陳出新，各式理財、休閒、教育學習、保健養生應運而生。嬰兒潮世代銀髮族，挾其整體高度優勢素質與經濟實力，呈現歷史上極其罕見的「銀色GDP」現象，豈容小覷。他們的消費需求持續多樣化、客製化，令人目不暇給，當然，也為銀髮產業供給服務帶來空前利多與不確定性。

　　首先，老年人生活的基本需求究竟有哪些呢？通常涉及中高齡者的自主行動與自尊生活需求

　　從需求層面觀之，戰後嬰兒潮世代於2011～2029年之間陸續邁入65歲以上的銀髮族群。由於平均壽命延長與醫療水準的提升，未來將有八成以上屬於健康（俗稱go-go族）及亞健康（俗稱slow-go族）的中高齡者，平均餘命也相較過去高出甚多。這群新銀髮族長者的需求與生活模式，有別於其他年齡族群，尤其在行為思考和觀念上也已和過去的刻板印象有很大不同。根據工研院產業經濟與趨勢研究中心（Industrial Economics and Knowledge Center, IEK）研究顯示，普遍有「自主行動、自尊生活」需求；在食、衣、住、行、育、樂、健康促進與醫療預防等相關層面的需求上，亦顯其獨特性。

　　為了更詳細地解釋未來高齡者的生活型態與需求，工研院IEK從2010年起定期針對兩岸進行調查研究（張舜翔，2015），將年長者區分為四種樂齡族群，其中，在健康議題上的發現特別值得重視，包括：啟蒙樂齡族更注重以「運動」來預防老化（22.2%），潮流樂齡族就偏好「健康食品」（20.2%），保守樂齡族則認為是「多休息」（21.6%）。或是對於生活中的不便，保守樂齡族就認為在於「上下樓梯」（16.3%），潮流樂齡族則覺得是「做飯」（1.7%），「清潔」和「就醫」則是獨立樂齡族感到較不便的地方（7.8%和5.9%）。

　　此外，據經濟部「2007年銀髮產業景氣趨勢調查報告」（曾怡禎，2007），在生產活動的性質與生活需求項目計有：食、衣、住、行、育樂、養衛、其他等七項。張維華等（2013）提出銀髮族需求

爲：食、衣、住、行、育、樂、健、美、醫九項。張慈映（2014）則
綜合各說觀點，將銀髮族群需求概分爲三大類：(1)食：質軟細、易
嚼、營養均衡、熱食；衣：舒適、修飾、顏色；住：安靜不偏僻、人
際互動、活動空間足；行：光線充足、導引、移行輔具；健康：養生
保健功能、心理諮商；(2)休閒娛樂：育──生活需求、人際互動；樂
──安心、舒適、趣味；(3)美麗：增進外觀、抗衰老；自我實現：被
肯定、被需要、成就感。

綜括而言，新銀髮族群基於其數量龐大、擁有較佳的教育背景、
累積相當財富、對新創產品與服務接受度高、有能力規劃退休生活
等，以致所需產品和服務與過去截然不同。其整體生活消費需求大
約可歸納爲：住屋、飲食、醫療保健、交通通訊、教育學習、娛樂療
癒、衣飾美顏、工作服務、金融財務等。

**至於針對新銀髮族生活的需求偏好，銀髮產業服務供給支援之產
業有哪些呢？基本上，可概分為「銀髮服務產業」與「銀髮產品製造
產業」兩類**

面對從小眾逐漸演變爲大眾的銀髮消費者，伴隨而來對於銀髮
相關需求的增加，供給服務端有哪些更多元與多樣之回應，使得銀髮
產業內涵更爲豐富呢？日本將銀髮產業概分爲住宅、金融、家管、福
祉機器、看護用品、文康活動及其他等六大關聯服務（林冠汾譯，
2007）。

國家發展委員會（2011）將銀髮族相關產業，概分爲四項領域：
(1)日常生活協助：包括整合生活照護體系、照顧服務、無障礙設施交
通運輸工具、健康養生等；(2)醫療：包括老人醫療、出院病人短期療
養、預防保健醫療設備及器材、藥品等；(3)休閒娛樂：包括休閒旅遊
及文康活動等；(4)經濟安全：包括金融理財及保險信託等。

顏君彰（2013）將銀髮產業整體的產業型態發展，劃分爲商品
性、觀賞性、體驗性、照護性等四大類型，並在其下發展多種不同類

型的次產業領域,例如:銀髮運動產業、銀髮休閒產業、銀髮飲食產業、銀髮文化產業、銀髮科技產業、銀髮旅遊產業、銀髮教育產業、銀髮照護產業及銀髮保健產業等。

中衛發展中心則依據食、衣、住、行、育、樂、健、美、醫等九項需求,將銀髮產業分為:醫院/健康管理、養生保健食品業、餐飲或飯店服務業、建築業/住宅、養生服務業、休閒娛樂業、運動服務業、保全產業、老人安養護中心、觀光旅遊業、電信業/租賃業、休閒運動製造業、電訊服務業、醫療保健器材業等十四類(張維華等,2013)。

張慈映(2014)提出銀髮產業供給端,可概分為四大類:(1)銀髮服務產業(跨業整合)──健康服務業、餐飲服務業、生活支援服務、休閒娛樂、觀光旅遊服務業、交道服務業、銀髮流通服務業、學習成長服務業、時尚美容服務業;(2)銀髮產品產業──健康/保健產品業、醫療器材業、銀髮休閒運動產品業;(3)銀髮設施供應──建築/住宅設計業、居家無障礙設施及修繕業、安全產業、資訊設備業;(4)銀髮管理經營──老人安養照護中心、老人住宅業、物業/保全管理業、財務金融管理業。

梳理上揭各種有關銀髮產業供給服務的看法,大體可歸納為「健康與醫療」、「福祉與照護」、「其他」(因應高齡者產業需求之產業)等三個向度;至於其具體內涵則依需求變動而有所增減創新。

銀髮產業內涵廣泛,主要源自銀髮族多元的生活消費需求、多樣化生活型態,包括:住屋、飲食、醫療保健、交通通訊、教育學習、娛樂療癒、衣飾美顏、工作服務、金融財務等;以及供給端的產品製造業、服務支援業、設施供應、管理經營,供需兩者相互激盪,匯聚動態性內涵

準此,銀髮產業以中高齡者為對象,主要內涵可概分為:

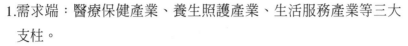

1. 需求端：醫療保健產業、養生照護產業、生活服務產業等三大支柱。
2. 供給端：
   (1) 產品製造業（健康／保健產品業、醫療器材業、銀髮休閒運動產品業……）。
   (2) 服務供給業（跨業整合：健康服務業、餐飲服務業、生活支援服務、休閒娛樂、觀光旅遊服務業、交道服務業、銀髮流通服務業、學習成長服務業、時尚美容服務業……）。
   (3) 設施供應（建築／住宅設計業、居家無障礙設施及修繕業、安全產業、資訊設備業……）。
   (4) 管理經營（老人安養照護中心、老人住宅業、物業／保全管理業、財務金融管理業……）。

　　需求端與需求端彼此相需相生，相輔相成，灌注回應消費者需求的行動量能，創造並激發出多元之銀髮商品和服務；同時，透過政府與民間的相互合作，包含營利事業、非營利事業及各級政府部門，加以具體落實。基此，據以勾勒銀髮產業整體意象，如**圖11-1**所示。

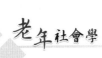

老年社會學

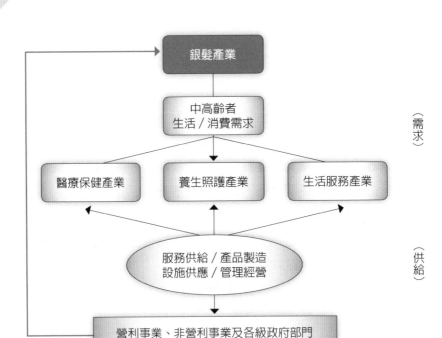

圖11-1　銀髮產業整體意象示意

資料來源：作者繪製。

🦉 第三節　銀髮產業的商機診斷

一、銀髮產業商機潛力驚人

　　高齡社會是以銀髮族為主體的新型態社會，在群體特質、生活需求偏好與相關服務供給激盪下，隱然形成極具龐大潛力的銀髮市場

　　不容小覷的是，嬰兒潮世代占總人口20%，擁有龐大消費能力，控制40%國民可支配所得和約80%私人投資，且有帶領產品流行的魅

282

力，吸引相關者紛紛進入銀髮產業。預估全球銀髮產業市場規模，
2025年將達到37.38兆美元；工研院IEK估計國內屆時將可達新臺幣3兆
5,937億元。

黃富順（2010）透過SWOT分析，呈現戰後嬰兒潮世代高齡服務
產業的情形：(1)優勢——市場大、消費能力高、消費慾望強、政府政
策推動服務產業、政府資金挹注增加；(2)劣勢——經營典範與過去
有所不同，有相當的磨合期、老人福利措施未臻穩固、產業群聚待調
整、社會對老人的歧視仍在；(3)機會——社區老化、在宅老化已成趨
勢、經濟不景氣下的新創業機會；(4)威脅——民眾對老人及高齡服務
產業的刻板化印象、經濟不景氣下，將影響投資意願，詳如**表11-1**。

表11-1　戰後嬰兒潮世代高齡服務產業SWOT分析

一、優勢（S）	二、劣勢（W）
(一)市場大 (二)消費能力高 (三)消費慾望強 (四)政府政策推動服務產業 (五)政府資金挹注增加	(一)經營典範與過去有所不同，有相當的磨合期 (二)老人福利措施未臻穩固 (三)產業群聚待調整 (四)社會對老人的歧視仍在
三、機會（O）	四、威脅（T）
(一)社區老化、在宅老化已成趨勢 (二)經濟不景氣下的新創業機會	(一)民眾對老人及高齡服務產業的刻板化印象 (二)經濟不景氣下，將影響投資意願

資料來源：黃富順（2010：30）。

二、銀髮產業十大商機揭露

猜一猜，若要以一項商品反映日本社會最迫切的社會問題，你猜
是什麼？答案揭曉——「成人紙尿布」。

您猜對了嗎？2011年日本成人紙尿布的銷售額，首次超過嬰兒紙

尿布，且在過去十年增加1倍，它反映出日本人口的嚴重老化。根據全聯銷售曲線推斷，2018年臺灣地區紙尿褲銷售，將發生黃金交叉，成人紙尿褲銷售量，將首度超越嬰兒紙尿褲。這個商機您看見了嗎？

「當燕子捎來春天的訊息，生氣盎然的大地景緻已然不遠。」的確，全球人口老化是人類努力最大的成就，壽命增加的事實，投射在人數龐大的新銀髮族群身上，因之所形成的消費需求與資源供給市場，值得特別關注。所謂人潮就是錢潮、就是商機，老年人口持續增多就是商機嗎？張維華（2013）提出醫療保健、抗老與強化機制、智慧科技、金融服務、工作與休閒、生活型態支援、居住與交通、死亡與臨終等八大銀髮商機。

其實，確實商機無限，但也充滿陷阱。在高齡少子女化趨勢下，銀髮產業將成為新社會消費市場主流，引爆巨大熟年商機。為您診斷銀髮產業市場脈動，揭露值得進入的十大亮點，列**表11-2**。

表11-2　銀髮產業十大商機一覽表

項次	商機分類	產品／服務
1	銀髮旅遊	旅遊觀光‧旅居式休閒‧深度旅遊
2	排遣寂寞	玩具貓‧機器狗‧說話玩偶
3	健康抗衰	保健食品‧美容‧抗衰老
4	不老圓夢	孩提夢想‧圓夢大學‧不老夢想
5	黑色終活	選購墓地‧生前契約
6	懷舊溫夢	各種蘊含懷舊的商品
7	代客孝親	包辦長者日常所有事務
8	科技智慧	機器人‧大按鍵手機‧居家遠距協助監控系統
9	養生住宅	老人社區‧老人住宅‧新型養老院
10	益智玩具	具健康、趣味、益智、收藏的玩具

資料來源：作者整理。

(一)銀髮旅遊商機

　　旅行具有教育、娛樂雙重功能，是體現現代人生活風格（life style）中的一種構成要素（Bennett et al., 2005），是長者退休生涯規劃的首選。交通部觀光局2013年國人出國旅遊狀況調查顯示：年齡50歲以上有3,590,429人；「民眾退休後最想做的事」題項，旅遊高居24.4%，僅次於回答不知道（30.6%）的比率（教育部，2006）。聯合報民意調查中心2015年一項調查顯示，六成四夢想可四處旅遊。2013年多扶公司在客戶的回饋中，找到獲利契機：發展「無障礙旅遊」（李佳欣，2016），頗受歡迎，即為其例。

(二)排遣寂寞商機

　　大前研一指出，高齡化社會退休生活時間，可能達87,000小時（許佳佳，2010）。鑑於空巢老人持續增加，一項名為排遣寂寞產業興起，它是以排解寂寞的需求，趕走人們內心的寂寞感受的相關產業，主要的服務內容是讓消費者有幸福感、親密感、滿足、被關懷，並且找到歸屬。老人需寵物陪伴，但真的寵物又有吃喝拉撒睡的麻煩。玩具商看準這種趨勢，推出說話玩偶，希望吸引獨居銀髮族，這些玩偶可以放在身旁共眠，還會說些噓寒問暖的話，成為寂寞銀髮族的良伴。

(三)健康抗衰商機

　　追求健康長壽是一般人普遍的願望，健康保健問題是銀髮族最關注的課題。依照我國工研院對於國內銀髮市場規模進行推估，2025年將達新臺幣3兆5,937億元，其中，老人用品是最引人矚目的項目之一，包括保健食品、美容、抗衰老等。健康產業從狹義的醫療，延伸到更上游的保健、保養。經濟部工業局統計，健康產業2013年產值首次突破千億元。健康產業鏈「包山包海」，軟、硬體皆有，硬體是產

值貢獻主力，包括照護器材、健康管理資訊系統設備、智慧穿戴裝置等，未來將採「以硬帶軟」策略，帶動健康產業消費，背後代表的健康商機更看好。

(四)不老圓夢商機

不老不再是傳奇，夢想也不是年輕人的專利。戰後嬰兒潮世代掌握全臺灣55%的財富，他們在退休後更積極地經營自己的生活，並且為自己而活，善待自己，願意消費以回饋自己。M. Dychtwald的「C型人生」理論強調：五十歲以後，可以再創人生高峰，再學習，尋找年輕時的記憶、追求當時無法完成的夢想，不老圓夢商機，正吸引著熟齡消費者的目光。

(五)黑色終活商機

「終活」（準備臨終事宜的活動）在已邁入超高齡社會的日本，是可以公開討論的話題。選購墓地、生前契約是典型的黑色商機，日本人「不願造成他人困擾」的文化，衍生出多樣性的「終活」產物。業者推出的「禮體淨身服務」、「追思回憶錄」等，皆可依自身特質、喜好、需要、宗教信仰等量身打造，使個人對自我生命更有掌控感（朱芬郁，2012）。黑色終活商機，正啟動巨大的銀髮產業動能。

(六)懷舊溫夢商機

熟年族群是最容易懷舊的一群人，吸引許多廠商提供蘊含懷舊元素的商品；此種懷舊溫夢商機，隨著高齡人口數的增加，滿足身心靈需求，正加溫之中。網路串起一項新商機──「老」同學會正夯，參加者多是熟齡或退休族群。據永豐酒店統計，2014年接到以同學會名義訂宴20檔，2015年增加到23檔，成長一成五；全國飯店也發現「同學會」營業額明顯提高。另外，同學會和學生社團重聚商機，串連起

相關行業打造產業鏈，例如：成立工作室與組織團隊專門代辦同學會、帆布包業者設計同學會的「書包」等。

(七)代客孝親商機

「孝順」，成為現代社會新型態的商業服務。孝親代理業是新近在日本崛起為銀髮族服務的行業，是晚年照護的一種。由於高齡社會的型態，現代人因工作因素無法隨侍父母或返鄉照顧探親，而將日常生活清理打掃、烹調、搬重物、檢查家電產品、搥背、供餐、探望平安，甚至陪長者就醫、掃墓、聊天，舉凡平日一切瑣碎家務、生活起居、飲食、打發時間等，皆能提供服務。晚近「虛擬金孫」誕生，陪聊天的服務，僱用受過訓練的志工，接聽電話、陪長者聊天，也協助記錄長者狀況，甚至把當年勇發展成繪本、聖誕卡等。

(八)科技智慧商機

因應銀髮族在生理機能的逐漸衰退，利用IT技術開發合乎長者需求的科技產品，協助提升生活品質，蔚為風尚。例如：擴視器、大按鍵手機、智慧型照護手錶、適合老年人的電腦遊戲、幫助閱讀的工具，以及居家遠距協助監控系統等。熟齡ON世代，有漸增比例的銀網族（silver surfers），將網路視為重要的社交工具。預估未來熟年消費者，上網玩遊戲、購物比率將會大幅增加，這個市場商機潛力十足，科技智慧商機正快速的成長中。

(九)養生住宅商機

由於人口結構老化、社會生活型態、倫理價值觀的改變，造成單身長者及高齡者夫婦的數目增加，龐大的居住及照護需求，商機無窮。近年來，政府鼓勵業者以「All in One走動式照顧服務」模式，以銜接型或全區開發型方式，投資健康老人住宅、安養及長期照顧機構

與護理機構，提供更優質的銀髮照護服務。目前進行養生住宅經營的有潤泰、奇美、長庚、遠雄、聲寶、臺灣土地開發公司、有本社會企業等集團，例如：創新銀髮宅，好好住宅落腳沙鹿；中瑞吾居，打造銀髮幸福居；聲寶蓋銀髮住宅，只租不賣等。養生住宅已成為最熱門的明星商機。

(十)益智玩具商機

世界衛生組織官網指出，全球有4,750萬名失智症患者，且以每年增加770萬人的速度成長，平均每四秒鐘就有1名新罹病者；而失智人口數每二十年成長1倍，推估2050年將超過1億3,500萬人；臺灣2016年約有26萬個失智症病人，到2030年，將達每5個老人就有1個失智。無論哪個社會，65歲以上約有5%的人失智，每多五歲倍增，是一個道道地地的高齡化疾病。玩具對於高齡者的身心健康有著極大的積極作用。桌遊（board game），又稱「不插電的遊戲」，近來頗為風行。老年人玩具即是在預防老年失智，重點在手腦並用，活用大腦。例如：史丹福銀髮設計競賽全球大賽心智組奪下首獎的「回憶錄大富翁」。目前，老人玩具是以健康、趣味、益智、收藏為趨勢。

三、銀髮教育產業市場商機

(一)銀髮教育產業是新亮點商機

教育程度較高，且受到完整的專業教育是戰後嬰兒潮世代的主要特質之一；高齡學習需求在老年人口激增的同時，供給相關學習資源，已成為銀髮產業的商機亮點

研究顯示，嬰兒潮世代參與教育活動傾向較高。受到終身學習理念的影響，老年學習權成為老年人權的重要內涵。日本最早面對高齡

社會，具體作為是透過積極教育措施，培養民眾正向老化態度，進而迎接高齡生活。

銀髮教育產業服務市場是針對55歲以上者，基於其群體學習需求偏好，所提供有組織且具有意義的教育商品、勞務或服務場所與設備的市場。一項針對中國、澳門、新加坡及臺灣四地高齡學習者老化態度的研究發現（朱芬郁，2016），在華人高齡學習者消費需求趨勢，其中，「教育學習」項目需求程度最高，特別具有意義，值得有意者進入。

從老年經濟角度觀察，第三年齡教育（education for the third age）是高齡社會的一種消費需要，也是未來社會的趨勢，當然，更是銀髮商機的亮點。

(二)銀髮教育服務產業六大商機

銀髮教育服務產業是符應嬰兒潮世代喜好從事學習活動需求，提供有組織且持續性的學習資源平臺；針對高齡者學習特性與不同學習需求，提供適足性的學習資源，進而尋求活躍老化的促進，產業爆量可期

茲歸結銀髮教育產業服務供給六大商機亮點：高齡旅遊學習方案、設立老年大學、靈性健康教育、職業第二春教育、活腦益智遊戲訓練、高齡心理諮商服務等，並列**表11-3**。

表11-3　高齡教育產業服務市場六大趨勢一覽表

項次	服務市場	產品／服務
1	高齡旅遊學習	兼具休閒、旅遊、教育元素之遊學方案
2	設立老年大學	具專業素質的教育機構，提供符合高齡者特性的各種學習方案與課程
3	職業第二春教育	在職訓練‧再就業方案‧第二專長訓練
4	靈性健康教育	生命意義探索‧自我統整‧靈性教育方案
5	活腦益智遊戲訓練	大腦活化訓練‧頭腦體操訓練‧益智遊戲機
6	高齡心理諮商服務	諮詢輔導服務‧非治療性諮詢‧心靈護理‧陪談員

資料來源：作者整理。

◆高齡旅遊學習

　　是近年來老年教育推展的創新實施方式。旅遊學習是導入教育、休閒、社交與旅遊元素，涉及認知、情意與技能做有意義或較爲持久的改變。調查發現，老人最喜好的學習方式就是寓教於樂的旅遊學習。在先進國家由高齡教育機構開辦旅遊學習方案，成爲因應人口結構改變，發展高齡者學習活動的一股極強大之新興勢力。美國的老人寄宿所（Elderhostel）、退休學習學會（Learning in Retirement Institutes, LRIs）、老人旅遊俱樂部（Elder Travel Club, ETC）、旅遊學習（TraveLearn）等開設高齡旅遊學習課程，廣受歡迎，即爲其例。

◆設立老年大學

　　先進國家多設有獨立的老年大學，經營成效頗佳，頗獲老年人肯定、喜愛。例如：英國第三年齡大學（U3A）被譽爲全球老人教育的標竿。目前第三年齡大學有六個主要的團體，分別是：英國模式的世界第三年齡大學（由Tom Holloway和Jean Thompson所帶領）；法國模式的國際聯盟第三年齡大學（AIUTA）、澳洲線上第三年齡大學；英國第三年齡大學；印度社會第三年齡大學（ISU3As）；以及中國的老年大學（UAs）。臺灣目前並無高齡者的第三年齡大學。

◆職業第二春教育

　　研究顯示，嬰兒潮世代退休後有較高的再就業傾向。隨著少子高齡化現象愈趨明顯，將相對造成年輕勞動人口比例下降、生產萎縮、儲蓄減少、勞動力不足等經濟與社會問題。未來勞動力的組成是60歲以下和60歲以上勞工共同承擔，而人生的第二生涯、第二春或退而不休、繼續工作的情形，將越來越普及。針對此龐大人力流的回收與再應用，職業第二春教育湧現的巨大市場，商機可期。

◆靈性健康教育

　　靈性健康（spiritual well-being）是一種自我、他人與至高無上力量之間的締結，也是一種穩固的價值與信念系統。老年人如何面對漫長的退休歲月，活著究竟爲什麼？當平均餘命逐漸增長，尋找與發現生命意義，顯得特別重要。一般而言，靈性健康是透過教育與學習的方式加以獲得，包括：生命敘事、藝術繪畫創作、律動與舞蹈的呈現、戲劇的即興創作、音樂欣賞、冥想等。針對不同生命階段的高齡者，規劃並供給妥適的靈性健康學習方案，已在許多高齡教育機構獲得熱烈迴響。

◆活腦益智遊戲訓練

　　「抗老防衰」成爲熱門風潮，許多人在體力、外型上想留住青春腳步，更期望大腦常保新鮮，避除老年失智的降臨。老年人可以利用休閒時間，從事活腦益智活動，以促進腦部的活絡與心智的增長。由於擔心罹患老年失智症（Senile Dementia），各種益智遊戲機及腦力鍛鍊遊戲軟體推出，內容從簡單的算術、拼圖到腦筋急轉彎都有。有關活腦益智課程，廣受在地學習機構的重視，在各學習場所開設「大腦活化」、「頭腦體操」等訓練課程。「抗老防衰，拒絕失智」，活腦益智遊戲產品市場潛力無窮，榮景可期。

◆高齡心理諮商服務

　　根據美國大型流行病學研究，13%的老人有精神疾病。受到生理變化、健康、收入減少、社會地位喪失、家人和社會疏離及配偶死亡等問題的影響，老年人比一般人更容易有害怕、失落感、悲傷反應以及無助感。愈來愈多的老年人對於心理治療與諮商的需求大增，也讓「老人心理諮商」日漸被醫學界重視。針對銀髮族群心理諮商需求日增的事實，銀髮教育服務產業可積極開發相關服務資源與培訓計畫，

提供優質的心理諮商服務。

👀 第四節　特殊議題

議題一　春江水暖鴨先知──智慧養老服務含金量
　　　　不容小覷

　　如何讓長者能享受數位科技帶來的貼心服務與便利，達到數位熟齡無極限，迎接老後天空無限寬廣？這是數位時代承載的核心議題。

　　智慧城市（Intelligent City）是將新一代信息技術充分運用在各行各業之中，藉以帶來企業與市民的便利與舒適；智慧養老服務正是智慧城市積極發展下的重要一環，聲勢快速爬升，是養老領域的一場革命，將成為經濟增長的新動力，既是趨勢也是商機。

　　因應老年人口增加，少子女化趨勢，連帶造成勞動力成本持續提高，如何透過運用資通訊科技（ICT）填補人力缺口，藉以提高服務品質、降低成本，儼然成為最便捷有效的取徑

　　面對全球都市化趨勢嚴峻，複雜龐大的交通、教育、醫療保健、住房、基礎設施、能源和就業問題等，一系列挑戰和威脅亟待解決。智慧城市透過創新且有效的方式或科技運用，採取智慧化、資通訊的技術面互通互連，有效改善因勞動力減少，影響養老服務的輸送問題。智慧養老服務則是智慧城市中，智慧生活的鮮明標誌。

　　智慧養老服務的核心理念是在智慧城市願景的規劃下，採用先進的管理和信息技術，有效整合相關資源，輸送到長者的一種新型養老模式；能夠幫助養老機構、社區大幅提升管理效率，並使得居家養老、社區養老成為可能

　　智慧養老，約始於20世紀90年代，最早由英國生命信託基金（UK Life Trust）提出，又稱爲「全智能老年系統」（full intelligent system for the elderly），是一種漸進性創新，隨著養老服務相關技術的發展而推動的新理念（趙明芳，2016）。由於網絡信息技術的普及，在眾多的養老方式中智慧養老更顯其優勢。

　　通常，透過網際網路服務、4G移動通訊、雲端計算、智能數據處理等方式，巧妙地將長者與社區、醫療機構、醫護人員以及政府相關單位等緊密聯繫起來，使老人的日常生活處於遠端監控照護狀態，能在第一時間獲得最妥善的支持性服務。

　　人數龐大的嬰兒潮世代已逐漸邁入熟齡，因其擁有教育程度高、經濟佳、喜學習等特質，數位不是障礙，代間的數位落差小，大多能充分使用3C產品，是智慧養老服務的目標客群

　　依據一項「戰後嬰兒潮世代與數位科技使用」研究調查顯示（引自賴麗秋，2016），美國嬰兒潮世代在數位設備的持有率和使用情形上，已遠較上一代老人高，且隨著嬰兒潮上網人數的增加，因年齡因素造成的「代間數位落差」（intergenerational digital divide），預計將逐年減少。

　　我國國家發展委員會（2015）的調查顯示，2015年電腦及網路使用率，50歲以下世代絕大多數都已參與資訊社會，上網率超過九成三，即便是50～59歲民眾，也有超過七成曾上網。相對來說，60歲以上民眾資訊近用較爲弱勢，但也有27.1%曾上網。顯示嬰兒潮世代數位化程度逐年增高，正是銀髮產業特別值得發展的亮點。

　　伴隨老年人口持續增加，2030年中國大陸養老產業的總產值將突破10兆元人民幣，整體產業含金量驚人；上海親和源（老年）度假酒店智慧養老模式，極受歡迎

　　依據中國老齡辦公室接受國務院委託《中國養老產業規劃》提出，2030年養老產業的總產值要突破10萬億；而智慧養老，是利用資

訊化手段、互聯網和物聯網技術，研發面向居家老人、社區的物聯網系統與資訊平臺，並在此基礎上提供即時、快捷、高效、低成本的物聯化、互聯化、智慧化的養老服務（東南網，2015）。

中國最早、最成功的智慧養老住區──上海親和源（老年）度假酒店。該酒店以「賓客至上，服務第一」為經營宗旨，是一個提供居家式養老服務的特色酒店，位於上海康橋地區，地理位置優越，交通便利。酒店擁有多種類型的客房，設有生活、醫療、養老、活動四大功能區域，公寓、會所、配餐中心、商業街、醫院和頤養院等設施一應俱全，配套項目齊全（上海親和源（老年）度假酒店，2016）。為老年住戶提供全面的生活照料服務、醫療保健服務和文化娛樂服務，是上海親和源（老年）度假酒店的整體特色。

2014年6月，由深圳壹零後配合親和源打造的智慧養老住區解決方案全面投入使用，強大的運營服務雲平臺和遍布住區的智慧化設施，讓入住的1200多位老人感受科技為養老生活帶來的改變。整個住區全面應用：壹零後智慧養老雲平臺、智慧健康檢測系統、智慧室內監護系統、智慧環境監測系統（東南網，2015），為住區老人提供即時、快捷、高效、互聯化、智慧化的養老服務。

回應世界衛生組織推廣「健康老化」、「活躍老化」、「在地老化」等新型養老理念，智慧養老服務挾其整體運作數位科技優勢，正開展一次根本性創新；吸引許多大企業集團進入，匯聚商機磁吸效應

檢視在智慧養老服務的執行面上，企業目前大多偏重長者的生理和安全需求，如健康追蹤系統、遠程醫療等；但在情感需求方面的資訊服務則相對較弱，例如：親友活動的資訊、公益社交等。再則就是滿足老年人自我尊重的需求，包括：老年人的身體自我評價、精神自我評價等（徐一媽，2014），直接涉及對老年失智症前期症狀的評價偵知，非常重要。

智慧養老服務在智慧城市的整體規劃下，將健康老化、活躍老

化、在地老化等理念加以融入，透過創新且有效的方式或科技運用在各行各業之中，引領老年智慧生活享有獨立、自主、便利、安全與尊嚴。值得進一步觀察的是，大企業集團挾其市場敏銳觀察力，已在快速策略聯盟，積極布局，例如：鴻海集團與北京控股集團在醫療養老領域可望率先有進展，在北京積極推廣醫療健康體檢、產後康復、醫學美容、抗衰老與跨境醫療等項目（謝艾莉，2016），推動相關產品的生產及應用服務。

智慧養老理念和數位技術的介入，推升未來的養老模式變得更多樣化、人性化、高效化。當然，也在銀髮產業領域裡匯聚成一股龐大趨勢，無限商機，值得期待。

議題二　逆向房貸──商業型以房養老快步入市　活化資產

安穩老後？還是老後貧窮？當日本作家藤田孝典（バイン田孝典）出版《下流老人：一億総老後崩壊の衝撃》（2016），揭露未來日本將有逾1億過著中下階層生活的老人，而且未來會只增不減，誰還敢奢言一定可以安穩老後。

的確，在臺灣老齡化速度超越日本成為舉世第一的時刻，我們即將可能面對的是：人口結構更趨老化勞動力不足、年金制度行將崩壞、長期照護缺乏人力財源、高齡醫療品質參差、照護條件日趨墊高、持續性少子女化、老人居住相對困難等。又老又窮又孤獨的場景，似乎已不難想像。為了避免成為下流老人，我們能做什麼事？針對國人擁有較高自用住宅率的現象，一種採行商業型以房養老的方式，正受到廣泛重視，當然，也為銀髮產業透顯出濃濃的商機氣息。

「在家變老」是目前全球的主流趨勢；「老化」是人生常態，這個過程應該在老人最熟悉、最放心的社區環境中進行，「在地老化」

已是先進國家的共識，以及長期照顧改革的目標

　　老年人口比例愈來愈高，願意或能夠與子女同住的比例卻每況愈下，如何妥適安排老年居住，進而安養到老，老年居住問題面臨極為嚴峻關鍵時刻。相關研究指出，老人比其他族群如孩童或其他個人更受限於其居住的環境中，其住所、鄰居、社區的環境比其他年齡族群還要更嚴格（Cox, 1993）。而老人所居住的環境也提供了學習、完成、競爭、互動和激勵的機會。

　　「在地老化」的概念乃源自二十世紀中葉的北歐國家，主張讓長者住在已居住多年的場所，或住在非健康照護的環境，使用產品、服務與便利性，而毋須搬家或改變環境（Seniorresource.com, 2009）；而擁有房子並住在家裡的高齡者，可透過自己的能力保持家裡的良好狀態、安全、合宜及舒適（Davey, 2006）。「原社區終老」、「社區化」或「在地化」，已是現今美、英、德、瑞典、日本、澳洲等國，因應高齡社會的共同指導策略。

　　「以房養老」是活化資產的政策，體現「在地老化」理念；在歐美國家已經行之有年，英國把這類產品統稱為「資產釋出」（equity release），均是透過金融商品契約執行，1981年日本武藏野市模式值得參考

　　廣義的「以房養老」主要有三種操作方式：「逆向抵押貸款」（Reverse Mortgage, RM）、「售後租回年金屋」（Sale and leaseback Pension House, SL）、「社會照護服務」（Social Care Services, SC）；其中，目前各國多以「逆向抵押貸款」為主，乃是以銀行為主體，透過法律產權的分化操作，或以未知的死亡時點為清償期限，年長者將其所有之房屋抵押給金融機構，進行資產活化，老人仍持有房地產所有權，而金融機構則依合約一次，或多次給付抵押權人生活金，使得不動產可以轉化出現金，以供養老生活所需。

　　各國實施以房養老方案不盡相同，例如：美國自1989年啟動「房

屋價值轉換抵押貸款」（HECM），主要採政府支持的聯邦住屋管理局（FHA）與民營金融機構承作兩種模式，HECM成為逆向抵押貸款發展最為成功的模式，占全美逆向抵押貸款市場的95%；英國主要分為「終生貸款」（lifetime mortgage），與「反向房屋貸款」（home reversion）兩種類型（江雅綺，2009）。

香港在2011年7月推出「安老按揭計畫」，委由按揭證券公司辦理，採商業性原則，貸款年期可選擇十年、十五年、二十年或終身，借款人可居住在抵押之房屋，安享晚年（中華民國銀行公會，2016）；新加坡的「逆向房貸」於2009年推出「屋契購回」計畫，屋契分為79年和99年兩種，只有私人建造的商品住房才能參加逆向房貸。

日本實施的養老政策（長期生活資源資金貸款制度）種類繁多，是由各個督道府縣的地方政府自主辦理。最早執行的是在1981年武藏野市模式，由地方自治體、信託銀行以及其他相關市場參與者，逐漸形成初步規模，頗值參考。內容摘述如下（林美娟，2000）：

1. 適用對象：65歲以上且在武藏野市內居住達一年以上之老年人。
2. 適用區域：日本武藏野市。
3. 融資限額：土地融資限額以土地價值的80%以內、建築物融資限額以建築物價值的50%以內。
4. 融資目的範圍：以老年人所需之家事援助、介護保險、生活費及醫療費等支出範圍為限。
5. 清償方式：利息及本金於死亡時一併返還。

我國2013年3月通過行政院核定「不動產逆向抵押貸款制度試辦方案」正式上路，試辦期間至2017年底止；國人自有住宅率高，其中有極高比例的中高齡長者持有住宅，「自己的退休生活自己救」，以房

養老方案，有一定數量的客群，極具潛力；公股、民營銀行積極投入辦理

　　伴隨少子高齡化年代到來，「以房養老」是一新選擇。研究顯示，臺灣65歲以上老人約四成自身擁有資產，持有形式以存款爲主，占83%；其次則是房子、土地或其他不動產，占近六成。依據行政院主計總處「家庭收支調查報告」顯示，六都統計至2014年止的自有率，新北市爲83.02%，臺北市爲81.46%，桃園市爲84.95%，臺中爲79.14%，臺南爲85.34%，高雄爲84.41%。可見極具實施以房養老方案的基本條件。

　　內政部2013年初期在臺北市、新北市及高雄市等直轄市試辦「公益型以房養老」，但因申請資格限制多，以致成效不彰。2015年11月，合作金庫銀行領頭推動商業型「以房養老」貸款，放寬申請人限制資格，且採「終身給付制」，引發市場活絡。

　　根據金管會統計，「逆向抵押貸款（商業型以房養老）」自2015年11月開辦以來，到2017年3月底，承作件數1,484件、核貸額度78億餘元；開辦以房養老業務銀行包括合作金庫、土地、臺企、第一、華南、臺灣、高雄、中國信託及台新等銀行。相對其他理財商品，成長速度驚人，爲銀髮金融服務產業開啓更大的想像空間。

　　顯而易見的，「以房養老」適合有房產、現金少，或未打算讓子女繼承名下房產的中高齡人士。目前公股／民營銀行承作商業型以房養老逆向房貸，由於各有其目標客群，操作內容、申請年齡、借款期間、貸款額度，彼此各具特色，詳如**表11-4**。

表11-4　臺灣各公股／民營銀行「以防養老」方案概覽

項目 銀行	專案 名稱	申請 年齡	借款 期間	貸款 額度	特色
中信 銀行	房轉人生	年滿 60歲	最長 30年	最高 7成	2016年8月首家投身「逆向房貸」的民營銀行。搭配遞延年金或增額終身壽險，解決客戶長壽及傳承規劃問題
合作 金庫	幸福滿袋	年滿 65歲	最長 30年	最高 7成	2015年底首家推出「以防養老」專案的公股銀行，與南山人壽合作「樂活三寶」保險專案
土地 銀行	樂活養老	年滿 63歲	最長 30年	最高 7成	貸款額度低於五成者，利息可掛帳，待貸款到期一次收取
臺灣 銀行	樂活人生 安心貸	年滿 65歲	10/20/30 年	最高 7成	給付金額採逐年遞增模式，滿足銀髮族因物價或醫療資金增加的需求；利息內扣後每月實領金額固定
臺灣中 小企銀	安老快活	年滿 60歲	固定 25年	最高 7成	與臺灣人壽合作，結合房貸、保險與安養信託；一次撥貸，可綁定信託與保險
第一 銀行	安心貸	年滿 65歲	最長 30年	最高 7成	整合信託、理財及外匯等資源，推出45、55、65歲搭配不同理財套餐
華南 銀行	安養房貸	年滿 65歲	最長 30年	最高 8成	不動用不計息

資料來源：詳各銀行網站（作者彙整）。

延伸閱讀

銀髮產業媒合網（seniors1314），http://www.seniors1314.org.tw/index.asp

智齡聯盟，http://www.t-edu.tw/

智榮基金會，龍吟研論，http://www.lyccc.org.tw/

吳海青（譯）（2017）。藤田孝典（著）。**續．下流老人：政府養不起你、家人養不起你、你也養不起你自己，除非，我們能夠轉變**（続・下流老人：一億総疲弊社会の到来）。臺北：如果。

吳怡文（譯）（2016）。藤田孝典（著）。**下流老人：即使月薪5萬，我們仍將又老又窮又孤獨**（下流老人：一億総老後崩壊の衝撃）。臺北：如果。

李靜宜（譯）（2014）。三浦展（Atsushi Miura）（著）。超獨居時代的潛商
機：一人化社會的消費趨勢報告。臺北：天下文化。

林冠汾（譯）（2007）。博報堂生活綜合研究所、博報堂熟齡事業推進室
（編著）。搶占熟齡市場：最有購買力的新興族群引爆10大商機。臺
北：臉譜。

Chapter 12

健康暨高齡友善城市

- 都市化現象與老年生活
- 健康暨高齡友善城市的整體意象
- 健康暨高齡友善城市的國外經驗
- 特殊議題
- 延伸閱讀

　　「智慧又健康的高齡友善城市，是未來城市，也是城市未來。」

　　據推估2050年，全球將有七成的人居住在都市，城市必須供養70億人口，人口最多的城市，有四分之三分布在亞洲；管理好城鎮地區，已是21世紀世界面臨最重要的發展挑戰之一。

　　沒錯，「都市與老年生活」正是老年社會學所關注的主題。生活在都市裡的老年人，由於長期處於弱勢邊陲，生活的困境與生命不被尊重，不言可喻；尤其是在全球化背景之下，長者、社會、居住城鎮環境三者之間的辯證關係，有待釐清與規劃。從都市治理角度觀察，都市化現象是社會現代性的重要指標之一，呈現在居住都市地區人的比率。伴隨老年人口日益增長趨勢，老年生活與居住環境問題，亟待管理。自20世紀90年代起，許多國際性組織即透過推動一系列關懷老年人權之國際性計畫，企圖保障長者擁有優質的老年生活。其中，世界衛生組織推動高齡友善城市（Age-friendly City）進程，即是從建構健康城市（Healthy City）到高齡友善城市，希望營造一個具包容性和可親近性的友善城市環境，並能促進活躍老化，進而延長老年「健康」餘命。在此同時，一個兼具智慧、健康、友善老年元素的未來城市，正在崛起且快速發展中。

　　本章從健康暨高齡友善城市的源起切入，首先，說明都市化現象與老年生活的關係，揭露城市治理承載友善老年生活的重要性；其次，勾繪健康暨高齡友善城市的整體意象，以及臺灣推動的情形；最後，簡介國外實施高齡友善城市，以及推動的國際組織，以供借鏡。另外，展望未來，有關高齡友善城市落實在地老化的可欲性及實際案例，以及智慧城市的崛起等議題，亦將深入討論。

第一節　都市化現象與老年生活

一、全球都市化現象的發展

都市是人口高密度群居的地方，也是人類文明進步的象徵；都市化現象是人口向城市地區集中和農村地區轉變為城市地區的過程，全球都市化發展的趨勢，呈現三種取向

都市（The City），一般指具有相當人口規模的聚居地，通常都在一個行政單位的管轄之下。依聯合國的界定，50萬人口以上的是大都市，10萬人口以上的是都市。都市化（urbanization）是指造成人們聚居於都市，且表現都市生活型態的過程。所謂都市化程度，即一個社會或國家中，居住在都市地區人口的比率（章英華，2009）。都市化被視為社會現代性的重要指標之一。

近代的都市化，又稱城鎮化，約可溯自18世紀歐洲工業革命。整個世界的都市化，在20世紀完全展開；20世紀末，世界上大約有50%的人生活在城市，聯合國2014年7月10日公布「世界城鎮化展望報告」指出（陳韻涵，2014），有54%人口居住在城市，2045年時60億人住在都市，2050年將增加到66%。世界面臨城市是否適合人類居住的問題。

整體而言，觀察全球都市化發展的趨勢，呈現三種向度：

1.發展中國家成為全球都市化浪潮的主體：從2000年到2030年，從都市化增長率來看，人口增長率較高的都集中在發展中國家和地區，並且這種趨勢還將持續下去。

2.大都市化趨勢鮮明：導致一些新的城市空間組織形式的出現，學者們將它們定名爲超級城市（super city）、巨型城市（megacity）、城市集聚區（city agglomeration）和大都市帶（megalopolis）等。

3.城市全球化趨勢顯現：這些大城市在人口規模上有其意義，且在整個世界的經濟政治生活中扮演著重要的角色。學者稱之爲全球性城市（global city）、世界城市（world city）、國際大都市（international metropolis）、國際城市（international city）等。

二、都市老年人生活的困境

都市化發展是一個連續的過程，隨著都市的發展，大型都市中心開始出現交通擁擠、犯罪率升高等問題浮上檯面；老年人居住其中，顯得艱苦難捱

首先，要瞭解都市老年人生活的模態，是伴隨都市化發展的進程而來。一般而言，都市化發展包括以下四個連續的過程：

1.都市化（urbanization）：人口向都市集中，鄉村轉變爲都市，此爲都市化進程的起步階段（大多數發展中國家處於此階段）。

2.郊區都市化（suburban urbanization）：部分都市人口向都市近郊流動，都市附近的郊區開始變成都市（在新興工業化國家中較爲普遍）。

3.逆都市化（inverse urbanization）：隨著都市的發展，大型都市中心開始出現交通擁擠、犯罪率升高等問題，因此都市人口開始向郊區流動，市中心則出現衰退，即「都市空心化」。

4.再都市化（re-urbanization）：政府和其他社會機構，開始針對
　出現逆都市化的都市，採取整治措施，使人口重新向市區回流
　（主要發生在先進發達國家的少數大都市中）。

　　可見，當都市化進程開始啓動，逐漸進入逆都市化現象；全球有
一半以上人口住在都市，快速都市化衍生人口擁擠、交通堵塞、環境
汙染、貧富不均等問題。其次，囿於大部分城市設施多以經濟發展考
量，以具生產動能的青壯年爲對象；生活在都市裡的老年人，在食、
衣、住、行、育、樂等各方面，由於長期處於弱勢邊陲，被定位爲社
會消費者、負債者的「年齡歧視」刻板印象，生活的困境與生命不被
尊重，不言可喻。

　　抑有甚者，是在老年人心理問題的嚴重性。許多研究顯示，生
活在都市的老人，由於較少有與人溝通機會，易產生孤獨、自尊感不
強和老而無用的感覺。因而，呈現有自卑情緒、抑鬱情緒、恐懼和憂
慮、孤獨和寂寞的傾向，產生失落感、孤獨感、恐懼感、抑鬱感、自
卑感等症狀。

　　是以，當老年人口持續增加，在平均餘命延長以及老年有生產力
成爲主流時，如何構築友善老年、適合老年人樂活宜居的城市環境，
實已刻不容緩。

三、城市治理重視老年問題

　　**都市治理研究，近年來已成爲區域發展與公共行政研究的一項顯
學，包含社會人文科學與自然環境科學的範疇；解決老年人口劇增衍
生的諸多問題，是都市治理的重點項目**
　　「都市」，是一個具象的、動態的及抽象形上意涵的實體性的地
理空間。面對快速變遷的時代，治理帶來新的變遷意象和觀念；治理

老年社會學

往上發展可以成爲全球治理或區域治理，平行發展可以朝向與公民社會共享權威的協力治理，往下發展就演變成地方治理或城市治理。

「都市治理」（urban governance）的形成，最主要即是來自於治理的多樣性和各種運用，其重要性在於（劉坤億，2002）：

1. 中央或聯邦政府對地方政府的賦權，使地方政府承擔更多財政責任。此意味著地方政府必須縮小部門的規模，並且開始改變原來的治理型態。

2. 社會結構變遷導致都市化或城鎮人口的集結化。爲了能夠回應日趨複雜的公共問題和日益增加的公共需求，地方政府必須提升專業化程度，以及創新治理機制架構。

3. 地方政府除了必須回應前述都市化的問題，同時也必須因應全球化所帶來的衝擊。是以，地方政府面對生產力提升，或維持競爭優勢的壓力，勢必更大且更直接。

據此，所謂城市治理是指涉：在一個人口較爲聚集的「行政區域」中，地方政府與各種資源互賴的公／私部門、組織、團體及市民相互合作、協調與引導，一起參與市政決策，以創造共同的城市價值和未來（許巍瀚，2014）。也就是在平等的基礎上，運作參與、溝通、協商、合作的治理機制，針對解決城市公共問題、提供城市公共服務、增進城市公共利益等事項，相互合作利益整合的過程。

相關資料顯示，許多城市治理計畫皆研訂友善老年相關措施

首先要理解的是，城市治理是一種生活型態的創造。要營造一個具有親和力、溫馨、友善、和諧、相互扶持，深富學習機能的城鎮氛圍；側重積極地滿足居民身心、醫療照護、社交、娛樂、教育等各方面的需求，開創一個優質的、適合全齡共同健康生活、休閒娛樂及文化教育的居住環境，且能不斷地凝聚與重塑長者的生活觀與價值觀（朱芬郁，2011）。

306

　　例如，美國「大學連結退休社區」（ULRCs）中，休閒活動和方案的提供主要目的，在於讓高齡者能藉由休閒活動來舒緩身心，豐富高齡者的生活，所提供的種類相當多元，包括：音樂表演活動、各式各樣的運動活動等。英國第三年齡信託基金建立資源中心，發展全國網路科目系統、學習系統以及遠距教學系統，惠及行動不便、在家被看護及孤立的偏遠地區的老人，使其具有相同的學習機會。

　　韓國光明市於2001年11月被指定為第一座終身學習城市，在終身學習資訊的提供方面，具體做法為出版通訊刊物、廣告媒體的分期付款、終身學習城市的資訊網絡、印製終身學習的隨身書（崔恩洙，2004）。重視老年人權，友善老齡，可見一斑。

國際組織關注城市治理的推動情形，友善老年是其重要特色；WHO啟動健康城市、高齡友善城市構想，受到許多國家熱烈回應

　　頗為特殊的是，歐盟（EU）的一項多國夥伴合作方案——「埃涅阿斯計畫」（the European AENEAS project），透過成員國的城市治理加以落實，具有關鍵的標竿意義與影響。該計畫自2008年開始推動，主要是規劃一個跨越歐洲三國城市的高齡徒步巡迴學習旅遊（AENEAS, 2012a），在歐洲五國（西班牙、波蘭、德國、丹麥、奧地利）十二個合作夥伴城市的多元複合式交通計畫，在每個旅遊學習據點，計推出一百三十多個規劃完善的高齡者旅遊學習方案，並設計具體活動措施（AENEAS, 2012b）。本計畫至2011年5月完成，在老人移動行走的權益與保障方面，具體成效，確實令人矚目。

　　其次，近年崛起的智慧城市（Smart City）在城市治理上，並不單指是ICT技術之發展與運用，建構智慧城市之關鍵即為「智慧治理」，尚需強調環境、經濟、空間、交通等各面向之永續發展，以給予市民好的生活，旨在構建一個全齡共享的城市。

　　檢視WHO倡議推動的健康城市、高齡友善城市構念，在全球都市化過程中，明確而具體的指出未來城市的整體意象，核心理念就是健

康、友善老年。自21世紀初推動以來，已獲得國際普遍的迴響，其影響正在快速的擴大中。

第二節　健康暨高齡友善城市的整體意象

　　人口持續快速老化，各國開始正視老年人的相關服務及環境；聯合國等國際組織，積極推動各項關懷高齡者生命品質行動。由於國際社會友善老年，對老人更美好的未來，所做的共同努力，從而促成健康暨高齡友善城市的興起。

一、健康暨高齡友善城市的緣起與發展

　　健康城市與高齡友善城市皆是由世界衛生組織倡議推動；前者，相關概念源於20世紀70年代末，目的在有效解決城市居民的健康問題，後者，則是倡導於21世紀初，目的在追求活躍老化，追求延長「健康」餘命。

(一)健康城市

　　健康城市概念源於20世紀70年代末，1986年由世界衛生組織倡議，針對全民健康為範圍；主要目的在有效解決城市居民的健康問題，希望藉由健康照護、健康促進及建立健康的公共政策，以解決城市的健康問題

　　世界衛生組織（WHO）是聯合國下屬的專門機構，國際最大的公共衛生組織，總部設於瑞士日內瓦；該組織的宗旨是使全世界人民獲得盡可能高水準的健康；定義「健康」是「身體、精神及社會生活中的完美狀態」；城鎮居民的健康很大程度上，取決於他們的生活和工

作條件、物質和社會經濟環境的品質，以及醫療衛生服務的品質和可達性（徐望悅、趙曉菁譯，2016）。

　　健康城市（Healthy City）概念，源自WHO1978年提出「阿瑪阿塔宣言」，迄至1986年「渥太華憲章」，提出：建立健康的公共政策、創造支持的環境、強化社區行動、發展個人技巧、重整健康服務方向等五大行動綱領，揭示健康不僅僅是衛生部門的責任，其他政府機關與民間組織都應該合作，共同為全民健康努力（WHO, 1986），使得健康照護的概念獲致突破進展，繼而由WHO歐洲辦公室率先推動健康城市運動，以歐洲城市為對象。

　　2012年WHO提出「保持健康才會長壽」（Good health adds life to years）。健康城市的理念在於：(1)承諾健康；(2)政治決策；(3)跨部門行動；(4)社區參與；(5)創新；(6)健康的公共政策；強調公共衛生之重點應自「改變個人生活型態」，轉移至「建立健康的公共政策」，超越「健康照護」，落實「健康促進」（劉麗娟，2014）；所謂健康城市是由健康的人群、環境和社會結合的一個整體，能不斷地改善城市的物理與社會環境，擴大社區資源，使城市居民能互相支援，以發揮最大的潛能（WHO, 1994），主要內涵為訂定WHO 32四大類指標。

　　健康城市計畫是一個對城市居民進行賦權的過程與政策，期望透過政府各個部門，以及民間由下而上的雙向合作，善用社會資源，創造一個城市居民自發的、活力的、兼營各面向的健康城市；其意義在於：(1)居民對於健康具共識，並有改善健康環境的意願；(2)此為一個過程，而非結果；(3)必須透過有組織與計畫的推動，與持續的改善（Hancock & Duhl, 1986）。

　　健康城市呈現的整體意象是：居民具有一定的共識，想去改善與健康有關的環境，而非單指居民的健康達到某一特定水準。是以，健康城市的物理環境代表乾淨、安全、高品質的生活環境；針對高齡社會，從居家、交通、道路、人行道至公共場所，皆要考慮到安全與通

用設計；社會面則要創造高齡友善、促進代間溝通的環境；期望達到「在社區照顧」（care in the community）與「靠社區照顧」（care by the community）的持續性老人照顧服務，以及自在生活的友善社區環境（吳肖琪，2016）。

(二)高齡友善城市

高齡友善城市是21世紀初，世界衛生組織回應人口老化趨勢的嚴峻，揭露從健康老化到活躍老化新思維，目的在追求活躍老化；高齡友善城市是健康城市升級版，以老人議題為核心，希冀透過建立及維護高齡友善環境，建構有效的都市系統及永續發展，確保長者健康與福祉，延長「健康」餘命

WHO賡續推動健康城市旨趣，投入在營造高齡友善城市架構推動的力道，特別令人矚目。2002年提出積極與活躍老化的概念，2005年在巴西老年病學世界大會，提出「全球友善城市計畫」（A Global Age-Friendly Cities Project）。

2007年「高齡友善城市計畫」（Age-Friendly Cities Project, AFCP），界定「高齡友善城市」是一具包容性和可及性的都市環境並能促進活躍老化（An Age-friendly City is an inclusive and accessible urban environment that promotes active ageing）；整體設計是圍繞著健康、社會參與和安全為主軸（朱芬郁、郭憲文，2014；WHO, 2007）。

值得關注的是，生產老化（productive aging）是促成活躍老化主要內涵之一，是指高齡者在老化的過程中，藉由生產性活動之參與，以及提供產品或服務，且在此一過程中，強調老年生產力（不論有酬或無酬）之開展（Davey, 2002）。簡言之，高齡友善城市是植基於參與及發展高齡者活躍老化，不但關心尊重或在倫理上接受高齡者的行為，更進一步要建構有效的都市系統及永續發展（Martinoni et al.,

2009）。

2007年WHO集結33個國家35個城市的老年基礎需求研究結果，在10月1日「國際老年人日」（International Day of Older Persons）正式發布WHO「高齡友善城市指南」（Global Age-Friendly Cities: A Guide）（WHO, 2007）提出八大面向指標。2010年6月啓動「高齡友善城市全球網路」（Global Network of Age-Friendly Cities），共有11個國家超過40個城市同時宣布參與高齡友善城市，紐約市成爲全球第一個認證的高齡友善城市（郭憲文，2016；劉麗娟，2014）。

2015年全球有26個國家210個城市與社區參與高齡友善城市全球網絡。臺灣於2013年22縣市已全數開始推動高齡友善城市，成爲亞洲第一個將高齡友善城市作爲旗艦計畫的地區。

WHO推動健康暨高齡友善城市演進歷程，擇其要者，整理如**表12-1**。

二、健康暨高齡友善城市評估指標面向

(一)健康城市評估指標

健康指標本質上是對健康和福祉的數值度量；健康城市是由健康的人群、環境和社會結合的一個整體，WHO訂定WHO 32四大類指標：健康、健康服務、環境、社會經濟指標並執行

依據WHO的健康城市計畫發展的第一階段，歐洲健康城市網路提出一套健康城市指標（HCIs），內含指標53個，用以描述市民健康，並記錄當地所採取的涉及健康的更廣泛維度的一系列措施。1992～1994年間，計有47個城市採用此53個指標。

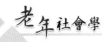

表12-1　WHO推動健康暨高齡友善城市演進歷程

1980年代	1978	阿瑪阿塔宣言（Declaration of Alma-Ata）首次提出「健康城市」（Healthy City）之相關概念
1990年代	1986	渥太華憲章（Charter of Ottawa）再次提出「健康城市」概念；啓動健康城市計畫（Healthy Cities Project），強調健康與建築、自然與社會環境和當地政府的角色在促進全民活躍生活的關聯性
	1996	巴西里亞宣言（WHO Brasilia declaration）提出「健康老化」（Healthy Aging）概念
	1999	世界健康日再次提出健康老化之重要性
2000年以來	2002	第二屆聯合國「人口老化國際行動會議」（西班牙・馬德里），提出「活躍老化」（Active Aging）六大關鍵因素概念
	2005	巴西老年病學世界大會，提出「全球高齡友善城市計畫」（A Global Age-Friendly Cities Project）構想，並界定「高齡友善城市」名詞
	2006	規劃以「活躍老化」的背景下，評估「高齡友善城市」（Age-Friendly City），確保能適當地滿足老年人的需求及肯定其貢獻
	2007	公布「高齡友善城市指南」（Global Age-Friendly Cities: A Guide）八大面向指標，確認涵蓋城市的架構、環境、服務與政策。有23個國家35個城市參與高齡友善城市模式開發
	2007	英國Harding提出「終身社區」（Lifetime Neighborhoods）
	2007	提出「全球高齡友善城市網路」
	2007/10/1	聯合國訂定「世界老年人日」（International Day of Older Persons）
	2010/6/29	啓動高齡友善城市全球網路（Global Network of Age-Friendly Cities），11個國家超過40個城市同時宣布參與推動高齡友善城市；紐約市是第一個獲全球網絡會員認證的「高齡友善城市」（2011）
	2013	臺灣分別於2003年與2010年導入健康城市與高齡友善城市；2013年，全臺22縣市已全數開始推動高齡友善城市

資料來源：作者整理。

　　定義、描述和衡量城市的「健康」是一項複雜的任務。這是第一次嘗試系統收集和分析歐洲城市資料。該分析爲資料的解釋性、有效性和可行性提供重要見解。在此基礎上，健康城市項目對原有指標加

以改進，刪除不適合、缺乏信度、修正文字，減少至32個，同時完善原有定義（臺北市政府，2013；徐望悅、趙曉菁譯，2016），WHO 32 四大類指標：健康、健康服務、環境、社會經濟指標及其細項，如**表12-2**。

表12-2　國際健康城市指標

類別		指標		
健康指標	A1	總死亡率：所有死因		
	A2	死因統計		
	A3	低出生重體		
健康服務指標	B1	現行衛生教育計畫數量		
	B2	兒童完成預防接種的百分比		
	B3	每位基層的健康照護者所服務的居民數		
	B4	每位護理人員服務居民數		
	B5	健康保險的人口百分比		
	B6	基層健康照護提供非官方語言服務之便利性		
	B7	市議會每年檢視健康相關問題的數量		
環境指標	C1	空氣汙染	C8	閒置之工業用地
	C2	水質	C9	運動休閒設施
	C3	汙水處理率	C10	人行街道（徒步區）
	C4	家庭廢棄物收集品質	C11	腳踏車專用道
	C5	家庭廢棄物處理品質	C12	大眾運輸
	C6	綠覆率	C13	大眾運輸服務範圍
	C7	綠地之可及性	C14	生存空間
社經指標	D1	居民居住在不合居住標準的比例		
	D2	遊民的人數		
	D3	失業率		
	D4	收入低於平均所得之比例		
	D5	可照顧學齡前兒童之機構百分比		
	D6	小於20週、20-34週、35週以上活產兒的百分比		
	D7	墮胎率（相對於每一活產數）		
	D8	殘障者受雇之比例		

資料來源：衛福部國民健康署初階工作坊（郭憲文，2016）。

(二)高齡友善城市評估指標

「**WHO全球高齡友善城市指南**」共計十三部分，包括：人口成長趨勢與未來挑戰、高齡友善城市核心特色等；同時，揭示八大面向綜合性議題，透過一套高齡友善城市發展的清單，探討城市架構、環境、服務與政策

該指南主要目的旨在提供開展理想（ideal）高齡友善城市的指引框架，企圖協助城市釐清自身人口老化問題癥結所在，以及如何變得更加友善（WHO, 2007）。同時，呼籲各國以此指引作為政策參考推動，鼓勵世界各城市建立符合在地特色的行動計畫，催化許多國家重新審視對高齡友善社區的概念，而且建立一個優質的高齡友善社區，可以提升社區居民的幸福感（Lui, Everingham, Warburton, Cuthill & Bartlett, 2009）。

高齡友善城市八大面向為主要內涵與面向，包括：無障礙與安全的公共空間（outdoor spaces and buildings）、交通運輸（transportation）、住宅（housing）、社會參與（social participation）、尊重與社會融入（respect and social inclusion）、工作與志願服務（civic participation and employment）、溝通與資訊（communication and information）及社區與健康服務（community support and health services）等。對照1991年通過「聯合國老人綱領」五項要點：獨立、參與、照顧、自我實現與尊嚴，兩者彼此內涵相通，關係綿密，如**圖12-1**。

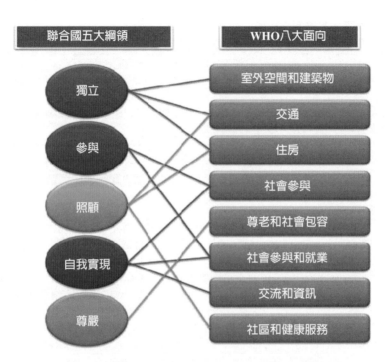

圖12-1　聯合國老人綱領與WTO八大面向關聯情形

資料來源：兩岸城市高峰論壇主題：第三屆高齡友善城市（2012）。

再者，高齡友善城市八大面向指標，迭經多年實施經驗，在追求活躍老化的實踐上，不斷健全友善環境的創造，改善城市弱勢群體的生活品質，延長其健康平均餘命（healthy life expectancy）而非平均餘命（life expectancy），不斷修訂甄補評估指標，企圖更貼近友善老年。目前計有核心指標十五項，補充指標七項（含2015年）概分為建議的定義、建議的數據來源（衛福部國健署，2017a），詳如**表12-3**。

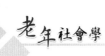 老年社會學

表12-3 WHO高齡友善城市指標

指標	項目	建議的定義	建議的數據來源
核心指標	社區步行友善程度	居住區中有達到被當地所接受標準的人行道的街道比例	1.城市街道的現場調查 2.關於城市規劃、道路和基礎設施的行政管理數據
	公共空間與建物的無障礙程度	對輪椅完全無障礙的新建和現有公共場所與建築物所占的比例	1.對新建和現有公共場所與建築物的現場調查 2.關於城市規劃、建築物安全／許可證以及公園的行政管理數據
	大眾運輸工具的無障礙程度	具有老年人或殘疾人專用座位的大眾運輸工具比例	當地交通主管部門的行政管理數據
	大眾運輸站牌可及度	步行可達大眾運輸站（500公尺內）的住房比例	當地交通主管部門或城市規劃部門的行政管理數據
	住宅的可負擔性	生活在相當於可支配收入的30%以下用於住房的家庭中的老年人比例	1.家庭人口普查 2.經濟事務或住房部門的行政管理數據 3.經濟事務或住房部門的行政管理數據 4.公共支出報告
	志工活動參與程度	當地志願者登記冊中的老年人比例	1.地方政府的行政管理數據 2.具有志願者登記冊的當地組織
	有薪工作	目前無業的老年人比例（無業比率較低表示老年人獲得有償就業的機會較高）	勞工統計數據
	社交文化活動參與程度	老年人在當季文化設備和活動報告的所有到訪者中所占的比例	1.城市文化事務部門的行政管理數據 2.文化設施和活動報告的到訪者人口結構數據
	在地決策事務參與程度	在當地最近期的選舉或立法行動中實際投票的有資格的老年選民比例	地方政府的行政管理數據
	相關資訊可得性	當地關於健康問題和服務介紹（包括透過電話）的信息來文的可得性	城市衛生部門的行政管理數據
	社會和健康服務的可及性	具有個人照護或補助需求並正在接受正式的（公立或私立）上門服務或以社區為基礎服務的老年人比率	1.市政府關於衛生和社會服務的行政管理數據 2.上門服務和以社區為基礎的當地衛生和社會服務提供者的正式報告
	生活品質	出生健康期望壽命	城市衛生部門的行政管理數據和報告
	財物安全性	生活在可支配收入高於貧窮風險閾值的家庭中的老年人比例	1.勞工統計數據 2.經濟事務部門的行政管理數據

（續）表12-3　WHO高齡友善城市指標

指標	項目	建議的定義	建議的數據來源
核心指標	社會對待高齡者的正面態度	受虐老年人的案例數（占老年人總數的比例）（數量較少可以表示社會保護老年人的鑽研並尊重他們）	當地執法當局、衛生／社會服務提供者或處理防範虐待（老年人）問題的社區團體收集的數據
	公平指標（群體可歸因風險及兩個次群體間的不平等）	1.人口平均收入與最高可達結果水平之間的差異 2.兩個參考人群之間的差異	按地域或社會經濟群體（例如性別、年齡、收入、居住區）分解的關愛老人城市核心指標數據
補充指標	優先停車位可及度	供老年人或殘疾人專用的優先停車位在新建和現有公共設施中所占的比例	關於程式規劃、建築物安全性／許可證和公園的行政管理數據
	住宅的無障礙程度	具有輪椅可用入口（即有足夠寬度、坡道）的新建和現有房屋比例	住房部門的行政管理數據
	休閒體能團體活動參與程度	作為自行組織或機構組織的空閒時間身體活動團體一員的老年人比例	當地體育及其他身體活動俱樂部、協會或機構報告的成員人口結構數據
	終身學習參與程度及網際網路可及度	過去一年中參加正式或不正式的教育或培訓的老年人比例	1.城市教育部門的行政管理數據 2.私立和公立教育與培訓機構的招生數據
	網際網路可及度	在家裡能上網的家庭中生活的老年人比例	公立和／或私營網路提供商報告的用戶人口結構數據
	公共安全（2015年新增）	針對老年人的報告犯罪率	1.犯罪統計數據 2.當地警方的報告
	應急防備（2015年新增）	過去一年中參與金對老年居民需求的應急反應培訓或演習的地方政府機構、社區組織和服務提供商雇員的比例	1.開展定期應急反應培訓或演習的地方主管當局（例如當地突發事件管理辦公室、當地消防部門）的報告 2.對相關地方政府機構、社區組織和服務提供商的調查

資料來源：衛福部國健署（2017a）。

三、臺灣推動健康暨高齡友善城市情形

2003年臺南市首先展開健康城市的推動，並成為第一個示範城市；高齡友善城市方面，2010年由嘉義市首先試辦，2013年全臺皆參與拓展

健康暨高齡友善理念在本土紮根與實踐，是多年來我國政府與全民共同努力的目標。臺灣展開健康城市的推動方面，首先是由臺南市2003年開始，成為第一個健康城市的示範城市；嗣後，委由專業團隊分別輔導苗栗縣、花蓮縣與新北市等。

2007年起，由國民健康局委辦「健康城市聯盟計畫」，成立「臺灣健康城市聯盟」，推展國內健康城市，已有超過半數縣市政府將「健康城市」納入施政計畫中推動；2009年政府委辦「健康城市輔導計畫」，成立專家輔導團隊，持續輔導縣市推動健康城市，辦理臺灣健康城市獎項評選（陳瑞菊，2012）。2015年全臺有12縣市、23個鄉鎮區，以非政府組織名義，成為西太平洋健康城市聯盟（Alliance for Healthy Cities, AFHC）副會員（郭憲文，2016）。

在高齡友善城市拓展方面，自2010年起，嘉義市首先試辦「高齡友善城市」計畫，以WHO八大面向為基礎，規劃內容在去除各界對老齡的刻板印象和歧視，積極營造對不同年齡、不同世代都宜居友善的環境。2011年有8縣市加入推動行列，其中，臺北市以萬華區為第一個高齡友善城市的社區。2012年全臺共20個縣市推動，至2013年全臺22縣市全數參與推動。

第三節 健康暨高齡友善城市的國外經驗

一、紐約市高齡友善城市推動經驗

紐約市（City of New York, NYC）位於紐約州東南部大西洋沿岸，是美國第一大城市及第一大港。2015年人口8,550,405人。全市總面積783.8平方公里。紐約州也是一座對全球的經濟、商業、金融、媒體、政治、教育和娛樂具有極大影響力的國際大都會。

2010年6月底，紐約市成為全球第一個通過WHO認證的高齡友善城市；2011年市政府提出五十九項銀髮政策，積極再造這座都市，推動策略及模式，可供參考典範

美國醫學研究院（NYAM）和紐約市政府召開一系列座談會，由紐約各領域專家進行討論，討論議題包括（石豐宇，2011）：就業、住屋發展、市民、運輸與參與、戶外空間、租客的權利、社會服務、健康、開放市民參與的機會等；共獲得超過六百項來自民眾的具體建議，並能隨時修正錯誤，創造更符合高齡者需求的環境；同時，結合社區委員會、醫療聯盟、志願與退休協會等各種公私單位的全力協助，2010年6月獲得WHO正式認證為「高齡友善城市」。

值得特別關注的是，在私部門的參與以及提具的重大貢獻；紐約市推動高齡友善城市六大策略，發揮強力定錨作用

在私部門的參與推動各項措施方面，包括：

1.NYAM與社區委員會合作——帶動社區凝聚力，讓高齡居民可以挑戰老化。

2.學校發起「高齡友好教育協定」——開設老年相關課程，以降低年齡歧視，促進社會包容。

3.志願與退休協會——舉辦促進活動或就業，提升老年的社會參與率；

4.紐約州聯盟——建置醫療體系。

5.紐約銀行家協會——提供高齡客戶服務資訊傳播。

6.高齡者技術培訓計畫——老人中心、公立圖書館二度培訓長者的技術能力，以降低市民負擔。

其次，由市政府與紐約醫學院，共同合作推動紐約市高齡友善城市（Age-Friendly New York City）六大策略（衛福部國健署，2017b）：

1.設計符合長者需求的公共設施。

2.提供文藝活動優惠。

3.開放校園資源。

4.結合不同專業團體。

5.協助業者提供吸引人的高齡友善服務。

6.動員社區新資源，活化現有資源提供創新服務。

總結紐約市高齡友善城市推動經驗，值得借鏡與深思的是：

1.整體計畫目標定位明確：以營造友善高齡爲核心的全齡共享城市。

2.統合各相關機構與部門：包括公園部、都市計畫處、運輸部、小型企業服務機構、移民事務部等，蒐集各部門相關資料進行分析探討，提出紐約高齡友善城市之情況與需改善部分。

3.建構市民意見發表平臺：舉行社區論壇——聽取市民建議，各行政區舉辦逾14場社區座談會；透過電子郵件提供建議或填寫市政府的意見回饋表。

4. 善用ICT科技蒐集輿情：建構網站http200://www.agefrie ndlynyc. org/，便於民眾瞭解計畫案，並蒐集意見。

5. 重視文獻以及相關研究：透過多次深入研究以及文獻查證，取得紐約市高齡人口的需求、經驗、特徵等資訊，以及地方、全國、國際間高齡的趨勢，以便妥適規劃、修正相關政策。

二、加拿大推動高齡友善城市經驗——曼尼托巴省定義高齡友善社區

曼尼托巴省（Manitoba），加拿大一級行政區，首府設於溫尼伯（Winnipeg）。總人口1,148,400人（2011年）。該省的標誌是一頭水牛（bison），總面積647,797平方公里。多湖泊是其特色，東北郊的溫尼伯湖是加拿大境內第五大湖泊。

2007年2月，曼尼托巴政府宣布推動「高齡友善Manitoba計畫」；定義高齡友善社區七大內涵，頗具參考價值

研究顯示，建立一個優質的高齡友善社區，可以提升社區居民的幸福感（Lui, Everingham, Warburton, Cuthill & Bartlett, 2009）。曼尼托巴政府推動「高齡友善Manitoba計畫」，旨在回應 WHO呼籲各國以高齡友善城市指引作為政策參考推動，鼓勵世界各城市建立符合在地特色的行動計畫；許多國家開始重新審視對高齡友善社區的概念。

依據曼尼托巴省「高齡與老化秘書處」指出（衛福部國健署，2017a），高齡友善Manitoba計畫將可提供支持援助，並提供相關資源與資訊幫助所有該省之社區，提升社區內高齡者的生活及工作環境品質。

基於高齡友善社區是高齡友善Manitoba計畫的規劃重點，該省政府專責單位「高齡與老化秘書處」針對高齡友善社區所做的定義，頗值參考。謹擇要條列如下：

1.認識Manitoba地區的高齡者之多樣化。

2.鼓勵提倡健康與積極老化。

3.支持高齡者對社會之貢獻。

4.提高Manitoba高齡者在社區各種活動之參與率。

5.鼓勵民間機構或相關單位共同建構高齡友善社區。

6.為高齡者創造一個可及性高又安全的生活環境。

7.以尊重之心態對待所有年齡的人。

三、推動高齡友善城市的國際組織

(一)國際老化聯盟

國際老化聯盟（International Federation on Ageing, IFA）（衛福部國健署，2017b）是一個國際性的非政府組織（NGO），成員是由非政府組織、企業部門、學術界、政府以及個人所組成。該聯盟相信：對高齡者透過刺激、收集、分析，以及揭露相關的權益、政策和做法的資訊，可以提高長者的生活品質。

◆優先要建立的重點

1.創立聯結：將非政府組織、學術界、政策制定者，以及私人部門串連在一起。

2.資訊分享及交換：透過所建立的網絡，促進知識訊息的交換。

3.研究及宣傳：在研究和提供訊息知識庫上有合作關係。

4.政策知識：具有全球影響力的周邊區域，年齡歧視、聘用年長者、財務保障和高齡友善社區。

◆國際老化聯盟的使命

1.回應政策、做法、權利所需的資訊。

2.促進有關於高齡議題各個部門之間的交流和合作。

3.在資訊交流、活力化和連結提供一個可靠的平臺。

4.在知識及高齡化經驗之間所產生的缺口，建立一個連結的橋樑。

5.開發各種工具，幫助高齡者和各種團體一起工作。

6.在全球、區域和地區建立起高齡友善的環境。

(二)歐洲高齡平臺

歐洲高齡平臺（AGE Platform Europe）（衛福部國健署，2017b）共有165個組織。主要目的是促進歐盟50歲以上老人與1億5,000萬居民的利益，並為他們發聲，提高對老化問題的認知。

工作重點，是以廣泛的政策改善老年人和退休後生活，包括：反歧視高齡者、年長者就業問題、活躍老化、社會保障、養老金改革、社會包容、健康、虐待老人問題、世代連結、科技研究、方便的公共交通、構建環境和新技術（ICT）等。

◆主要政策

1.反年齡歧視。

2.就業與活躍老化。

3.社會包容。

4.社會保障。

5.健康議題。

6.無障礙空間。

7.世代間連結。

◆獎項評選

　　歐洲高齡平臺舉辦獎項評選，其主題包含高齡友善、隔代關係等，藉由獎項評選以鼓勵促進政策者，其類別與目的如**表12-4**。

表12-4　歐洲高齡平臺獎項評選

類別	目的	標的族群
學校隔代教養政策	促進新舊學校之交流	小學生、老年人
高齡者的工作環境	改善適合年長者工作者條件	雇主、工會、非營利組織
社會企業家	分享傳播例子及精神	個人（曾推動與改善友善高齡與隔代關係議題者）
老年問題與關係之宣傳	向公眾宣傳及解決方案	記者
邁向高齡友善環境	創造更好的高齡化生活環境	地方或區域組織
生命故事分享	與他人共享鼓舞人心之樂齡故事	年輕人、老年人（關於樂齡鼓舞人心的故事）

◆相關刊物

　　1.歐洲高齡平臺概述手冊（General Booklet on AGE）。

　　2.歐洲高齡平臺三年施政方針（2008-2010 AGE Triennial Strategic Plan）。

　　3.年度報告（Annual Reports）。

　　4.工作方針（Work Programmes）。

　　5.歐洲高齡平臺計畫方針（AGE Projects）。

(三)日本國際長青聯盟

　　日本國際長青聯盟（Friends of IFA Japan, FOIFA）（衛福部國健署，2017b）創建於2007年10月，是一個獨立的非營利性組織。總部設在日本秋田縣秋田市，約在東京北部500公里處。設立目的旨在回應IFA和其他相關的非政府組織和非營利組織，在面對世界人口老化的挑戰。

設立宗旨—主要目標是確保高齡者必須健康、積極的生活，有尊嚴、有責任的行動，並適當的社會參與，這是人類自由的基本權利。FOIFA作用是提倡政策和方案，以促進發展一個不分年齡人人共享的社會。目前，FOIFA活動集中在知識和信息的交換，在日本以及世界各地的其他國家的非營利組織和非政府組織的國際合作。包括：參加講習班、研討會、論壇和全球性會議等。

第四節　特殊議題

議題一　高齡友善城市能落實在地老化嗎？——日本東京巢鴨地藏通商店街案例

世界主要國家的老人長期照顧政策，為期有效控制機構數量避免快速增加，造成財政負荷過重，影響國家整體發展，多以在地老化為最高指導原則

WHO依據2002年公布活躍老化政策架構（Active Ageing: A Policy Framework），提出「WHO高齡友善城市指南」（WHO, 2007）八個層面，強調「經由提供一個健康、參與和安全的環境鼓勵活躍老化，以增進老人的生活品質」；協助長者能融入當地社區生活，並接受必要的支持以提供及滿足其需求（Menec, Means, Keating, Parkhurst & Eales, 2011）；具體優點為：擁有獨立性、持續社會參與、家的歸屬感。

準此，瞭解素有「歐巴桑的原宿」（おばあちゃんの原宿）之稱的日本東京巢鴨地藏通商店街（すがも），將在地老化與高齡友善城市連接的成功實例，將有助對在地老化作深層思考。

比對WHO高齡友善城市建構指南的八個層面與巢鴨地藏通商店街

所呈顯的在地老化三層面：「個人層面——擁有獨立性」、「社會層面——持續社會參與」、「家庭層面——家的歸屬感」，發現兩者連結關係密切（朱芬郁，2013）

　　日本東京巢鴨地藏通商店街的實施成果顯示，透過高齡友善城市實現在地老化，增強社區式服務，建立服務輸送的近便性與可欲性，實是臺灣未來持續落實高齡友善城市的發展亮點。

　　指標一：無障礙與安全的公共空間，呼應「個人層面——擁有獨立性」、「家庭層面——家的歸屬感」

　　「無礙」是巢鴨地藏通商店街的首項友善高齡的硬體設備。巢鴨附近地鐵站的電扶梯運轉速度比較慢，地鐵站內外的地圖也特別用大字顯示，讓視力不佳的人看得清楚（李京倫編譯，2012）；可以無所顧忌地行走在車道上，想要購物都很方便，既安全又悠閒，產生「地方依附感」，享受有家的歸屬感。

　　指標二：大衆運輸，連結「社會層面——持續社會參與」、「家庭層面——家的歸屬感」

　　「暢行」是巢鴨地藏通商店街友善高齡的貼心交通設備。JR山手線巢鴨站相隔約300公尺，都營地下鐵巢鴨站北口相隔100公尺，都電庚申塚站相隔120公尺的距離。都營巴士巢鴨車庫前與地藏通直接連通，方便相識多年的社區鄰居與朋友互動，真正做到掃除年齡與行動不便的限制。

　　指標三：住宅，深耕「個人層面——擁有獨立性」、「家庭層面——家的歸屬感」

　　「安居」是巢鴨地藏通商店街給予居民店家安全的鄰里環境之保障。商店街的基本構想為「尊重歷史與文化，人與人充分互動的友善小鎮」；同時，透過彰顯文化性、社會性、人性化、創造性以營造商店街有家的歸屬感（巢鴨地藏通之商店街振興組合，2010）。

　　指標四：社會參與，激發「個人層面——擁有獨立性」、「社會

層面——持續社會參與」

　　「居民樂於參與商店街活動」是巢鴨地藏通商店街能廣泛匯聚人氣的重要特色。在持續社會參與方面，每月4號、14號、24號所舉辦的「刺拔地藏王」廟會，商店街整年都積極地投入寺院的傳統祭典等活動；休閒娛樂團體活動方面，充分表現其獨特性。

　　指標五：敬老與社會融入，結合「個人層面——擁有獨立性」、「社會層面——持續社會參與」、「家庭層面——家的歸屬感」

　　「敬老‧親老」是巢鴨地藏通商店街融入整體環境的主體元素。大部分店員都年逾60歲，每一間店舖都保留寬大走道，接待行動不便長者；不變換貨品擺放位置，方便長者熟悉與購買；專為阿公阿嬤準備放大鏡；將貨物架降低，以便取購。

　　指標六：工作與志願服務，融入「社會層面——持續社會參與」、「家庭層面——家的歸屬感」

　　「提供長者參與志工或有酬工作機會」是巢鴨地藏通商店街在高齡人力資源運用的具體落實。全商店街都因長者生產力的投入而獲益，不但能激發持續社會參與興趣，同時也給予有家的歸屬感，例如百年老店林立、販售商品針對高齡消費者的需求、高齡店員聘用。

　　指標七：通訊與資訊，溝通「個人層面——擁有獨立性」、「社會層面——持續社會參與」、「家庭層面——家的歸屬感」

　　「推廣官網的建置」是巢鴨地藏通商店街相關資訊廣為人知的重要介面。長者可連接該網站，瞭解或發布商店街的一切訊息，表達自己意見，形成活絡的網路社群，並可充分運作通訊與資訊功能，滿足生活需求。

　　指標八：社區及健康服務，確保「個人層面——擁有獨立性」、「家庭層面——家的歸屬感」

　　「立即的服務與支援」是巢鴨地藏通商店街服務高齡者健康安全的規劃重點。商店街專設有「巢鴨郵局」及「巢鴨醫院」，設置生

活諮詢師、商家學習急救訓練，頭隨處可見「自動體外心臟電擊去顫器」（AED），一方面照顧到個人，另方面也讓長者有家的歸屬感。

「高齡友善城市」整體意象在政策、服務、設施和結構的支持，並促進活躍老化；東京巢鴨地藏通商店街推動在地老化年齡友善的事實，以「家庭層面──家的歸屬感」與高齡友善城市指標關聯性最高，計有七項相關

日本東京巢鴨地藏通商店街的實施成果顯示，透過高齡友善城市實現在地老化，增強社區式服務，建立服務輸送的近便性與可欲性，實是臺灣未來持續落實高齡友善城市的發展亮點。

議題二　高齡友善城市了，然後呢？智慧城市的崛起

2008年，是值得關注的一年；這一年，是人類歷史上首次出現超過一半的人居住在城市，而全球金融危機也在此刻爆發

IBM在2008年11月12日於美國紐約發表《智慧地球：下一代領導人議程》（*A Smarter Planet: The Next Leadership Agenda*）報告，提出「構建智慧的地球」（Building a Smarter Planet）呼籲，認為世界正在變得越來越聰明，如果我們以開放的心態讓我們自己想想都覺得智慧地球將可能達成（if we open our minds and let ourselves think about all that a smarter planet could be），強調透過將新一代信息技術，充分運用在各行各業之中，藉以打造智慧城市，獲得極大的迴響。

智慧城市的倡議與推動，企圖建構一個具包容性和可親近性的友善城市環境，導入永續經營的載體，正為「城市未來」勾繪「未來城市」的願景，值得進一步探討瞭解。

人口持續快速湧入城鎮，全球都市化趨勢嚴峻，面臨著一系列挑戰和威脅，複雜龐大的交通、教育、醫療保健、住房、基礎設施、能源和就業等問題亟待解決；城市需要變得「更聰明」，要抓住機遇，

建立可持續的繁榮

世界各地不論貧富，人口由鄉村向都市移動的現象普遍存在，國際性和地方性的人口移動造成橫向人口結構的變化，形成明顯都市化趨勢。依據聯合國《世界人口展望》2017修訂版指出，2017年全球60歲以上人口有9億6,200萬人，2050年將增為21億；屆時全球人口居住在城市地區的比例將達66%，有超過60億人口生活在城市地區，全球城市缺乏公共衛生、電力及醫療保險的貧民窟人口將達到30億。

另外，聯合國公布《2016世界城市狀況報告》（*The World Cities Report*），主題是「城鎮化與發展：新興未來」（Urbanization and Development: Emerging Futures）報告指出，目前排在前600名的主要城市中居住著五分之一的世界人口，對全球國內生產總值的貢獻高達60%；2025年全球將有29個人口超過千萬的巨型城市，2050年則可能有100個。

如果不進行適當的規劃和管理，迅速的城鎮化會導致不平等、貧民窟和氣候變化災難性影響的增長，應透過一個全新的城市議程（Urban Agenda），進一步釋放城鎮的變革力量，推進可持續的城市發展。

世界將繼續變得更小，更平，更聰明；智慧城市目前正如雨後春筍，在全球迅速展開，透過各種科技提高城市基礎建設的效率，並提升民眾的生活品質

IBM智慧地球理念側重透過新一代資訊科技的應用，使人類能以更加精細和動態的方式管理生產和生活的狀態，以期有助提高城鎮化品質。「智慧地球」的理念中包含「智慧城市」的概念，企圖由規劃管理、基礎建設和市民滿意等三大面向，串聯成一個相互聯繫的生態圈，推動經濟的永續成長成為更聰明的城市（IBM, 2016）。

智慧城市的基本特徵：全面物聯、充分整合、激勵創新、協同運作等四方面；是指涉智慧化、資通訊的技術面互通互連，包括行動

通訊網、網際網、社群網、物聯網（IOT），以及雲端的開放性資料（open data）和大數據（big data）運用。透過上述智慧化實踐，大數據不再只是大數據（big data is not only big data），而是能達成網網相連，人與人、人與機、機與機之間的相容互通（毛治國，2015）。

也就是泛指以資訊科技傳遞城市內的公共服務，帶來企業與市民的便利與舒適（林欽榮，2013）。智慧城市既可創造經濟價值，並可促進文化與歷史結合，幫助環境永續發展。

整體而言，智慧城市串聯規劃管理、基礎建設和市民滿意等三大面向，在經濟、生活、管理等三層面，呈現多元而豐富的風貌；社福與健康是市民滿意的重要內涵，充分承載高齡友善城市之堅持友善長者的意圖，值得期待

審視未來各國面對的四大醫療問題：人口老化、醫療照護費用劇增、醫療資源分配不均，以及慢性病患者持續增加的急迫性。發展智慧城市被認為可促進城市經濟、社會與環境、資源協調可持續發展，緩解「大城市病」（metropolitan disease），有助提高城鎮化品質。

進一步觀察IBM智慧城市三大面向內涵，「規劃管理」側重在警政保安、智慧建築與城市規劃，以及政府與管理機構的調整；「基礎建設」抓緊能源、水資源、環境與交通等，以進行智能化管理；「市民滿意」服務不但可以滿足個人的需求，亦可作為社會發展的基礎，並且能夠支援社會服務，通常包含勞動服務、社會福利、醫療保健、零售和教育等（IBM, 2016）。

要之，智慧城市是以人民幸福、城市永續發展為目標，重視智慧醫療科技的發展與運用，透過創新且有效的方式或科技運用，大幅減少後續醫療成本並提高效率，將規劃管理、基礎建設和市民滿意等三大面向，串聯成一個相互聯繫的生態圈，提供人民、企業與政府更高效、即時、互動、整合的服務與管理，正為高齡友善城市友善老年的豐厚底蘊，導入智慧城市永續發展之中。

這種發展趨勢，特別值得關心高齡友善城市未來發展者，進一步觀察。

📖 延伸閱讀

衛生福利部國民健康署，「高齡友善城市」，http://afc.hpa.gov.tw/Page/default.aspx

衛生福利部國民健康署（2014）。高齡友善城市：全臺總動員。臺北：衛生福利部國民健康署。

參考文獻

一、中文部分

丁振豐（2000）。社會認知論。國家教育研究院，教育大辭書。

上海親和源（老年）度假酒店（2016）。飯店簡介。檢索日期：2016.10.17。
　　取自http://shanghaicherishyearnholidayhotel.chinahotel.tw/

王尤敏、吳美美（2010）。公共圖書館老年讀者閱讀行為研究初探。載於
　　「2010海峽兩案圖書資訊學學術研討會」論文集B輯。

王永慈（2008）。**高齡社會的來臨：為2025年的臺灣社會規劃之整合研究
　　——子計畫，「成功老化」的實證分析**。行政院國家科學委員會補助專
　　題研究計畫成果報告，整合型計畫，計畫編號：NSC95-2420-H-003-002-
　　KFS。2006年8月1日至2008年7月31日。

王竹語（2017）。不是因為怕死而懼老——而是更令人厭惡的事：被社會歧
　　視。愛‧長照。檢索日期：2017.05.15。取自http://www.ilong-termcare.
　　com/Article/Detail/1362

王俊敏（1985）。社會心理的護理評估特徵。載於王俊敏等編譯，**健康與疾
　　病行為之護理**，1-15。臺北：文軒。

王冠今（2010）。**臺灣社區老人的社會支持改變、健康狀況改變與社會參與
　　之縱貫性研究**（未出版之博士論文）。國立臺灣師範大學健康促進與衛
　　生教育學系，臺北。

王敏旭（2017.07.20）。64%長者盼家人主動討論後事。**聯合報**，第B版。

王章華、黃麗群（2010）我國老齡產業現狀問題與建議。**宏觀經濟管理**，
　　（1），37-39。

王麗容（1995）。老年婦女的生理、心理與社會調適需求分析。載於「第一
　　屆高齡學科際研討會」論文集，臺北。

王麗雲、潘慧玲（2000）。教師彰權益能的概念與實施策略。**教育研究集
　　刊**，44，173-199。2000年01月。

毛治國（2015）。臺灣智慧城市發展方向。「2015智慧城市展」，專題演講。檢索日期：2015.01.20。取自http://www.ey.gov.tw/Video_Content.aspx?n=75BB09111F4251A5&s=7FBF3E4F36EBAD3F

內政部統計處（2016）。中華民國**105年國民生活狀況意向調查報告**（*Report On Citizens Living Conditions Intentions Survey*）。臺北：內政部統計處。

中國新聞網（2013.08.26）。日本老人改變觀念興起"黃昏戀"老人婚姻增多。檢索日期：2017.07.25。取自http://www.laoren.com/lrbly/2013/232530.shtml

中華民國銀行公會（2016.05.10）。「以房養老」熱 銀行公會邀美港專家來臺。中華民國銀行公會舉辦「以房養老」逆向抵押貸款國際研討會新聞稿。檢索日期：2017.03.27。取自http://www.ba.org.tw/Notice/Detail/485?returnurl=%2FNotice%2FIndex%3Ftype%3DNews

石泱（2010）。成功老化、活躍老化與生產老化對我國老人福利政策的省思。社區發展季刊，132，234-250。

石豐宇（2011）。國外高齡友善城市介紹，高齡友善城市第一階段教育訓練。行政院衛生署國民健康局，3-10。檢索日期：2017.03.26。取自http://www.hpa.gov.tw/Bhpnet/Portal/file/ThemeULFile/201111031108207005/%E5%9C%8B%E5%A4%96%E9%AB%98%E9%BD%A1%E5%8F%8B%E5%96%84%E5%9F%8E%E5%B8%82%E4%BB%8B%E7%B4%B9.pdf

弘道老人福利基金會（2016）。All in one（AIO）照顧服務—服務簡介。檢索日期：2017.02.03。取自http://www.hondao.org.tw/article-detail/4466

朱芬郁（1998）。退休老人生涯規劃模式之研究（未出版之碩士論文）。國立中正大學成人及繼續教育研究所，嘉義。

朱芬郁（2001）。揭開健康長壽之謎。終身學習，34，46-52。

朱芬郁（2007）。**高齡者學習社區策略規劃之研究**（未出版之博士論文）。國立臺灣師範大學社會教育學系，臺北。

朱芬郁（2011）。**高齡教育：概念、方案與趨勢**。臺北：五南。

朱芬郁（2012）。**退休生涯經營：概念、規劃與養生**。臺北：揚智。

朱芬郁（2013）。在地老化與高齡友善城市之研究：以東京巢鴨地藏通商店

街為例。**澳門護理雜誌**，12（2），36-40。

朱芬郁、郭憲文（2014）。高齡友善城市在臺北：老年後職業發展的問題與觀點。載於「2014中國國際教育年會暨第二屆老年教育國際論壇」。2014.10.25。中國北京。

朱芬郁（2015）。高齡學習者老化態度之研究——以中國、澳門、新加坡及臺灣為例。**空大社會科學學報**，22，1-27。

朱芬郁（2016）。臺灣老齡旅遊學習市場亮點觀察。發表於「2016學習型城市建設與老年教育」研討會。2016.12.13。中國上海。

朱芳瑤（2011.04.04）。想都沒想過，七成老人無夢想。**中國時報**，第A4版。

行政院（2014）。**中華民國人口政策綱領**。行政院2014年12月27日院臺法字第1030073343號核定修正。臺北：行政院。

行政院（2015）。**高齡社會白皮書**（核定本）。臺北：行政院。

交通部觀光局（2015）。歷年統計資料查詢系統。檢索日期：2015.03.01。取自http://recreation.tbroc.gov.tw/asp1/statistics/year/INIT.ASP

交通部觀光局（2017）。中華民國105年國人旅遊狀況調查。檢索日期：2017.07.15。取自http://admin.taiwan.net.tw/statistics/market.aspx?no=133

羊恩嫩譯（2011）。山下英子（2009）著。**斷捨離**（新‧片づけ術「斷捨離」）。臺北：平安文化。

江雅綺（2009.11.01）。慎防誤踩「以房養老」新地雷！現代保險新聞網。檢索日期：2017.04.23。取自http://www.rmim.com.tw/news-detail-7015

沈六（2000.12）。**社會態度**。國家教育研究院，教育大辭書。

李世代（1995）。老年醫學的發展與貢獻——從老化研究談起。**醫學繼續教育**，5（3），287-293。

李世代（2010a）。活躍老化的理念與本質。**社區發展季刊**，132，59-72。2010年12月。

李世代（2010b）。長期照護的發展與推動。**臺灣醫界雜誌**，53（1），44-50。

李良哲（1999）。維繫婚姻關係重要因素的成人期差異初探。**教育與心理研**

究，22，145-160。

李京倫編譯（2012.09.09）。借鏡巢鴨首爾設銀髮友善區。**聯合報**，第A16版。

李佳欣（2016.08）。拓展銀髮市場不要只看到失能者。**康健雜誌**，213。

李宗派（2007）。老化概念（II）：行為科學之老化理論與老化理論研究趨勢。**臺灣老人保健學刊**，3，25-61。

李宗派（2008）。老人保健與銀髮產業之發展趨勢。**臺灣老人保健學刊**，4（1），1-22。

李宗派（2010）。老人的情緒與心理保健。**臺灣老人保健學刊**，7（1），1-32。

李岳霞（2011）。空巢期，夫妻感情會變好？**親子天下雜誌**，29。

李明譯（2003）。Larry Bossidy與Ram Charan（2002）著。執行力（*Execution: The Discipline of Getting Things Done*）。臺北：天下文化。

李建銓譯（2016）。山下英子（2015）著。丟吧！成為更好的自己（大人の斷捨離手帖）。臺北：時報。

李星謙（2000）。社會需求。國家教育研究院，教育大辭書。

李國芬、李德珍、沈文慈（2007）。「退休」，你準備好了嗎？臺北：商顧。

李雅雯（2005）。**老人人格特質、寂寞感與休閒行為及電視收視行為之關聯性研究**（未出版之碩士論文）。中國文化大學新聞研究所，臺北。

李瑞金（1995）。**臺北市銀髮族社會參與需求研究**。國立中興大學社會學系研究報告。臺北：財團法人臺北市行天宮委託。

李瑞金（1996）。高齡者社會參與需求——以臺北市為例。**社會建設**，95，7-19。

李維靈、施建彬、邱翔蘭（2007）。退休老人休閒活動參與及其幸福感之相關研究。**人文暨社會科學期刊**，3（2），27-35。

李樹人（2017.03.25）。在家臨終臺灣5成8老人在家走…。**聯合報**，第A12版。

吳玉媚（2014）。**從生產性老化觀點探討企業主管退休生涯規劃之研究**（未

出版之碩士論文）。國立中正大學高齡者教育研究所，嘉義。

吳肖琪（2016）。活躍老化。載於「2016兩岸社會福利研討會」，225-236。

吳武忠、陳振聲（2004）。臺北市銀髮族休閒阻礙因素之研究——以團體國外旅遊為例。觀光研究學報，10（3），23-36。

吳英偉、陳慧玲譯（2006）。Stokowski P. A（1994）著。休閒社會學（*Leisure in Society: A Network Structural Perspective*）。臺北：五南。

吳虹儀譯（2014）。坂岡洋子（2011）著。老前生活整理　預約優雅後青春（老前整理 捨てれば心も暮らしも軽くなる）。臺北：麥浩斯。

吳淑瓊（2004）。從「建構長期照護體系先導計畫」之執行看我國社區式長期照護體系之建構。社區發展季刊，106，88-96。

吳惠林（2014）。經濟的幸福力：新人生經濟學（*New Life Economics*）。臺北：五南。

但昭偉（2000）。個人自由的限度與幸福生活的追求：對個人主義教育觀的反省。載於但昭偉、蘇永明（主編），文化、多元文化與教育（頁47-79）。臺北：五南。

汪珮琪（2000）。臺灣中老年人工作與憂鬱情況之影響（未出版之碩士論文）。亞洲大學健康管理研究所，臺中。

呂朝賢、鄭清霞（2005）。中老年人參與志願服務的影響因素分析。臺大社會工作學刊，12，1-50。

呂寶靜（1995）。多目標老人中心：一個社區照顧的中樞據點。社會福利，48，33-39。

呂寶靜（1996）。增進老人社會參與之政策規劃。載於「跨世紀老人醫療、福利政策學術研討會」論文集，臺北。

呂寶靜（2000）。老人朋友網絡支持功能之初探。社會政策社會工作學刊，4（2），43-90。

呂寶靜（2002）。社會工作與臺灣社會。臺北：巨流。

呂寶靜（2012）。老人福利服務。臺北：五南圖書。

利翠珊（1997）。婚姻中親密關係的形成與發展。中華心理衛生學刊，10（4），101-128。

老年社會學

宋麗玉（2006）。增強權能量表之發展與驗證。社會政策與社會工作學刊，10（2），49-86。

宋麗玉、施教裕（2009）。**優勢觀點——社會工作理論與實務**。臺北：洪葉文化。

何麗芳（1992）。台北市老人休閒活動與生活滿意度研究（未出版之碩士論文）。東吳大學社會工作研究所碩士班，台北。

林一芬（2012.03.05）。熟齡離婚潮襲美 林一芬：未來婚姻趨悲觀。ETtoday國際新聞，新聞雲。檢索日期：2017.02.17。取自http://www.ettoday.net/news/20120305/29400.htm#ixzz4SCXEew9j

林上祚（2014.05.04）。近5成貧戶 老人扛家計。聯合報，第A5版。

林永豐（2000）。生命。國家教育研究院，教育大辭書。

林如萍（1998）。農家代間情感之研究——老年父母與其最親密的成年子女。中華家政學刊，27，68-83。

林如萍（2001）。家庭的建立。載自黃迺毓、林如萍、唐先梅、陳芳茹（編著），家庭概論（頁98-119）。臺北：空大。

林秀姿（2016.05.08）。熟齡婚活——即使到了50歲，也要談戀愛。天下雜誌「獨立評論@天下」。檢索日期：2017.01.23。取自http://opinion.cw.com.tw/blog/profile/200/article/4231

林沄萱、胡嘉容、王靜枝（2010）。運用焦點團體探討機構老年住民之超越老化觀感。**臺灣老年學論壇**，6，1-18。2010年5月。

林佳蓉（2002）。臺灣地區老人休閒參與和休閒阻礙之研究。**國立體育學院論叢**，12（2），59-76。

林依瑩（2015）。老人是寶夢想不老。18/30 Ateen Thirty。檢索日期：2017.02.03。取自http://www.taiwanforesight.org.tw/1830ateenthirty/page_article.asp?ser=47

林宗毅（2011）。園藝活動對個人心情與喜好度之研究（未出版之碩士論文）。國立嘉義大學農藝學系研究所（原農學研究所），嘉義。

林冠汾譯（2007）。博報堂生活綜合研究所、博報堂熟齡事業推進室（2003）編著。**搶占熟齡市場：最有購買力的新興族群引爆10大商機**

（巨大市場「エルダー」の誕生－消費構造を激変させる "新しい大人たち" の新潮流）。臺北：臉譜。

林彥妤（1988）。生活事件、因應方式及社會支援對老人心理適應之影響（未出版之碩士論文）。國立臺灣大學心理學研究所，臺北。

林美娟（2000.07.12）。日本實施以房養老制度經驗。行政院經建會人力規劃處，新聞稿。檢索日期：2017.03.26。取自http://www.ndc.gov.tw/News_Content.aspx?n=C90548F2DB23E8B9&sms=AB593F5AE64A02BE&s=2EEEEDE1401EBABD

林韋儒（2007）。休閒運動對銀髮族之價值性探討。中華體育季刊，21（4），24-31。

林珠茹（2002）老人社區參與和生命意義之相關因素探討（未出版之碩士論文）。國立臺北護理健康大學護理學院護理研究所，臺北。

林進修（2008.04.18）。8成老人 過得不快樂。聯合晚報。第A13版。

林勝義（1993）。退休後休閒和社會參與的規劃。成人教育，16，24-27。

林欽榮（2013）。智慧城市國際發展趨勢與國內邁向智慧城市發展策略。國土資訊系統通訊，86，10-22。

林萬億（2010）。臺灣長期照顧制度的規劃：回顧與前瞻。檢索日期：2014.08.29。取自http://www.phlib.org.tw/2010/%E5%8F%B0%E7%81%A3%E9%95%B7%E6%9C%9F%E7%85%A7%E9%A1%A7%E5%88%B6%E5%BA%A6%E7%9A%84%E8%A6%8F%E5%8A%83%EF%BC%9A%E5%9B%9E%E9%A1%A7%E8%88%87%E5%89%8D%E7%9E%BB_%E6%9E%97%E8%90%AC%E5%84%84.pdf

林歐貴英（2001）。中老年人之家庭生活教育。載於中華民國家庭教育學會（主編），家庭生活教育（頁139-153）。臺北：師大書苑。

林歐貴英、郭鐘隆譯（2003）。N. R. Hooyman與H. A. Kiyak著。社會老人學（*Social Gerontology: A Multidisciplinary Perspective*）。臺北：五南。

林麗惠（2006）。臺灣高齡學習者成功老化之研究。人口學刊，33，133-170。

邱天助（1993）。教育老年學。臺北：心理。

邱天助（2009）。老人的閱讀習慣與公共圖書館閱讀需求之調查研究。**臺灣圖書館管理季刊**，5（3），11-30。

邱天助（2011）。老年學導論。臺北：巨流。

邱民華（2005）。臺南縣中小學退休教師社會參與及其相關因素之研究（未出版之碩士論文）。致遠管理學院教育研究所，臺南。

邱啓潤（2014）。長期照護的本質與理想是什麼？高醫醫訊，33（11），7。

邱淑媞（2016）。健康老化之臺灣觀點，專業參與，積極發聲——國民健康署第三度於世界衛生大會場邊專業會議發言。檢索日期：2016.05.23。取自http://afc.hpa.gov.tw/Mobile/base/news_detail.aspx?id=109

周玫琪（2011）。創造性勞動與身心靈健康：臺南西港銀髮人才中心社區行動方案效果之初探。發表於「國科會高齡社會研究北區成果發表會」。行政院國科會高齡社會研究團隊主辦。2011.05.07。臺北：國立臺灣大學。

周鉦翔、李昆樺、陳佑昇、叢均如、邱思華譯（2011）。M. D. Glicken（2009）著。老人心理諮商與輔導（*Evidence-Based Counseling and Psychotherapy for an Aging Population*）。臺北：華騰。

周麗華、黃初雪、劉雪娥（2011.12）。心理社會適應之概念分析。**臺灣腎臟護理學會雜誌**，10（3），203-209。

周麗端（2011）。**教育部100年樂齡家庭生活與學習調查**。臺北：教育部。

周麗端、吳明燁、唐先梅、李淑娟（1999）。婚姻與家人關係。新北市：國立空中大學。

東南網（2015.12.21）。智慧養老：下一個10萬億市場。檢索日期：2017.04.02。取自http://news.ifeng.com/a/20151221/46766821_0.shtml

牧野篤（2005）。對日本高齡者生活意識之調查分析。成人及終身教育，5，13-21。

胡欣玫（2009）。中年憂鬱症患者對家庭支持的感知與期望（未出版之碩士論文）。輔仁大學臨床心理學系，臺北。

胡夢鯨、王怡分（2016）。從生產老化觀點分析退休者的貢獻經驗及障礙：以樂齡中心工作者為例。國立臺灣科技大學，人文社會學報，12（2），

85-113。

施清發、陳武宗、范麗娟（2000）。高雄市老人休閒體驗與休閒參與程度之研究。社區發展季刊，92，346-358。

范蓓怡（2007）。從高齡少子化社會探討臺灣高齡者就業之必要性。社會發展季刊，115，156-174。

洪榮昭（2009）。人力資源發展：企業教育訓練完全手冊。臺北：五南。

活躍樂齡理事會（Council for Third Age）（2017）。正面化樂齡就業。檢索日期：2017.05.15。取自http://cn.c3a.org.sg/WatchVideo_details.do?id=326

徐一嫣（2014.06.11）。物聯網架構的智慧養老世界。《中關村》。檢索日期：2016.10.01。取自http://big5.xinhuanet.com/gate/big5/news.xinhuanet.com/info/2014-06/11/c_133398662.htm

徐望悅、趙曉菁譯（2016）。Premila Webster與Denise Sanderson（2013）著。健康城市指標──衡量健康的適當工具？（Healthy Cities Indicators-A Suitable Instrument to Measure Health?）。國際城市規劃，31（4），27-31。

徐華、史佳樂、代小東（2017）。北京地區老年人的社會認知及其與心理健康的關係。心理學進展，7（3），312- 319。

徐慧娟（2003）。成功老化：老年健康的正向觀點。社區發展季刊，103，252-260。

徐慧娟、張明正（2004）。臺灣老人成功老化與活躍老化現況：多層次分析。臺灣社會福利學刊，3（2），1-36。

徐麗君、蔡文輝（1998）。老年社會學──理論與實務。臺北：巨流圖書。

凌千惠、傅光翊、黃荷瑄、姚慧萍、林宜慧、葉志嶸（2007）。老年族群之憂鬱程度、社會支持程度與醫療服務使用之相關性。中山醫學雜誌，18（2），201-215。

唐存敏（2004）。高齡者參與教會活動與生命意義感關係之研究──以高雄市教會為例（未出版之碩士論文）。中正大學成人及繼續教育研究所，嘉義。

高旭繁（2014）。邁向正向心理老化：銀髮族適應面面觀。應用心理研究，

60，42-43。

高宜凡（2014.08）。《遠見》國人退休生活大調查 退休年齡比法定早7.5
年，軍公教最滿意退休生活。遠見雜誌，338。

高楓（2015.07.29）。臺灣地區銀髮產業發展的經驗與啓示。檢索日期：
2016.10.30。取自http://www.xzbu.com/3/view-6866881.htm

財團法人彭婉如文教基金會（2015.02.02）。老了，也有不一樣的選擇～以
日本小規模多機能照顧模式為例。檢索日期：2017.02.03。取自http://
www.pwr.org.tw/blog/813

孫蓉萍（2014.10.16）。日本直擊 在不起眼的角落淘金。今周刊，930。
檢索日期：2017.02.03。取自http://www.businesstoday.com.tw/article-
content-92745-111219

張正明（1993）。1973年至1985年間臺灣地區扶養老人態度之轉變。臺灣地
區老人寶鑑與生活研究論文集，1，3-8。

張志強、吳玫溏（2012）。國內少子女化嚴重性及對未來勞動與生產之影響
推估。主計月刊，672，77-83。

張怡（2003）。影響老人社會參與之相關因素探討。社區發展季刊，103，
225-233。

張春興（1991）。張氏心理學辭典（第二版）。臺北：東華。

張春興（2007）。張氏心理學辭典。臺北：東華。

張素紅、楊美賞（1999）。老人寂寞與其個人因素、自覺健康狀況、社會支
持之相關研究。高雄醫學科學雜誌，15（6），337-347。

張淑美（1996）。死亡學與死亡教育。高雄：復文書局。

張淑美（2006）。「生命教育」研究、論述與實踐──以生死教育爲取向
（二刷版）。高雄：復文圖書。

張舜翔（2015.08.14）。高齡化社會來臨樂齡族群特色大不同。工研院產業
經濟與趨勢研究中心（IEK）。檢索日期：2017.02.03。取自https://www.
itri.org.tw/chi/Content/NewsLetter/Contents.aspx?SiteID=1&MmmID=5000
&MSid=6545073456076575717

張傳佳（2014.04.24）。短訊：弘道基金會「不老夢想」計畫。公益交流站。

檢索日期：2017.03.03。取自http://npost.tw/archives/5968

張慈映（2014.09.25）。掌握樂齡產業發展趨勢與關鍵議題。樂齡悅活科技論壇，工研院產業經濟與趨勢研究中心（IEK）。檢索日期：2017.05.11。取自http://iekweb3.iek.org.tw/iekppt/Freeppt/slide.aspx?pre_id=4040

張嘉文（2000）。**辭海**。臺北：鐘文。

張綺紋（1996）。**氣喘學童不適感受之因應策略探討**（未出版之碩士論文）。國防醫學院護理學研究所，台北。

張維華等（2013.04.27）。銀髮族群的需求與趨勢，載於「2013青銀共創銀髮商機研討會」，亞太青銀共創協會、政大公企中心主辦，1-24。

張慧芝譯（2002）。D. E. Papalia, S. Wendkos & R. D. Feldman（2000）著。**人類發展**（*Human Development*, 8ed.）。臺北：桂冠。

張蕙麟（2007）。高雄市退休高齡者休閒參與、休閒滿意度及生活滿意度關聯模式之建立與分析。**嘉大體育健康休閒期刊**，6（2），102-109。

陶在樸（2000）。**理論生死學**。臺北：五南。

陳克宗（1998）。大學體育課程的休閒性。**國民體育季刊**，27（3），38-42。

陳伶珠、黃源協（2008）。身心障礙老人的健康與醫療利用——以南投縣為例。**長期照護雜誌**，**12**（1），42-56。

陳李綢（2000）。學習。國家教育研究院，教育大辭書。

陳宛茜（2016.10.04）。他山之石／工作分享世代交流經驗新知。**聯合報**，第A5版。

陳宛茜、呂思逸（2017.05.08）。不只是「下流老人」 你將成為「過勞老人」？**聯合報**，第A版。

陳雨鑫（2016.07.17）。晚婚潮…新聯誼瞄準「大齡男女」。**聯合報**，第A6版。

陳雨鑫（2017）。您需要什麼？20萬長者生活大調查。檢索日期：2017.08.18。取自https://udn.com/news/story/7266/2649289

陳俐君（2011.07.16）。兩岸熟齡族臺愛上網陸愛聊手機。檢索日期：2012.01.30。取自http://blog.sina.com.cn/s/blog_6c1214c20100unlx.html

陳勁甫、吳劍秋（2005）。銀髮族海外旅遊動機與市場區隔之研究。旅遊管理研究，5（1），1-16。

陳亮恭（2015）。**真逆齡：醫學實證，超越抗老的大智慧**。臺北：天下生活。

陳畊麗（2005）老年經濟的挑戰與契機。檢索日期：2017.02.03。取自http://www.gov.tw/PUBLIC/view.php3?id=120585&main=GOVNEWS&sub=52

陳英仁（2005）。老人休閒動機、休閒參與及休閒環境之相關研究（未出版之碩士論文）。私立朝陽科技大學休閒事業管理系，臺中。

陳淑嬌（2013）。高齡產業新商機——以養生住宅為例。**臺灣經濟研究月刊**，2，112-118。

陳惠姿等（2004）。**長期照護實務**。臺北：永大書局。

陳晶瑩（2003）。老年人之長期照護。**臺灣醫學**，7（3），404-413。

陳晶瑩（2014）。長期照護的概念。檢索日期：2014.06.10。取自https://isp.moe.edu.tw/upload/resources/six/health/file1_1335789940017.pdf

陳超明（2015.05.12）。文創忘了產業文化自我陶醉。**聯合報**，第A14版。

陳瑞珠、黃富順（2000）。死亡教育。國家教育研究院，教育大辭書。

陳瑞菊（2012）。**健康城市結合推動高齡友善城市**。發表於「2012臺灣公共衛生學會、臺灣流行病學學會暨臺灣事故傷害預防與安全促進學會」聯合年會。中山醫學大學、臺灣公共衛生學會、臺灣流行病學學會、臺灣事故傷害預防與安全促進學會主辦。2012.10.06-07。臺中：中山醫學大學。

陳婉蘭（1992）。**台灣地區老人休閒活動參與影響因素之研究**（未出版之碩士論文）。中正大學社會福利研究所碩士班，嘉義。

陳嘉彌（2015）。老年創造力與超越老化關係之初探性研究，國立空中大學，社會科學學報，20，28-41。2015年12月。

陳漢志（2002）。臺灣中部地區老年人休閒參與阻礙與休閒教育需求之調查研究。國立體育學院論叢，12（2），77-90。

陳肇男（1999）。**老年三寶：老本、老伴與老友——臺灣老人生活狀況探討**。臺北：中央研究院經濟研究所。

陳肇男（2003）。臺灣老人休閒生活與生活品質。人口學刊，26，96-136。

陳黛芬譯（2006）。堀薰夫（2006）原著。日本高齡教育：大阪老人大學的教育策略（Elder Education in Japan: Educational Strategies in Elder College in Osaka）。成人及終身教育，16，11-15。

陳韻涵（2014.07.12）。全球人口集中都市2045年破60億。聯合報，第A15版。

陳韻涵編譯（2016.03.07日）。退休難2成日本銀髮族還在工作。聯合報，第A13版。

教育部（2006）。臺閩地區民眾對於我國已邁入高齡化社會之看法民意調查。臺北：世新大學民意調查研究中心。

教育部重編國語辭典修訂本（2015）。心理／社會。臺北：教育部。

教育部樂齡學習網（2017）。樂齡大學。檢索日期：2017.01.30。取自http://moe.senioredu.moe.gov.tw/Home/University

許坋妃（1997）。高齡者社會參與動機、參與行為及參與滿意度之研究——以高雄市老人活動場所為例（未出版之碩士論文）。東海大學社會工作學系碩士班，台中。

許佳佳（2010.08.15）。大陸銀髮市場 企業趁早布局。聯合報。

許家榮（2016）。走動式照顧服務模式長照發展新契機。原住民族電視臺。檢索日期：2016.01.29。取自http://titv.ipcf.org.tw/news-18593

許瓊文、楊雅婷（2007）。銀髮貴族經濟力活化策略。科技發展政策報導，5，35-50。

許巍瀚（2014）。臺灣智慧城市治理架構與策略研擬之研究（未出版之碩士論文）。國立政治大學地政學系，臺北。

陸洛、陳楓媚（2015）。邁向正向老化——正向老化關鍵要素及情境效果之研究。發表於臺灣老人學學會第三屆（2015）年會暨國際學術研討會。社團法人臺灣老人學學會主辦。2015.03.27。1-32。臺北：國立政治大學社會科學院國際會議廳。

章英華（2009）。都市化、城鄉關係與社區。載於社會學與臺灣社會（頁389-415）。臺北：巨流。

崔恩洙（2004）。邁向社區發展的終身學習城市——以韓國光明市為例。成人及終身教育，3，23-31。

郭振昌（2014.10.30）。**銀髮勞動力發展政策與現況研析——以英國、韓國、新加坡等國為例**。中華民國全國中小企業總會：銀髮人才發展與就業服務整合計畫業務委外計畫，新北市。

郭憲文（2016.06.15）。健康城市暨高齡友善城市理念及其推動策略。國建署初階工作坊，22-23。

莊書涵、林美伶譯（2012）。Nancy R. Hooyman著。社會老人學（**II**）社會取向。台北：華騰文化。

莊耀嘉、王重鳴譯（2001）。Eliot R. Smith與Diane M. Mackie（1995）著。**社會心理學**（*Social Psychology*）。臺北：桂冠。

國家發展委員會（2011.11.23）。銀髮產業商機無限國外做法可資借鏡。檢索日期：2017.01.23。取自http://www.ndc.gov.tw/News_Content.aspx?n=C90548F2DB23E8B9&sms=AB593F5AE64A02BE&s=87B5F6BECFF448C5

國家發展委員會（2013.06.11）。歐盟活躍老化指數。檢索日期：2017.01.23。取自http://www.ndc.gov.tw/News_Content.aspx?n=C90548F2DB23E8B9&sms=AB593F5AE64A02BE&s=13BA9546B8EF89C1

國家發展委員會（2015）。歷年數位機會（落差）調查報告，104年個人家戶數位機會調查報告。檢索日期：2017.01.23。取自http://www.ndc.gov.tw/cp.aspx?n=55C8164714DFD9E9

巢鴨地藏通之商店街振興組合（2010）。**巢鴨地藏通商店街的概況**。日本：巢鴨地藏通之商店街振興組合。

黃久秦（2015）。老人學的範疇與老化。載於黃久秦（主編），老人學概論（頁1-35）。臺中：華格納。

黃久秦、白惠文、陳毓璟、李昆樺、周鉦翔、黃玫娟、劉立凡、梁翠梅、張江清、劉慧俐合譯（2012）。Nancy R. Hooyman與H. Asuman Kiyak（2010）著。社會老人學（**II**）社會取向（*Social Gerontology: A Multidisciplinary Perspective*）。臺北：華騰文化。

黃心郁（1998）。**中年女性空巢期的生活轉變**（未出版之碩士論文）。國立

臺灣師範大學社會教育研究所碩士論文，臺北。

黃旭昇（2014.02.15）。看護走動式照顧長照新模式。中央社。檢索日期：2017.02.03。取自http://www.hondao.org.tw/article-detail/3150

黃芳田譯（2000）。M. Pipher（1999）著。可以這樣老去：航向老年國度，兩代結伴同行（*Another Country: Navigating the Emotional Terrain of Our Elders*）。臺北：遠流。

黃昭勇（2015.04.24）。臺灣安可族最想旅遊、當志工。聯合報，第A6版。

黃俐婷（2004）。家庭支持的結構與功能分析。社區發展季刊，**105**，367-381。

黃迺毓（1988）。家庭教育。臺北：五南。

黃國彥、詹火生（1994）。銀髮族之社會資源。國立嘉義師範學院編印。

黃富順（1995）。老化與健康。臺北：師大書苑。

黃富順（1997）。高齡學習者的心理特性。載於中華民國社區教育學會（主編），老人的社區經營與教育參與（頁119-132）。臺北：師大書苑。

黃富順（2000a）。老人學。國教育研究院，教育大辭書。

黃富順（2000b）。發展任務。國家教育研究院，教育大辭書。

黃富順（2002）。老人心理問題與輔導策略。成人教育，67，5-20。

黃富順、陳如山、黃慈（2003）。成人發展與適應。新北市：國立空中大學。

黃富順主編（2004）。高齡學習。臺北：五南。

黃越綏等（2013）。熟年婚姻白皮書──夫妻間不能說的秘密。臺北：馥林文化。

曾沛瑜（2015.03.01）。熟年整理，擁有清爽下半生。康健雜誌，196。

曾怡禎（2007）。2007年銀髮產業景氣趨勢調查報告。臺北：臺灣經濟研究院。

曾煥裕編譯（2012）。Atchley, Robert C.與Barusch, Amanda S.（2003）著。社會老年學（*Social Forces and Aging: An Introduction to Social Gerontology*）（頁2-29）。臺北：新加坡商聖智學習。

舒昌榮（2008）。由積極老化觀點論我國因應高齡社會的主要策略：從「人

口政策白皮書」談起。社區發展季刊，122，215-235。

湯梅英（2000）。社會交易理論。國家教育研究院，教育大辭書。

程越等譯（1992）。Hendricks, Jon與Hendricks, C. Davis（1977）著。金色晚年：老齡問題面面觀（*Aging in Mass Society*）。上海：譯文出版社。

彭蕙仙（2006）。雖然近黃昏「熟齡之愛」無限好。中時電子報專題報導。檢索日期：2017.03.20。取自http://forums.chinatimes.com/life/valentine2006/025.htm

游鴻智（2000）。公務人員退休再就業之探討──以臺北市政府為例（未出版之碩士論文）。國立臺北大學公共行政暨政策學系，臺北。

葉正（2009）。社會學詞彙（頁131）。臺北：風雲論壇。

葉至誠（2016）。老年社會學。臺北：秀威經典。

葉怡矜、吳崇旗、王偉琴、顏伽如、林禹良譯（2005）。Godbey. G（2003）著。休閒遊憩概論（*Leisure in Your Life: An Exploration*）。臺北：品度。

葉俊廷（2012）。歐盟健康老化政策的意涵及啟示。成人及終身教育雙月刊，41，14-24。

葉清華、薛淑琳（1998）。運動與老化。大專體育，36，73-77。

葉肅科（2005）。高齡化社會與老年生活風格。社區發展季刊，110，230-241。

葉肅科、胡愈寧（2011）。老化、照護與社會：社會老年學新論。臺北：華立圖書。

新北市政府城鄉發展局（2017.07.05）。新北三峽「青銀共居」體驗營7月5日開放報名。檢索日期：2017.05.22。取自http://www.planning.ntpc.gov.tw/link_data/index.php?mode=detail&id=39946&type_id=2&parent_id=10005

雷光涵（2015.10.14）。日本熟齡男 帶存摺找「第一春」。聯合報，第A13。

萬育維（1993）老年人的再教育與社會參與。社區發展季刊，74，87-97。

董秀蘭（2000）。社會適應。國家教育研究院，教育大辭書。

楊振富、潘勛譯（2005）。Thomas L. Friedman（2005）著。世界是平的（*The World Is Flat*）。臺北：雅言文化。

楊培珊（2002）。迎接老年潮，成人篇：向陽老年──父母照顧與老年準

備。臺北：行政院社會福利推動委員會長期照護專案小組。

楊培珊（2012）。老有所為：高齡者勞動與就業之國際趨勢及我國現況探討。臺灣因應高齡社會來臨的政策研討會。載於「臺灣老人學學會研討會」論文。檢索日期：2017.05.09。取自http://tag.org.tw/member_product.php?type=3

楊培珊、梅陳玉嬋（2011）。**臺灣老人社會工作理論與實務**（二版）。臺北：雙葉書廊。

楊國德（2000）。弗雷勒。國家教育研究院，教育大辭書。

楊瑪利、陳中興（2007.02）。臺灣人退休觀調查：存款比老伴重要，房子比子女重要。**遠見雜誌**，200-206。

廖月娟譯（2015）。Atul Gawande（2014）著。**凝視死亡：一位外科醫師對衰老與死亡的思索**（*Being Mortal: Medicine and What Matters in the End*）。臺北：天下文化。

廖素嫻（2003）。**社區老人參與志願服務之研究──以臺中縣社區長壽俱樂部為對象**（未出版之碩士論文）。東海大學社會工作學系，臺中。

趙明芳（2016.07.04）。觸「網」可及的智慧養老。檢索日期：2016.10.02。取自https://kknews.cc/news/4m85n3.html

趙容萱（2017.02.25）。新推銀髮社區 供年輕人打工換宿。**聯合報**，第B版。

熊春文、張彩華（2016）。西方老齡社會學：淵源、演進與流派。**雲南師範大學學報**（哲學社會科學版），48（5），63-73。

臺北市政府（2013）。WHO32指標評估。健康城市，陽光臺北網站。檢索日期：2017.02.03。取自http://healthycity.taipei/Home/health2?Ord=1

臺北榮總護理部研究發展委員會（2002）。社會支持在長期照顧之簡介。**榮總護理**，19（3），338-340。

蔡文輝、徐麗君（1991）。**老年社會學**。臺北：巨流圖書。

蔡佳安（2015.11.03）。青銀共居長輩為青年指迷津。**聯合報**，第A11版。

蔡長清、劉修祥、黃淑貞（2001）。退休老人休閒參與量及類型與生活滿意度之關係。**高雄應用科技大學學報**，31，183-221。

蔡詠琪（2006）。**成功老化：老年人之生活品質相關因子探討**（未出版之碩

士論文）。國立陽明大學物理治療研究所碩士論文，臺北。

蔡靜紋（2016.04.25）。熟齡ON世代天天黏手。聯合報，第AA3版。

衛生福利部社會及家庭署（2015.03.19）。104年度多元照顧中心（小規模多機能）服務計畫。檢索日期：2017.02.23。取自http://web.cgust.edu.tw/post/doc/51003502534899

衛生福利部國民健康署（2017.03.30a）。WHO高齡友善城市指標。檢索日期：2017.03.10。取自http://afc.hpa.gov.tw/Mobile/base/download.aspx?page=0

衛生福利部國民健康署（2017.03.30b）。高齡友善城市。檢索日期：2017.03.10，取自http://afc.hpa.gov.tw/Page/base/download.aspx

衛福部（2014）。中華民國102年老人狀況調查報告（*Report of the Senior Citizen Condition Survey*）。衛生福利部編印，103年10月。

劉宏鈺、吳明儒（2010）。時間人力銀行──社區高齡人力運用可行策略之探討。發表於「高齡者志工人力與社區學習」學術研討會。社團法人中華民國社區教育學會、國立臺灣師範大學社會教育學系主辦。2010.05.21、2010.05.22。又收於社團法人中華民國社區教育學會、國立臺灣師範大學社會教育學系主編（2010）。高齡志工與社區學習。臺北：國立臺灣師範大學。

劉秀枝（2009.10.11）。啓發性休閒活動 有助預防失智症。聯合報元氣週報。

劉秀娟譯（1997）。郭靜晃（主編）。T. H. Brubaker（1985）著。老年家庭（*Later Life Families*）。新北市：揚智。

劉坤億（2002）。地方政府治理機制的創新挑戰：市場治理模式的功能與限制。法政學報，15，79-113。

劉素芬（2015）。2015臺灣老人人權指標調查報告。社團法人中華人權協會。

劉黎兒（2015.11.12）。4成年輕人罹「戀愛真麻煩症候群」嚇壞日本政府。檢索日期：2017年04月03。取自http://www.peoplenews.tw/news/5997f241-e182-4cfb-8e26-d9f88368816f

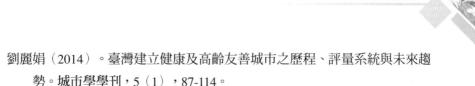

劉麗娟（2014）。臺灣建立健康及高齡友善城市之歷程、評量系統與未來趨勢。城市學學刊，5（1），87-114。

鄭芬蘭（2000）。歸因論。國家教育研究院，教育大辭書。

鄭政宗、賴昆宏（2007）。臺中地區長青學苑老人之社會支持、孤寂感、休閒活動參與及生命意義之研究。朝陽學報，12，217-254。

鄭喜文（2005）。獨居老人休閒活動與社會關係對其心理狀況影響之研究——以宜蘭縣列冊獨居老人為例（未出版之碩士論文）。慈濟大學社會工作研究所，花蓮。

蕭文高（2010）。活躍老化與照顧服務：理論、政策與實務。社區發展季刊，132，41-58。

賴香如（2000）。社會支持。國家教育研究院，教育大辭書。

賴麗秋（2016）。年齡非代間數位落差問題。熟年誌，51，28-31。

駱香雅譯（2016）。大前研一（Kenichi Ohmae）（2015）著。低欲望社會（低欲望社会：「大志なき時代」の新・国富論）。臺北：天下文化。

謝文華（2011.04.04）。調查：42%老人期待與昔日同窗聚首。自由時報，第A8版。

謝艾莉（2016.01.08）。鴻海攻智慧養老北京捷報。檢索日期：2017.03.24。取自http://money.udn.com/money/story/5612/1428589

謝依純（2012）。影響臺灣中高齡者退休年齡之因素。臺灣老年學論壇，14。檢索日期：2012.05.01。取自http://www.iog.ncku.edu.tw/riki/riki.php?id=TGF14&CID=1

謝梅芬（2011.07.19）。少子化業者改推老人玩具。聯合報，第A8版。

聯合報大陸新聞中心（2016.04.03）。「生命晶石」新型葬法。聯合報，第A12版。

薛承泰（2008）。臺灣家庭變遷與老人居住型態：現況與未來。社區發展季刊，121，47-56。

薛曼娜、葉明理（2006）。社區老人權能激發過程之概念分析。護理雜誌，53（2），5-10。

鍾思嘉（1986）。老人死亡態度之調查研究。國科會補助研究論文。

顏君彰（2013）。高齡產業概論。臺北：華立圖書。

簡宛（2012）。越活越美麗：6位熟齡女人的智慧對話。臺北：遠流。

藍忠孚、蔡宏昭、楊瑩、江岷欽（1993）。我國社會福利行政組織結構及功能之探討。臺北：行政院研究發展考核委員會。

魏惠娟（主編）（2010）。樂齡學習系列教材6──社會參與。臺北：教育部社會教育司。

魏惠娟、胡夢鯨、黃錦山、莊雅婷、梁明皓（2007）。臺灣地區老人教育推動現況與需求調查。載於國立中正大學成人及繼續教育研究所主辦「邁向高齡社會落實老人教育政策白皮書：2007高齡教育整合與創新研討會」論文集（頁159-173）。嘉義。

羅紀瓊、吳正儀（1995）。長期照護財務問題之探討。社區發展季刊，17，238-244。

羅凱南（2001）。社會支持、人格特質、個人屬性對老年人心理幸福滿足感影響之研究（未出版之碩士論文）。國立政治大學心理學系，臺北。

蘇琬玲（2007）。退休教師社會參與與老化態度關係之研究（未出版之碩士論文）。國立中正大學成人及繼續教育所，嘉義。

蘇曉晴（2017）。老了，也有戀愛的權利。熟年誌，65，48-51。

嚴敏捷譯（2016）。島田裕巳（2014）著。讓人生的終點歸零（0葬-あっさり死ぬ）。臺北：商周。

IBM（2016）。智慧城市。IBM網站。檢索日期：2016.11.29。取自http://www-07.ibm.com/tw/dp-cs/smartercity/overview.html?re=sph

Phyllis（2015）。囤積解密：用愛減量，告別雜亂人生。臺北：方智。

WHO（2016a）。癡呆症。檢索日期：2017.01.23。取自http://www.who.int/mediacentre/factsheets/fs362/zh/

WHO（2016b）。關於老齡化與健康的全球報告（*World Report on Ageing and Health*）。檢索日期：2017.01.23。取自http://www.who.int/ageing/publications/world-report-2015/zh/

二、英文部分

Abeles, R. P., & Riley, M. W. (1977). *A Life Course Perspective on the Later Years of Life: Some Implications for Research*. Social Science Research Council Annual Report 1976, 77.

AENEAS. (2012a). *Attaining Energy-Efficient Mobility in an Ageing Society*. Retrieved January 15, 2012, from http://www.aeneas-project.eu/?page=home

AENEAS. (2012b). *Study Tour Catalogue: A trip through Europe about Mobility management in ageing societies*. Retrieved January 15, 2012, from http://www.aeneas-project.eu/?page=home

Albert, M. S., Savage, C. R., Jones, K., Berkman, L., Seeman, T., Blazer, D., & Rowe, J. W. (1995). Predictors of cognitive change in older persons: MacArthur studies of successful aging. *Psychology and Aging, 10*, 578-589.

American Association of Retired Persons (AARP) (2000). *American Business and Older Employees: A Summary of Findings*. Washington, DC: AARP.

American Association of Retired Persons (AARP) (2004). *Boomers of Midlife 2004: The AARP Life Stage Study*. January, 15, 2010, Retrieved from http://www.aarp.org/research/surveys/stats/demo/boomers/articles/a research-import-931.html

American Association of Retired Persons (AARP) (2011). *Voices of 50+ America: Dreams and challenges national survey annotated questionnaire*. Retrieved July 15, 2011. Retrieved from http://assets.aarp.org/rgcenter/general/voices-america-dreams-challenges-national-annot.pdf

Antonucci, T. C. (1990). Social supports and social relationships. In R. H. Binstock & L. K. George (Eds.), *The Handbook of Aging and the Social Sciences* (3rd ed., pp. 205-226). San Diego, CA: Academic Press.

Aronow, E., Rauchway, A., Peller, M., & Vito, A. D. (1980). The Value of the self in relation to fear of death. *Omega, 11*(1), (pp. 37-44).

Atchley, R. C. (1976). *The Sociology of Retirement*. Combridge, MA: Schenkman.

Atchley, R. C. (2000). *The Social Forces in Later Life*. Belmont, CA: Wadsworth.

Baltes, P. B., & Baltes, M. M. (1990). Psychological perspectives on successful aging: The model of selective optimization with compensation. In Baltes, P. B. & Baltes, M. M. (Eds.), *Successful Aging: Perspectives from Behavioral Science* (pp.1-34). New York: Cambridge University Press.

Bandura, A. (1977). *Social Learning Theory*. Englewood Cliffs, NJ: Prentice-Hall.

Bandura, A. (1986). *Social Foundations of Thought and Action.* Englewood Cliffs, NJ: Prentice-Hall.

Bandura, A. (2001). Social cognitive theory: An agentic perspective. *Annual Review of Psychology, 51*, 1-26.

Barker, R. L. (1991). *Social Work Dictionary*. Maryland: Sliver Spring.

Barrera, M., Sandler, I. M., & Ramsay, T. B. (1981). Preliminary development of a scale of social support: Studies on college students. *American Journal of Community Psychology, 9*, 435-446.

Bassuk, S. S., Glass, T. A., & Berkman L. F. (1999). Social disengagement and incident cognitive decline in community-dwelling elderly persons. *Annals of Internal Medicine, 131*(3), 165-173.

Bennett, T. Grossberg, L., & Morris, M. (eds) (2005). *New Keywords: A Revised Vocabulary of Culture and Society*. Oxford: Blackwell.

Bernard, S. L., Kincade, J. E., Konrad, T. R., Arcury, T. A., & Rabiner, D. (1997). Predicting morality from community surveys of older adults: The importance of self-rated functional ability. *Journals of Gerontology: Social Sciences, 52*, S155-S163.

Blau, P. M., (1964). *Exchange and Power in Social Life*. New York: John Wiley and Sons.

Boudiny K., & Mortelmans D. (2011). A critical perspective: towards a broader understanding of 'active ageing'. *E-Journal of Applied Psychology, 7*(1), 8-14.

Bradshaw, J. R. (1972). The taxonomy of social need. In McLachlan, G. (Ed.),

Problems and Progress in Medical Care. Oxford University Press: Oxford.

Burke, K. J. (1999). *Health, Mental Health, and Spirituality in Chronically Ill Elders*. Dissertation Abstract, University of Chicago.

Burr, J. A., Caro, F. G., & Moorhead, J. (2002). Productive aging and civic participation. *Journal of Aging Studies, 16*(1), 87-105.

Butler, R. N. (1963). The life review: An interpretation of reminiscence in the aged. *Psychiatry, 26*, 65-76.

Butler, R. N., & Gleason, H. P. (1982). *Productive Aging: Enhancing Vitality in Later Life*. New York: Springer.

Butler, R. N., & Schechter, M. (1995). Productive aging. In Maddox, G. L. (Eds.), *The Encyclopedia of Aging: A Comprehensive Resource in Gerontology and Geriatrics* (pp.763- 764). New York, NY: Springer.

Caplan, G. (1965). *Principles of Preventive Psychiatry*. London: Tavistock.

Caro, F. G., Bass, S. A., & Chen, Y. P. (1993). Introduction: Achieving a productive aging society. In Bass, S. A., Caro, F. G., & Chen, Y. P. (Eds.), *Achieving a Productive Aging Society* (pp. 1-25). Westport, CT: Auburn House.

Cassel, J. (1976). The contribution of the social environment to host resistance: the Fourth Wade Hampton Frost Lecture. *American Journal of Epidemiology, 104*(2), 107-123.

Cattell, R. B. (1963). Theory of fluid and crystallized intelligence: A critical experiment. *Journal of Educational Psychology, 54*, 1-22.

Chattopadhyay, A., & Marsh, R. (1999). Changes in living arrangement and familial support for the elderly in Taiwan: 1963-1991. *Journal of Comparative Family Studies, 30*(3), 523-537.

Cherlin, A. J., & Furstenberg, F. F. (1986). *The New American Grandparent*. New York, NY: Basic Books.

Chou, K. L., Chow, N. W. S., & Chi, I. (2004). Leisure participation amongst Hong Kong Chinese older adults. *Aging & Society, 24*(4), 617-629.

Christina, D., Lyn, M., & David, D. (2005). Defining Productive Ageing-Engaging

Consumers. *Discussion Paper, National Seniors Productive Ageing Centre*. Retrieved March 19, 2017, from http://www.productiveageing.com.au/pdfs/ discussion%20paper%20pa.pdf

Clulow, V., & Bartlett, H. (2009). *Healthy Ageing and Lifelong Learning: Perceptions of Australian Baby Boomers to Inform Public Policy*. Retrieved August 1, 2010, from http://www.duplication.net.au/ANZMAC09/papers/ ANZMAC2009-356.pdf

Cobb, S. (1976). Social support as a moderator of life stress. *Psychosomatic Medicine, 38*(5), 300-314.

Cockerham, W. C. (1991). *This Aging Society*. New Jersey: Prentice Hall.

Cohen, G. (1993). Comprehensive assessment: Capturing strengths, not just weaknesses, *Generations, 17*(1), 47-50.

Cohen, S., & Wills, T. (1985). Stress, social support and the buffering hypothesis, *Psychological Bulletin, 98*, 310-357.

Connidis, I. A. (2010). *Family Ties and Aging*. LA: Pine Forge Press/Sage.

Conte, H. R., Weiner, M. B., & Plutchik, R. (1982). Measuring death anxiety: Conceptual, psychometric, and factor-analytic aspects. *Journal of Personality and Social Psychology, 43*, 775-785.

Council for the Third Age (C3A) (2013). Study on Public Perception and Attitudes Towards Ageing and Seniors. Singapore: Council for the Third Age.

Cox, B. (1993). *Object-Oriented Programming: An Evolutionary Approach*. Rockville, MD. USA.

Cox, E. O., & Parsons, R. J. (1994). *Empowerment-Oriented Social Work Practice With the Elderly*. Pacific Grove, CA: Brooks/Cole.

Cox, H., & Newtson, R. (2014). History of social gerontology. *Sociological Practice*, 11(1), Article 4.

Crandall, R. C. (1980). *Gerontology: A Behavioral Science Approach*. Reading, MA: Addison Wesley.

Crawford, D. W., & Godbey, G. C. (1987). Reconceptualizing barriers to family

leisure. *Leisure Sciences, 9*, 119-127.

Crews, J. E., & Campbell, V. A. (2004). Vision impairment and hearing loss among community-dwelling older Americans: implications for health and functioning. *American Journal of Public Health, 94*(5), 823-829.

Crowther, M. R., Parker, M. W., Achenbaum, W. A., Larimore, W. L., & Koenig, H. G. (2002). Rowe and Kahn's model of successful aging revisited: Positive spirituality, the forgotten factor. *The Gerontologist, 42*(5), 613-620.

Cumming, E., & Henry, W. E. (1961). *Growing Old: The Process of Disengagement*. New York: Basic Books.

Davey, J. A. (2002). Active ageing and education in mind and later life. *Ageing and Society, 22*, 95-113.

Davey, J. A. (2006). Active ageing and education in mind and later life. *Ageing and Society, 22*, 95-113.

Davidson, L. M., Hodgson, K. K., & Rebus P. J. (2005). The relation-ship between social support and student adjustment: A longitudinal analysis. *Psychology in the Schools, 42*(7), 691-706.

Derogatis, L. R. (1986). The psychosocial adjustment to illness scale (PAIS). *Journal of Psychosocial Research, 30*(1), 77-91.

Dorfman, L. T. (1995). Health, financial status, and social participation of retired rural men and women: Implications. *Educational Gerontology, 21*(7), 653-669.

Duffy, K. G., & Wong, F. Y. (2003). *Community Psychology*. Boston: Allyn and Bacon.

Dziegielewski, S. F. (1998). Psychopharmacological and social work practice: Introduction. *Research on Social Work Practice, 8*, 371-383.

Elder, G. H., Jr. (1995). The life course paradigm: Social change and individual development. In Moen, P., Elder, G. H. Jr., & Luscher, K. (Eds.), *Examining Lives in Context: Perspectives on the Ecology of Human Development* (pp. 101-136). Washington, DC: American Psychological Association.

老年社會學

Elder, G. H. Jr. (1998). The life course and human development. In Lerner, R. M. (Ed.), *Handbook of Child Psychology.Vol1: Theoretical Models of Human Development* (5th ed). New York, NY: Wiley.

Emerson, R. M. (1972). Exchange Theory, Part I: A Psychological Basis for Social Exchange. In Berger, J., Zelditch, M. Jr., & Anderson, B. (Eds.), *Sociological Theories in Progress, Vol. 2*, 38-57. Boston, MA: Houghton-Mifflin.

European Centre Vienna (2013). *Active Ageing Index 2012: Concept, Methodology and Final Results*. Retrieved from http://www.sopol.at/get_file.php?id=1358

European Commission (2001). *The Future of Health Care and Care for the Elderly: Guaranteeing Accessibility, Quality and Financial Viability*. Brussels: European Commission.

Feifel, H., & Branscomb, A. B. (1973). Who's afraid of death? *Journal of Abnormal Psychology, 81*, 282-288.

Feist, G. J., & Barron, F. X. (2003). Predicting creativity from early to late adulthood: Intellect, potential, and personality. *Journal of Research in Personality, 37*, 62-88.

Feist, J., & Feist, G. J. (2009). *Theories of Personality*. New York, NY: McGraw-Hill.

Fischer, C. S. (1977). *Network and Places: Social Relations in the Urban Setting*. New York, NY: The Free Press.

Fry, P. S. (1992). Major social theories of aging and their implications for counseling concepts and practice: A critical review. *The Counseling Psychologist, 20*(2), 246-329.

Gadalla, T. M. (2009). Sense of mastery, social support, and health in elderly Canadians. *Journal of Aging & Health, 21*(4), 581-595.

Gesser, G., Wong, P. T. P., & Reker, G. T. (1987-88). Death attitudes across the life-span: the development and validation of the Death Attitude profile (DAP). *Omega, 18*(2), 113-128.

Ghisletta, P., Bickel, J. F., & Lovden, M. (2006). Does activity engagement protect against cognitive decline in old age? Methodological and analytical considerations. *Journal of Gerontology Psychological Sciences, 61B*(5), 253-261.

Gilbertson, J., Green, G., & Pugh, P. (2008). *Healthy Ageing in the City of Sunderland*. Sheffield: Centre for Regional Economic and Social Research Sheffield Hallam University.

Glei, D. A., Landau, D. A., Goldman, N., Chuang, Y.-L., Rodriguez, G., & Weinstein, M. (2005). Participating in social activities helps preserve cognitive function: an analysis of a longitudinal, population-based study of the elderly. *International Journal of Epidemiology, 34*(4), 864-871.

Goetting, A. (1986). The developmental tasks of siblingship over the life cycle. *Journal of Marriage and the Family, 48*, 703-714.

Goldman, N., Korenman, S., & Weinstein, R. (1995). Marital status and health among the elderly. *Social Science and Medicine, 40*, 1717-1730.

Goodwin, J. S., Hunt, W. C., & Samet, J. M. (1991). A population-based study of functional status and social support networks of elderly patients newly diagnosed with cancer. *Archives of Internal Medicine, 151*(2), 366-370.

Gove, P. B. & Inc, M. W. (2002). *Webster's Third New International Dictionary of the English Language Unabridged* (17th ed.). Springfield, Mass: Merriam-Webster.

Grieves, J. (2003). *Strategic Human Resource Development*. North Park, UK: Sage.

Griffin, J., & McKenna, K. (1998). Influences on leisure and life satisfaction of elderly people. *Physical & Occupational Therapy in Geriatrics, 15*(4), 1-16.

Gronvold, R. L. (1988). Measuring effectual solidarity. In Mangen, D. J., Bengtson, V. L., & Landry, P. H. Jr. (Eds.), *Measurement of Intergenerational Relations* (pp. 74-97). CA: Sage Publications, Inc.

Hancock, T., & Duhl, L. (1986). *Healthy Cities: Promoting Health in the Urban*

老年社會學

Context. Copenhagen: The Authors.

Hao, Y. (2008). Productive activities and psychological well-being among older adults. *The Journals of Gerontology Series B: Psychological Sciences and Social Sciences, 63*(2), S64-S72.

Havighurst, R. J. (1963). *Successful Aging*. New York: Atherton Press.

Havighurst, R. J., Neugarten, B. L., & Tobin, S. S. (1968). *Middle Age and Aging*. Chicago, IL: University of Chicago Press.

Heine, C., & Browning, C. J. (2002). Communication and psychosocial consequences of sensory loss in older adults: overview and rehabilitation directions. *Disability & Rehabilitation, 24*(15), 763-773.

Held, D., McGrew, A., Goldblatt, D., & Perraton, J. (1999). *Global Transformations: Politics, Economics and Culture*. Polity and Stanford University Press.

Herzog, A. R., Kahn, R. L., Morgan, J. N., Jackson, J. S., & Antonucci, T. C. (1989). Age differences in productive activities. *Journal of Gerontology, 44*(4), S129-S138.

Hickson, J., & Housley, W. (1997). Creativity in later life. *Educational Gerontology, 23*, 539-547.

Hoglund, M. W., Sadovsky, R., & Classie, J. (2009). Engagement in life activities promotes healthy aging in men. *Journal of Men's Health, 6*(4), 354-365.

Homans, G. C. (1958). Social Behavior as Exchange. *The American Journal of Sociology, 63*, 597-606.

Horn, J. L. (1982). The aging of human abilities. In Wolman, B. B. (Ed.), *Handbook of Developmental Psychology*. Englewood Cliffs, NJ: Prentice-Hall.

House, J. S. (1981). *Work Stress and Social Support*. Reading, MA: Addison-Wesley.

House, J. S., Kahn, R. L., & McLeod, J. D. (1985). Measures and concepts of social support. In Cohen, S., & Syme, S. L. (Eds.), *Social Support and Health*,

83-108. New York, NY: Academic Press.

Howieson, D. B., Holm, L. A., Kaye, J. A., Oken, B. S., & Howieson, J. (1993). Neurological function in the optimally healthy oldest old. *Neurology, 43*, 1882-1886.

Hsu, H. C. (2007). Does social participation by the elderly reduce mortality and cognitive impairment? *Aging Mental Health, 11*(6), 699-707. doi: 10.1080/13607860701366335

Hutchison, T., Morrison, P., & Mikhailovich, K. (2006). *A Review of the Literature on Active Ageing*. Healthpact Research Centre for Health Promotion and Wellbeing.

Isen, A. M., & Hastorf, A. H. (1982). Some perspectives on cognitive social psychology. In Hastorf, A. H. & Isen, A. M. (Eds.), *Cognitive Social Psychology* (pp. 1-31). New York: Elsevier.

Iso-Ahola, S. E. (1980). *The Social Psychology of Leisure and Recreation*. Dubuque. IA: W. C. Brown.

Jones, S., & Fox, S. (2009). *Generations Online 2009*. Pew Internet & American Life Project. Retrieved October 30, 2010, from http://www.pewinternet.org/Reports/2009/Generations-Online-in-2009.aspx

Kahn, R. L., & Antonucci, T. C. (1980). Convoys over the life courses, attachment, roles and social. In Baltes, P. B., & Brim, O. G. (Eds.), *Life-Span Development and Behavior*. New York, NY: Academic Press.

Kalache, A., Barreto, S. M., & Keller, I. (2005). Global ageing: The demographic revolution in all cultures and societies. In Johnson, M. (Ed.), *The Cambridge Handbook of Age and Ageing* (pp. 30-46). Cambridge: Cambridge University Press.

Kane, R. A., & Kane, R. L. (1986). *Long-Term Care: Principles, Programs, and Policies*. New York: Springer.

Kelly, J. R. (1996). *Leisure*. Englewood Cliffs, NJ: Prentice Hall.

Kerschner, H., & Pegues, J. A. M. (1998). American Dietetic Association. *Journal*

老年社會學

of the American Dietetic Association, 98(12), 1445-1448.

Kim, J.-M., Stewart, R., Shin, I.-S., Yoon, J.-S., & Lee, H.-Y. (2004). Lifetime urban/rural residence, social support and late-life depression in Korea. International Journal of Geriatric Psychiatry, 19(9), 843-851.

Koppen, J. (2010). Social Media and Technology Use Among Adults 50+. Washington, DC: American Association of Retired Persons (AARP) Retrieved October 30, 2010, from http://assets.aarp.org/rgcenter/general/socmedia.pdf

Kozier, B., Erb, G., & Blais, K. (1992). Concepts and Issues in Nursing Practice (2nd ed.). California, Redwood City: Addison-Wesley Nursing.

Kraus, R. G. (2000). Leisure in a Changing America: Trends and Issues for the 21st Century. Boston, MA: Allyn and Bacon.

Krause, N., & Borawski-Clark, S. (1995). Social class differences in social support among older adults. The Gerontologist, 35, 498-505.

Krull, P. (2005). What's in a name? An examination of sociology of aging versus social gerontology course content. Educational Gerontology, 31(3), 225-233.

Lamdin L., & Fugate, M. (1997). Elderlearinig: New Frontier in an Aging Society. Phoenix, Arizona: Oryx Press.

Lampinen, P., Heikkinen, R. L., Kauppinen, M., & Heikkinen, E. (2006). Activity as a predictor of mental well-being among older adults. Aging and Mental Health, 10(5), 454-466.

Lang, F. R., & Schutze, Y. (2002). Adult children's supportive behaviors and older parents' subjective well-being a developmental perspective on intergenerational relationships. Journal of Social Issue, 58(4), 661-680.

LaVeist, T. A., Sellers, R. M., Brown, K. A. Elliott., & Nickerson, K. J. (1997). Extreme social isolation, use of community-based senior support services, and mortality among African American elderly women. American Journal of Community Psychology, 25, 721-732.

Leifer, R. (1996). Psychological and spiritual factors in chronic illness. American Behavioral Scientist, 39, 752-766.

Lemme, B. H. (2002). *Development in Adult.* Boston: Allyn and Bacon.

Lester, D. (1970). Re-examination of Middleton's data: Sex differences in death attitudes. *Psychological Reports, 27*(1), 136.

Letiche, H. (2008). Aging: Narrative micro-sociology versus globalization. *International Journal of Qualitative Studies on Health and Well-being, 3*(4), 195-203.

Lui, C. W., Everingham, J. A., Warburton, J., Cuthill, M., & Bartlett, H. (2009). What makes a community age-friendly: A review of the international literature. *Australian Journal on Aging, 28*, 116-121.

Lynott R. J., & Lynott P. P. (1996). Tracing the course of theoretical development in the Sociology of aging. *The Gerontologist 36*, 749-760.

Manheimer, R, J., Snodgrass, D. D., & Moskow-McKenzie, D. (1995). *Older Adult Education: A Guide to Research, Programs, and Policies.* Westport. CT: Greenwood Press.

Martinoni, M., Sassi E., & Sartoris, A. (2009). UrbAging: When Cities Grow Older. *Gerontechnology, 8*(3), 125-128.

Mayhew, Les. (2005). Active ageing in the UK- Issues, barriers, policy directions. *Innovation, 18*(4), 455-477.

McCall, N. (2000). Long Term Care: Definition, Demand, Cost, and Financing. In McCall, Nelda (Ed.), *Who Will Pay for Long-term Care: Insights from Partnership Programs.* Chicago: Health Administration Press.

McClusky, H. Y. (1971). Education: Background issues. *White House Conference on Aging.* Washington, D.C. (ED 057 335)

McConatha, J. T., Vildan, H., Rieser-Danner, L., McConatha, D., & Polat, T. S. (2004). Turksh and U. S. Attitudes toward Aging. *Educational Gerontology, 30*, 169-183.

McCracken, M., & Wallace, M. (2000). Towards a redefinition of strategic HRD. *Journal of European Industrial Training, 24*(8), 425-467.

McCrae, R. R., & Costa, P. T. Jr. (2003). *Personality in Adulthood* (2nd ed.). New

York, NY: The Guilford.

Menec, V. H. (2003). The relation between everyday activities and successful aging: A 6-year longitudinal study. *Journals of Gerontology Series B: Psychological Sciences & Social Sciences, 58*(2), 74-82.

Menec, V. H., Means, R., Keating, N., Parkhurst, G., & Eales, J. (2011). Conceptualizing Age-friendly Communities. *Canadian Journal on Aging, 30*(3), 479-493.

Miedema, B. B., & de Jong, J. (2005). Support for very old people in Sweden and Canada: the pitfalls of cross-cultural studies; same words, different concepts? *Health & Social Care in the Community, 13*(3), 231-238.

Miner, S., Logan, J. R., & Spitze, G. (1993). Predicting the frequency of senior center attendance. *Gerontologist, 33*(5), 650-657.

Mon-Barak, M., & Tynan, M. (1993). Older workers and the workplace: A new challenge of occupational social work. *Social Work, 38*, 45-55.

Moody, H. R. (2001). Productive aging and the ideology of old age. In Morrow-Howell, N., Hinterlong, J., & Sherraden, M. (Eds.), *Productive Aging: Concepts and Challenges* (pp. 175-244). Baltimore, MD: John Hopkins University Press.

Morgan, J. (1986). Unpaid productive activity over the life course. In Committee on an Aging Society (Ed.), *Productive Roles in an Older Society* (pp.73-109). Washington, DC: National Academy Press.

Motta, M., Bennati, E., Ferlito, L., Malaguarnera, M., & Motta, L. (2005). Successful aging in centenarians: Myths and reality. *Archives of Gerontology and Geriatrics, 40*(3), 241-251.

Nadler, L., & Nadler, Z. (1989). *Developing Human Resources* (3rd ed.). San Francisco, CA: Jossey-Bass, Inc. Publisher.

Nascher, I. L., M. D. (1909). Sociology. *New York Medical Journal, 90,* 358.

Nesselroade, J. R., Featherman, D. L., Agen, S. H., & Rowe, J. W. (1996). Short-term variability in physical performance and physiological attributes in older adults: MacArthur successful aging studies. Unpublished manuscript, University of Virginia.

Nuland, S. B. (2007). *The Art of Aging: A Doctor's Prescription for Well-being*. New York, NY: Random House.

Nussbaum, J. F., Pecchioni, L. L., Robinson, J. D., & Thompson, T. L. (2000). *Communication and Aging* (2nd ed.). Mahwah, NJ: Lawrence Erlbaum.

OECD (1998). *Maintaining Prosperity in an Ageing Society*. OECD.

OECD (2005). High-Level Forum on Ageing and Employment Policies, Brussels, 17-18 October 2005- Chair's conclusions, Bruno Tobback, Belgian Minister for Pensions. http://www.oecd.org/belgium/high-levelforumonageingandem ploymentpoliciesbrussels17-18october2005-chairsconclusionsbrunotobback belgianministerforpensions.htm (October 2005 - Chair's conclusions, Date visited: February 27, 2015)

OECD (2013a). OECD THEMATIC FOLLOW-UP REVIEW OF POLICIES TO IMPROVE LABOUR MARKET PROSPECTS FOR OLDER WORKERS KOREA (situation mid-2012). Retrieved from http://www.oecd.org/ employment/ageingandemploymentpolicies.htm (Date visited: February 27, 2015)

OECD (2013b). OECD THEMATIC FOLLOW-UP REVIEW OF POLICIES TO IMPROVE LABOUR MARKET PROSPECTS FOR OLDER WORKERS_ UNITED KINGDOM (situation mid-2012). Retrieved from http://www.oecd. org/employment/ageingandemploymentpolicies.htm (Date visited: February 27, 2015)

Oskamp, S., & Schultz, P. W. (2005). *Attitude and Opinions* (3rd ed.). Mahwah, NJ: Lawrence Erlbaum.

Oxman, T. E., Freeman, D. H., Jr., & Manheimer, E. D. (1995). Lack of social participation or religious strength and comfort as risk factors for death after cardiac surgery in the elderly. *Psychosomatic Medicine, 57*(1), 5-15.

Paul Demeny and Goffrey Mcnicoll. (2003). *Encyclopedia of Population*. New

York, NY: Macmillan Reference USA.

Peterson, D. A. (1983). *Facilitating Education for Older Learners*. San Francisco, CA: Jossey-Bass.

Phelan, E. A., & Larson, E. B. (2002). "Successful aging"-Where next? *Journal of the American Geriatrics Society, 50*(7), 1306-1308.

Pielstik, C. D. (2005). Teaching spiritual synchronicity in a business leadership class. *Journal of Management Education, 29*(1), 153-168.

Pinkham, A. E., Penn, D. L., Perkins, D. O., & Lieberman, J. (2003). Implications for the neural basis of social cognition for the study of schizophrenia. *The American Journal of Psychiatry, 160*, 815-824.

Pollak, O. (1948). *Social Adjustment in Old Age*. New York, NY: Social Science Research Council. Bulletin 1948: 59,60,62,79.

Powell, J. L., & Cook, I. G. (2009). Global ageing in comparative perspective: A critical discussion. *International Journal of Sociology and Social Policy, 29*(7-8), 388-400.

Qureshi, H., & Walker, A. (1989). *The Caring Relationship: Elderly People and Their Families*. London: Macmillan.

Ragheb, M. G., & Griffith, C. A. (1982). The contribution of leisure participation and leisure satisfaction to life satisfaction of older persons. *Journal of Leisure Research, 14*(4), 295-306.

Rao, T. V. (1996). *Human Resources Development: Experiences, Interventions, and Strategies*. CA: Sage Publications, Inc.

Reed, P. G. (1991). Toward a nursing theory of self-transcendence: Deductive reformation using developmental theories. *Advances in Nursing Science, 13*(4), 64-77.

Reichstadt, J., Depp, C. A., Palinkas, L. A., Folsom, D. P., & Jeste, D. V. (2007). Building blocks of successful aging: A focus group study of older adults' perceived contributors to successful aging. *Am J Geriatr Psychiatry, March 1, 15*(3), 194-201.

Riley, M. W. (1971). Social gerontology and the Age stratification of Society. *The Gerontologist, 11*, 79-87.

Riley, M. W. (1988). On the significance of age in sociology. *Social structures and Human Lives*. CA: Sage Publications, Inc.

Rimmer, A., & Harwood, K. (2004). Citizen participation in the education and training of social workers. *Social Work Education, 23*(3), 309-323.

Robbins, S. P. (1978). *Personnel: The Management of Human Resources*. Englewood Cliffs, N.J.

Rogers, E. M., & Singhal, A. (2003). Empowerment and communication: Lessons learned from organizing for social change. *Communication Yearbook, 27*, 67-86.

Rollins, R., & Feldman, M. (1970). Marital satisfaction through the life span. *Journal of Marriage and the Family, 32*, 20-27.

Rowe, J. W., & Kahn, R. L. (1997). Successful aging. *The Gerontologist, 37*(4), 433-440.

Rowe, J. W., & Kahn, R. L. (1998). The structure of successful aging. In Rowe, J. W. & Kahn, R. L. (Eds.), *Successful Aging* (pp. 36-52). New York, NY: Random House.

Rutledge, T., Linke, S. E., Olson, M. B., Francis, J., Johnson, B. D., Bittner, V., et al. (2008). Social networks and incident stroke among women with suspected myocardial ischemia. *Psychosomatic Medicine, 70*(3), 282-287.

Saczynski, J. S., Pfeifer, L. A., & Masaki, K. (2006). The effect of social engagement on incident dementia: The Honolulu-Asia Study. *American Journal of Epidemiology, 163*, 443-440.

Schwartz, C., Meisenhelder, J. B., Ma, Y., & Reed, G. (2003). Altruistic social interest behaviors are associated with better mental health. *Psychosomatic Medicine, 65*(5), 778-785.

Selman, R. L. (1980). *The Growth of Interpersonal Understanding: Developmental and Clinical Analyses.* New York, NY: Academic Press.

Seniorresource.com. (2009). *Why Ageing in Place*. Retrieved December 20, 2009, from http://www.seniorresource.com/ageinginpl.htm

Sergei Scherbov. (2011). *Projecting Future Aging*. Vienna Institute of Demography and IIASA. Page 2.

Sheldon, A., McEwan, P. J. M., & Ryser, C. P. (1975). *Retirement: Patterns and Predictions*. Rockville, MD: National Institute of Mental Health.

Shen, H. W. (2010). *Resource and Strategic Mobilization (RSM) Model of Productive Aging: Examining Older Americans' Participation in Various Productive activities*. University of Michigan, United States-Michigan.

Sherraden, M., Morrow-Howell, N., Hinterlong, J., & Rozario, P. (2001). Productive ageing: theoretical choices and directions. In Morrow-Howell, N., Hinterlong, J. & Sherraden, M. (Eds.), *Productive Ageing: Concepts and Challenges* (pp. 260-284). Baltimore and London: The Johns Hopkins University Press.

Soderstorm, D., & Wright, E. W. (1977). Religious orientation and meaning in life. *Journal of Clinical Psychology, 33*(1), 65-68.

Stakjovic, A. D., & Luthans, F. (1998). Self-efficacy and work-related performance: A meta-analysis. *Psychological Bulletin, 124*(2), 240-261.

Stein, D. (2000). The new meaning of retirement. *ERIC Digest 217*.

Stuart, B. F. (1996). *Random House Compact Unabridged Dictionary*. New York, NY: Random house.

Suitor, J. J., Pillemer, K., Keeton, S., & Robison, J. (1995). Aged parents and aging children: Determinants of relationship. In Blieszner, R., & Bedford, V. H. (Eds.), *Handbook of Aging and the Family* (pp. 223-242). CT: Greenwood Press.

Super, D. E. (1980). A life-span, life-space approach to career development. *Journal of Vocational Behavior, 16*, 282-298.

Temkin-Greener, H., Bajorska, A., Peterson, D. R., Kunitz, S. J., Gross, D., Williams, T. F., et al. (2004). Social support and risk-adjusted mortality in a

frail older population. *Medical Care, 42*(8), 779-788.

Templer, D. I. (1972). Death anxiety in religiously very involved persons. *Psychological Reports, 31*, 361-362.

Templer, D. I., & Reimer, W. (1995). Death anxiety, death depression, death distress, and death discomfort differential: Adolescent-parental correlations in Filipino and American populations. *Omega, 32*(4), 319-330.

Thomas, G. S., & Rutledge, J. H. (1986). Fitness and exercise for the elderly. In Dychtwald, K. (Ed.), *Wellness and Health Promotion for the Elderly* (pp. 165-178). Rockville, MD. Aspen.

Thompson, R. (2006). Social participation or social distancing: Agency, personal & community leadership. Paper presented at the meeting of ACROD National Conference on Social Participation, Sydney, Australia.

Tibbits, C. (1960). *Handbook of Social Gerontology*. Chicago, IL: University of Chicago Press.

Tornstam, L. (1996). Gerotranscendence- a theory about maturing into old age. *Journal of Aging and Identity, 1*(1), 37-50.

Tornstam, L. (1997). Gerotranscendence: The contemplative dimension of aging. *Journal of Aging Studies, 11*(2), 143-154.

Torres, S. (1999). A culturally-relevant theoretical framework for the study of successful ageing. *Ageing and Society, 19*, 33-51.

Torres, S. (2001). Understandings of successful ageing in the context of migration: The case of Iranian immigrants in Sweden. *Ageing and Society, 21*, 333-355.

Torres, S. (2002). Relational values and ideas regarding "Successful aging". *Journal of Comparative Family Studies, 33*(3), 417-424.

Torres, S. (2003). A preliminary empirical test of a culturally-relevant theoretical framework for the study of successful aging. *Journal of Cross-Cultural Gerontology, 18*(1), 79-100.

Torres, S. (2006). Different ways of understanding the construct of successful aging: Iranian immigrants speak about what aging well means to them.

Journal of Cross-Cultural Gerontology, 21, 1-23.

Troll, L. E. (1971). The family of later life: A decade review. *Journal of Marriage and the Family, 33*, 263-290.

Tsao, T. C. (2003). New model for future retirement: A study of college/university linked retirement communities. Unpublished doctoral dissertation, University of Michigan.

Turner, J. S., & Helms, D. B. (1989). *Cotemporary Adulthood* (4th ed.). Fort Worth, FL: Holt, Rinehart & Winston.

UN Department of Economic and Social Affairs Population Division (2005). *Living Arrangements of Older Persons Around the World*.

Unger, J. B., McAvay, G., Bruce, M. L., Berkman, L., & Seman, T. (1999). Variation in the impact of social network characteristics on physical functioning in elderly persons. *Journals of Gerontology, 54*, S245-S251.

United Nations. (2013). *World Population Ageing*. Department of Economic and Social Affairs, Population Division. ST/ESA/SER.A/348.

Vaillant, G. E., & Mukamal, K. (2001). Successful aging. *American Journal of Psychiatry, 158*, 839-847.

Verghese J., Lipton R. B., Katz, M. J. et al. (2006). Leisure activities and the risk of amnestic mild cognitive impairment in the elderly. *Neurology, 66*(6), 821-827.

Walker, A. (2002). A strategy for active ageing. *International Social Security Review, 55*(1), 121-139.

Walker, Alan (2006). Active Ageing in Employment: its meaning and potential. *Asia-Pacific Review, 13*(1), 78-93.

Wang, J. Y. J., Zhou, D. H. D., Li, J., Zhang, M., Deng, J., & Tang, M. (2006). Leisure activity and risk of cognitive impairment: The Chongqing aging study. *Neurology, 66*(6), 911-913.

Weckerle, J. R., & Shultz, K. S. (1999). Influences on the bridge employment decision among older USA workers. *Journal of Occupational and*

Organizational Psychology, 72, 317-329.

Weg, R. S. (1996). Sexuality, sensuality, and intimacy. *Encyclopedia of Gerontology: Age, Aging, and the Aged, 2*(L-Z Index), 479-488.

Wellin, C. (2010). Growing pains in the sociology of aging and the life course: A review essay on recent textbooks. *Teaching Sociology, 38*(4), 373-382.

Willson, A. E. (2007). The sociology of aging. *21st Century Sociology: A Reference Handbook* (pp. 148-155). New York, NY: Sage Publications.

Wilmoth, J. M. (1998). Living arrangement transitions among America's older adults. *The Gerontologist, 38*(4), 434-444.

Wong, P. T. P., Reker, G. T., & Gesser, G. (1994). Death attitude profile-revised: A multidimensional measure of attitudes toward death. In Neimeyer, R. A. (Ed.), *Death Anxiety Handbook: Research, Instrumentation and Application* (pp. 121-148). Washington, DC: Taylor & Francis.

Woodruff-Pak, D. S. (1988). *Psychology and Aging*. Englewood Cliffs, NJ: Prentice-Hall.

World Health Organization (WHO) (1986). *Ottawa Charter for Health Promotion*. Word Health Organization Website. http://www.who.int/hpr/NPH/docs/ottawa_charter_hp.pdf

World Health Organization (WHO) (1994). *City Health Profiles: How to Report on Health in Your City*. http://www.euro.who.int/document/wa38094ci.pdf

World Health Organization (WHO) (2002). *Active Aging: A Policy Framework*. Madrid Spain: Aging and Life Course Program, Second United Nations World Assembly on Aging Press.

World Health Organization (WHO) (2007). *Global Age-Friendly Cities A Guide*. August 15, 2010, Retrieved from http://www.who.int/ageing/publications/Global_age_friendly_cities_Guide_English.pdf

World Health Organization (WHO) (2016). *The Global Strategy and Action Plan on Ageing and Health*. Retrieved from http://apps.who.int/gb/ebwha/pdf_files/WHA69/A69_17-en.pdf

Wrightsman, L. S. (1988). *Personality Development in Adulthood*. CA: Sage Publications, Inc.

Yang, P. (2010). What is productive in Taiwanese centenarians' lives? A challenge for the definition of productive ageing. *China Journal of Social Work, 3*(2-3), 125-137.

Zimmer, Z., & Lin, H. S. (1996). Leisure activity and wellbeing among the elderly in Taiwan: Testing hypotheses in an Asian setting. *Journal of Cross Cultural Gerontology, 11*(2), 167-186.

Zunzunegui, M.-V., Alvarado, B. E., Del Ser, T., & Otero, A. (2003). Social networks, social integration, and social engagement determine cognitive decline in community-dwelling Spanish older adults. *Journals of Gerontology Series B-Psychological Sciences & Social Sciences, 58*(2), S93-S100.